U0948280

陕西出版资金资助项目

中国与“一带一路”发展系列研究丛书
丛书主编 冯宗宪

中国与“一带一路”国家贸易投资研究

樊秀峰 闫奕荣 王增涛 著

图书在版编目(CIP)数据

中国与"一带一路"国家贸易投资研究/樊秀峰,闫奕荣,王增涛著. —西安:西安交通大学出版社,2016.12

ISBN 978-7-5605-9300-5

Ⅰ.①中… Ⅱ.①樊… ②闫… ③王… Ⅲ.①国际贸易—国际投资—研究 Ⅳ.①F74

中国版本图书馆CIP数据核字(2016)第316187号

书　　名　中国与"一带一路"国家贸易投资研究
著　　者　樊秀峰　闫奕荣　王增涛
责任编辑　王建洪　李逢国　柳　晨

出版发行　西安交通大学出版社
(西安市兴庆南路10号　邮政编码710049)
网　　址　http://www.xjtupress.com
电　　话　(029)82668357　82667874(发行中心)
(029)82668315(总编办)
传　　真　(029)82668280
印　　刷　中煤地西安地图制印有限公司

开　　本　787mm×1092mm　1/16　**印张**　21.25　**字数**　292千字
版次印次　2017年4月第1版　2017年4月第1次印刷
书　　号　ISBN 978-7-5605-9300-5
定　　价　105.00元

读者购书、书店添货,如发现印装质量问题,请与本社发行中心联系、调换。
订购热线:(029)82665248　(029)82665249
投稿热线:(029)82668526
读者信箱:xjtu_hotreading@sina.com

丛书编委会

（以姓氏汉语拼音为序）

序　言

千百年来，不同的文化在古丝绸之路上交相辉映、相互激荡，积淀形成了世人共知和推崇的和平、开放、包容、互信、互利的丝绸之路精神，而且不断注入新的时代内涵。作为多元文明碰撞与交流的遗产，丝路精神并非中国独享，它一直是全人类的共同财富。

2013 年 9 月和 10 月，中国国家主席习近平在分别出访哈萨克斯坦和印度尼西亚期间，倡议用创新的合作模式，共同建设丝绸之路经济带和 21 世纪海上丝绸之路的合作构想。“一带一路”构想高瞻远瞩、审时度势，对密切中国同中亚、南亚和东南亚以及欧亚非国家和地区之间的经济贸易关系，深化区域交流合作，统筹国内国际发展，实现陆海共济，维护周边环境安全，拓展中国对外开放的巨大空间，展现中国梦和促进世界各国共同繁荣都有着重大的意义。

“一带一路”构想具有十分丰富的内涵，它体现了对古丝绸之路精神的继承和发扬。2000 多年的交往历史证明，坚持丝绸之路精神，不同种族、不同信仰、不同文化背景的国家完全可以共享和平、共同发展。在建设丝绸之路经济带和 21 世纪海上丝绸之路的今天，更需要将丝绸之路承载的和平合作、开放包容、互学互鉴、互利共赢精神薪火相传，发扬光大，在世界文明交流史上续写灿烂新篇章。中国的“一带一路”倡议，以经济和人文合作为主线，充分体现了互信和互利的精神。“一带一路”，从陆地到海上，从区域双边、诸边到国际多边，从国内到国际，展开跨地域、广泛深入的国际合作与发展项目对接；它要实现从人文交流、交通通道到经济、贸易和金融乃至政策等不同层面的相通，要使星罗棋布的沿线城市、产业园、自贸区等相互连接，达到全面高效的互联互通。通过投资、技术及产业转移，“一带一路”建设将提升改善沿线国家的产业结构和贸易结构，推进区域经济一体化，推动区域及跨区域的绿色、健康和可持续发展；使沿线各国形成利益共同体、责任共同体和命运共同体。“一带一路”以开放多元的特征推进区域合作的进程，有助于为全球经济复苏和发展提供新的动力，有助于形成更加公平的世界经济秩序，也有助于提升全球经济治理的水平和效率。

“千里之行，始于足下”。知往鉴今，在通往成功的道路上，往往分布着不少的荆棘与坎坷。昔日西汉张骞出使西域，创凿空之举，其行程万里，沿途历尽千难万险，备尝艰辛。今天，论建设“一带一路”的物质条件，若与数千年前相比，毕竟要好得多了。然而在实施过程中依然会面临各种自然环境、政治、经济、交通、文化等多重风险和挑战，对此，走出去的企业应当具有充分的心理应对准备，同时需要依靠大学、智库和科研机构开展前瞻性的科学研究和政策研究，以资参考和咨询。

古代长安是古丝绸之路的起点，它已成为中国古代对外开放的历史象征，有着难以磨灭的历史光辉。在中华民族走向伟大复兴的新形势下，西安作为周秦汉唐等十三朝古都和现代国际化城市的结合体，对丝绸之路经济带和 21 世纪海上丝绸之路的建设有着特殊的地理坐标指引和重要节点的支撑作用。在这里，我们高兴地邀请到国内外一批对“一带一路”有着浓厚兴趣、学有专长和志同道合的学者专家，分别从国际经济、政治、历史、贸易、金融、能源、交通、旅游、文化等不同领域进行专题研究，在国家社会科学基金项目、国家自然科学基金项目、陕西出版资金等基金项目的支持下，依托西安交通大学出版社，来共同合作完成“一带一路”发展丛书。

“不积跬步，无以至千里；不积小流，无以成江海”。我们愿共同努力，使这套发展丛书能够为“一带一路”合作发展研究作出微薄的贡献；我们也期待着，“一带一路”这一宏伟蓝图在各国互信合作中得以逐步实现，真正造福世界各国人民。

冯宗宪

2015 **年** 7 **月**

前　言

顺应世界多极化、经济全球化、文化多样化和社会信息化潮流，2013年9月和10月，中国国家主席习近平在出访中亚和东南亚国家期间，先后提出了共建“丝绸之路经济带”和“21世纪海上丝绸之路”的重大倡议（简称“一带一路”）。“一带一路”已经成为目前中国最高的国家级顶层战略。

“一带一路”战略以沿线各国政策沟通、设施联通、贸易畅通、资金融通、民心相通为主要内容，包括了面向西北、东北、西南和南路四条经济带。其中：西北方向为新亚欧大陆桥经济带，通过新的亚欧大陆桥向西通过新疆连接哈萨克及其中亚、西亚、中东欧等国家；东北方向为中蒙俄经济带，连接东三省，向东可以抵达绥芬河、海参崴出海口，向西到俄罗斯赤塔通过老亚欧大陆桥抵达欧洲；西南方向为中国—南亚—西亚经济带，通过云南、广西连接巴基斯坦、印度、缅甸、泰国、老挝、柬埔寨、马来西亚、越南、新加坡等国家，通过亚欧大陆桥的南线分支连接巴基斯坦、阿富汗、伊朗、土耳其等国家；南路为海上丝绸之路经济带，以福建为核心区，通过环渤海、长三角、海峡西岸、珠三角等地区的港口、滨海地带和岛屿共同连接太平洋、印度洋等沿岸国家或地区。

为推进“一带一路”战略的推进与实施，2015年3月28日，中国国家发展改革委、外交部、商务部联合发布了《推动共建丝绸之路经济带和21世纪海上丝绸之路的愿景与行动》（以下简称《愿景与行动》），进一步明确了“一带一路”战略以沿线各国的政策沟通、设施联通、贸易畅通、资金融通、民心相通为主要内容，以促进经济要素有序自由流动、资源高效配置和市场深度融合，推动沿线各国实现经济政策协调，开展更大范围、更高水平、更深层次的区域合作，共同打造开放、包容、均衡、普惠的区域经济合作架构，进而实现沿线各国多元、自主、平衡、可持续的发展为目标，勾勒了一幅包括了65个国家，其中大多为新兴经济体和发展中国家，总人口约44亿，经济总量约21万亿美元，分别约占全球的63%和

29%的经济区的美好发展蓝图。

《愿景与行动》虽然指出了"一带一路"合作的五项重点内容，但设施联通和贸易畅通是重点(丁蕾蕾，2015)。而且，从国际经济合作角度看，无论是推进基础设施互联互通还是促进产能合作，最终均应转化为贸易转移与贸易创造效应，通过优势互补，扩大贸易规模，带动并促进双方以至区域整体经济发展。无疑，贸易既是"一带一路"建设的基点，也应成为衡量其合作成效的主要标准(刘华芹，2015)。

促进贸易发展，则不仅要大力推进"一带一路"沿线国家贸易自由化与便利化，还要开展全方位国际投资，拉动贸易增长。所以，投资带动贸易发展是"一带一路"建设的新方向。国际投资将促进货物流动，有利于扩大贸易往来。而在国际投资中将大中小项目相结合更符合目前国际经济合作的形势和"一带一路"沿线国家的现状，有利于使一带一路建设实现更多早期收获(刘华芹，2015)。

由此，从理论上对中国与"一带一路"沿线国家的贸易投资问题进行深入的理论研究，则不仅具有重要的理论意义，更重要的是能为"一带一路"战略的实施提供理论依据，促进中国与丝路沿线国家分享优质产能、共商项目投资、共建基础设施、共享合作成果，开创地区新型合作，进而实现全球经济再平衡。

既然贸易畅通在"一带一路"战略中具有重要的地位，那么，影响"一带一路"区域贸易畅通的因素都有哪些？为此，我们首先从贸易成本、贸易增加值、贸易便利化和物流绩效四个层面对"一带一路"贸易畅通的影响因素问题进行了深入研究，然后从中国与中亚、中国与独联体国家、中国与东盟三个方面研究了"一带一路"的区域贸易问题。另一方面，由于投资与贸易互相关联，投资带动贸易发展是"一带一路"建设的新方向，因此，我们选择了欧盟和东盟两个代表性的区域，分别研究了中国对欧盟和东盟直接投资的现状及影响因素。本研究的基本思路如图 0－1 所示。

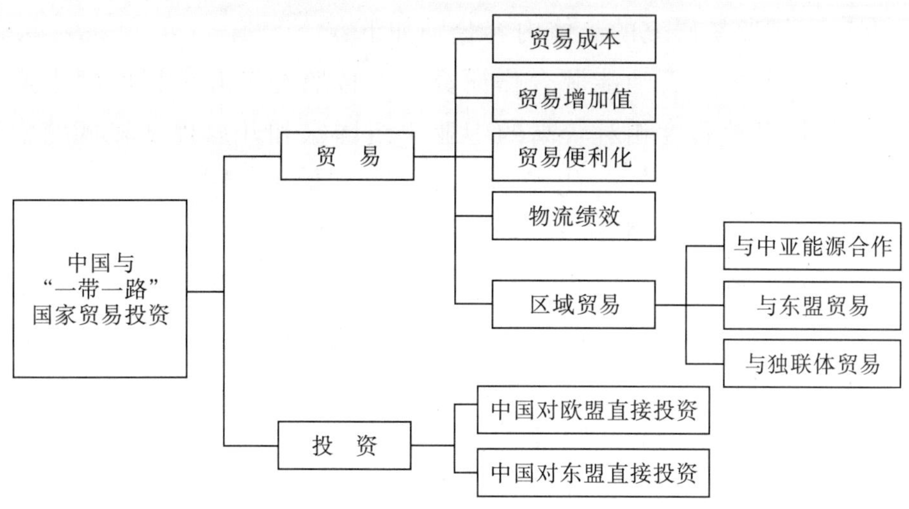

图 0-1　中国与“一带一路”国家贸易投资的研究框架图

具体如下：

(1)贸易成本研究。在利用 Novy(2011)改进的引力模型对中国与丝绸之路经济带沿线的 22 个国家 1995—2013 年间的双边贸易成本进行估计的基础上，定性分析了中国与丝路国家双边贸易成本的影响因素；实证考察了空间距离、共同边界、共同语言、加入 WTO 及时间、对象国的收入水平、两国互联网用户数量六个变量对双边贸易成本的作用效果。

(2)贸易增加值研究。以价值链理论为基础，采用 KPWW 法，利用各国投入产出表以及 Wiod data 提供的国际投入产出表，对中国与丝路带国家间贸易增加值进行了测度；依据国际标准产业分类将进出口贸易产品分为六大类，从行业角度进行了对比分析。

(3)贸易便利化研究。通过引入贸易便利化综合指标和其分指标，研究了海上丝绸之路的贸易便利化问题。

(4)物流绩效研究。在对 21 世纪海上丝绸之路沿线国家的 LPI 指数及分项指标进行了定性描述与分析的基础上，引入物流绩效指数(LPI)拓展贸易引力模型，实证分析物流绩效对中国进出口贸易的影响。

(5)区域贸易研究的具体内容分别如下：

①中国与中亚石油能源合作研究。在按照经济开放程度把中亚五国分为经济开放程度相对较高的中亚1组国家和开放程度较低的中亚2组国家的基础上，基于能源合作指数，同时利用向量自回归模型(VAR)对中国与中亚能源合作状况进行了实证分析。

②中国与独联体国家贸易研究。在对中国与独联体国家贸易现状分析基础上，以引力模型为基础，加入经济结构互补性、需求水平和制度因素等变量，利用2003—2012年中国与独联体国家的面板数据对中国与独联体国家贸易的影响因素进行了实证研究。

③中国与东盟贸易研究。在就中国与东盟国家自建立自贸区以来双边货物贸易状况分析基础上，基于海关BEC商品分类法，分析了中国与东盟货物贸易的竞争性与互补性状况，实证研究了中国与东盟货物贸易的影响因素。

(6)投资研究的具体内容如下：

①中国对东盟直接投资研究。定性分析了中国对东盟直接投资现状，提炼了中国对东盟直接投资的影响因素；依据短期内是否改变而将影响因素分为主要影响因素(或称自然因素)和相关影响因素(或称人为因素)的同时，分别选用随机前沿引力模型和投资非效率模型对影响因素进行了实证研究。

②中国对欧盟直接投资研究。在就中国对外直接投资，尤其是中国对欧盟直接投资现状进行分析的基础上，从学者邓宁国际直接投资动因理论出发，构建了中国对欧盟投资影响因素的分析框架，然后利用中国对欧盟25国2005—2013年的面板数据定量研究了中国对欧盟直接投资的影响因素。

考虑到研究问题的多样性、理论基础的丰富性以及文献的差异性，我们按照研究主题安排了具体章节，即一个主题一个章节，各章独立成篇。这样做的好处是：我们在研究与写作过程中可以就各个主题进行深入的文献综述与理论探索；读者在阅读过程中既可以从第一章开始，也可以从自己喜欢的内容开始，甚至只浏览自己关注的内容。

目 录

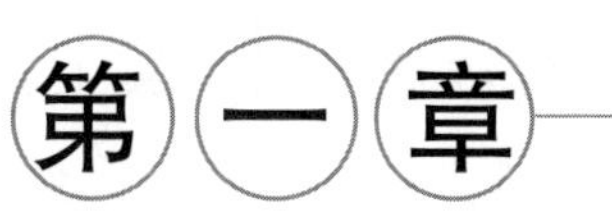

第一章 中国与丝路带国家双边贸易成本测度及影响因素

第一节　引言

一、研究背景与意义

1. 研究背景

改革开放以来，中国经济取得了巨大进步，成为世界第二大经济体。但是中国正处于经济转型的关键时期，面临诸多问题：地区发展差异大、产业结构不合理、产能严重过剩以及原有“贸易桥梁”失效等。通过丝绸之路经济带建设，促进中国与“一带一路”沿线国家的区域经济合作，对于中国上述问题的解决具有重要的现实意义。同样，丝绸之路经济带上的绝大多数国家虽然情况各异，但也都处于经济发展的关键时期，更紧密地与邻国合作也是其客观选择。尤其是中国西北部与中亚国家处在亚欧大陆腹心，它们的对外经济联系在很长一段时间内受到严重影响，丝路带的建设将有助于这些国家和地区加速国际化发展。此外，中国与丝绸之路经济带沿线国家无论在资源禀赋还是在产业结构上具有很强的互补性，历史、文化、体制等方面也具有很强的关联性，这些都是展开贸易的有利条件。可以预见，随着丝绸之路经济带建设的不断推进，中国将与这些沿线国家更加紧密地联系在一起，成为越来越重要的贸易伙伴国。因此，研究中国与丝路沿线国家之间的贸易具有重要的现实意义。

2. 研究意义

传统的贸易理论习惯用比较优势来解释国际贸易：一国出口一种产

品是因为它相对于世界其他国家在生产该种产品上成本更低，或者它在生产充裕要素密集型的产品上更有优势。如果现实世界是一个贸易成本可忽略不计的一体化世界，无疑这些理论的解释是合适的。但事实上，现在的贸易规模远小于假设中所有贸易障碍为零情形下的贸易量。长期以来，国际贸易成本在国际贸易研究领域中一直被冷落。但随着世界经济的发展，国家贸易理论也在逐步创新，对古典假设不断放松，不断地与相关学科交叉融合，从而，贸易成本也逐渐成为理解国际贸易的一个重要概念，在理解国际分工和贸易模式时发挥着核心作用，引起学术界的广泛关注，贸易成本在扩展对于专业化分工本质理解中有突出的贡献作用。确实，深入研究贸易成本将有助于更深入广泛地理解经济一体化发展中的诸多理论问题，而贸易成本测度问题更是研究贸易成本的关键问题。

贸易成本的实际测度为理解贸易成本问题提供了更可靠的现实依据，因此十分有必要对其大小进行估计。随着中国贸易自由化的推进，中国与其他国家进行贸易的阻力在变小。例如，在共建丝绸之路经济带中，国际货运班列的起航使得中国与中亚、欧洲国家之间的单位运输成本不断降低，到达时间显著缩短，综合效益明显提高，未来以此为基础的陆海联运枢纽将进一步显现成效。然而从理论上对这些贸易成本下降的定量描述和测算很少。本章将从国际贸易成本的角度来分析中国与丝路带沿线国家之间的贸易，从而为丝绸之路经济带建设提供新的理解空间。

二、相关研究现状

（一）贸易成本测度的相关研究

关于贸易成本的相关研究，国外相对于国内较早，而且研究方法更加多样化。国内学者在借鉴国外学者相关研究成果的基础上，对已有的研究方法进行了优化改进，利用中国近年来的经济数据，测度了中国与美国、欧盟等主要贸易伙伴国的贸易成本，并从制造品和农产品等行业进行了分析说明。这些基础性的前沿探索成果为贸易成本的研究提供了

大量的文献资料，这里将就其中有代表性的内容进行综述和评价。

1. 国外相关研究

从国外相关研究来看，不同理论对贸易成本从不同的角度进行了阐述或应用，然而尚未形成有关贸易成本的统一定义。Anderson 和 Van Wincoop（2004）经过系统梳理将贸易成本定义为：除了生产产品本身的边际成本以外的所有将产品送达到最终使用者所发生的成本，包括运输成本（运费和时间成本）、政策壁垒（关税和非关税壁垒）、信息成本、合同执行成本、因使用不同货币而带来的成本、法律和监管成本、当地的分销成本（批发和零售）。这个定义意味着贸易成本不同于生产成本，同时也使得贸易成本所包括的内容更加全面。Anderson 和 Van Wincoop（2004）同时指出，测度贸易成本的方法有两种，即直接法和间接法。直接法，即通过获取相关数据直接测算贸易成本的绝对值；间接法，是指借助引力模型来计算贸易成本的大小。传统的引力模型所测度的是贸易成本的绝对值，而经 Anderson 和 Van Wincoop（2001）、Novy（2006；2008；2011）改进的引力模型测度的是贸易成本的相对值。

Limao 和 Venables（2001）运用直接估计法测度运输成本，其数据主要来源于两个地方：一是船舶公司，即一个标准集装箱从巴尔的摩运往目的地时总共的费用；一是 IMF 报告：每个国家的 CIF/FOB 比率。

直接估计法由于存在较多缺陷，更多的学者采用的是间接估计法。在传统引力模型运用中，John McCallum（1995）利用加拿大省际之间的贸易量以及加拿大各省到美国各州的贸易量，估计了边境贸易成本，分析比较了两国贸易量存在巨大差异的原因。Andrew Rose（1999）运用传统的引力模型方法获得了 1970—1990 年间 186 个国家间的双边贸易成本估计值，以此数据为基础来考察汇率波动和货币联盟对国际贸易的影响。Anderson 和 Van Wincoop（2001）构建了一个以微观为基础的贸易成本引力模型——国际贸易的多国一般均衡模型，对美—加边境的作用效果及美国与其他工业化国家的贸易成本特点进行了研究。

Novy（2006）以多国贸易的一般均衡模型为基础，整合了冰山型双边贸易成本，把多边阻力考虑在内，实证研究结果表明 29 个 OECD 国家在二战后贸易成本下降显著。David S. Jacks 等（2008）运用 Novy（2006）的估计方法对美国和英国之间的贸易成本进行了测度，研究结果表明从 1870—1913 年贸易成本平均下降了 15%。全球贸易的繁荣有 44%可以用贸易成本的下降来解释，剩余的 56%则是由于经济的扩张。而 Novy 本人则在 2008 年又对他自己提出的上述模型再次进行改进，主要剔除了贸易成本对称性的假设，并对美国与大量国家在 1970—2000 年间的双边贸易成本进行了估计，表明美国与这些国家之间的贸易成本在样本期间平均下降了 40%，而其中与墨西哥、加拿大两国的贸易成本下降幅度最大。2011 年，Novy 又在理论上证明了他改进的贸易成本估算法，认为，其与包括李嘉图和异质性企业模型在内的各种广泛的主要贸易理论是相吻合的，并再次运用他改进的模型，对美国与主要贸易伙伴国间的双边贸易成本进行了估计，其研究结论与其在 2008 年时的研究结论相一致。

2. 国内相关研究

从国内学者的相关研究来看，国内学者在研究中运用的贸易成本概念，大多是它的相关代理变量或是其狭义的概念，如"运输成本"（黄肖琦和柴敏，2006）、"地区开放度"（梁琦，2003），这种做法会使研究产生误差。比如 Grossman（1998）就曾经指出，贸易弹性幅度会因为仅仅用运输成本来解释而过高，所以有必要使贸易成本包含更多的组成成分，赋予其一个更广义的定义。相比较而言，国外学者如 Anderson 和 Van Wincoop（2004）给出的定义较为系统和完善，也已被国内众多学者所接受。

关于贸易成本的测度方法，国内学者的研究多数借鉴了 Novy 于 2006 年和 2008 年两篇文章中所提到的引力模型，测算了我国同主要贸易伙伴国的贸易成本并对其影响因素进行了分析。也有学者创新性地将贸易成本度量方法运用到产业层面、省际层面等。比如，许德友和梁琦（2010）基于 Novy（2006）改进的引力模型测度了 1981 —2007 年中国与主要贸易国的双边贸易成本，研究结果表明中国国际贸易的平均成本一直在下降，入世后下降趋势更明显，近几年一直低于 0.4。方虹、彭博等

(2010）同样利用改进的引力模型，Novy（2006）研究了 1992—2007 年间中国与 28 国的国际贸易壁垒大小，结果表明中国与这 28 个国家的双边贸易成本不断下降，并且有继续下降的空间。许统生和涂远芬（2010）基于 Novy（2008）改进的引力模型测度了 1980—2007 年中国与 15 个主要贸易伙伴的贸易成本，发现中国与这些国家的贸易成本已下降近一半，贸易成本对中国贸易增长的贡献平均占 60%。贾伟和屈四喜（2012）对 Anderson 和 Van Wincoop（2001）的引力模型进行了改进，从农产品层面测算了中国 31 个省份与东盟在 1995 —2009 年之间的贸易成本，分析了各省份与东盟农产品贸易增长的影响因素。许统生和陈瑾等（2011）年采用 Novy（2008）模型，聚焦 1997—2007 年中国与主要贸易伙伴的制造业各产业，测度了它们的贸易成本，表明高技术型制成品贸易成本最低，下降幅度最大。

综上可见，国内对于贸易成本的研究大多使用 Anderson 和 Van Wincoop（2001）、Novy（2006；2008）提出的引力模型，这些模型的缺陷在于存在“外生性”或“对称性”问题，使得测度结果有偏差，而 Novy（2011）模型能够克服以上的缺点，并且增加了微观理论基础，但目前在国内应用较少，这里将采用 Novy（2011）所改进的引力模型来对中国与丝路带国家的贸易成本进行测度。

（二）贸易成本影响因素的相关研究

关于双边贸易成本影响因素的研究，不同的学者根据不同的研究需要从不同角度进行了探究。回顾国内外文献，大多认为影响因素主要有地理距离、边境、货币联盟、汇率、关税、收入水平、历史联系等。

1. 国外相关研究

John McCallum（1995）将美—加边境纳入到引力模型中，研究表明，加拿大省际之间的贸易量是加拿大的某省到美国某州贸易量的 22 倍，边境在内陆贸易模式中起着决定性的作用，即“边境效应”。

Andrew Rose（1999）对于双边贸易成本的研究结果表明，货币联盟对于国际贸易有巨大的积极作用，即降低了贸易成本，而汇率波动对于国际贸易有较小的负面作用，即增加了贸易成本，两个共享货币国家之间的贸易量是使用不同货币国家之间贸易量的 3 倍。

Anderson 和 Van Wincoop（2001）基于引力模型进行估计，研究发现边境使得美—加贸易成本上升，贸易量下降约 44%，同时边境也使得其他工业化国家的贸易成本上升，贸易量下降约 30%。

Novy（2006）通过估计贸易成本分析了贸易成本产生差异的原因，认为，影响冰山型贸易成本的因素可以分为三类：地理因素（距离、为陆地所包围）、历史联系（共同的殖民历史、共同的语言）以及制度因素（关税、名义汇率波动）。其中地理因素是贸易成本最重要的决定因素，其次是历史因素，最后是制度因素。

David S. Jacks 等（2008）的研究表明，地理邻近、贸易政策、运输成本、坚持金本位等解释了贸易成本的差异，对于贸易成本起了很重要的决定作用。

2. 国内相关研究

许统生、涂远芬（2010）的研究结果表明，贸易成本的决定因素分别是贸易对象国的收入水平、关税、地理位置、基础设施建设和经济一体化程度。

方虹、彭博等（2010）对汇率、地理、收入、历史等影响因素作了初步研究。结果表明，中国与发达国家之间的贸易成本显著低于与发展中国家间的贸易成本，地理距离对于贸易成本的重要性有减弱趋势，汇率波动会抬高贸易成本，历史联系紧密的国家间贸易成本较低。

贾伟和屈四喜（2012）研究了国家 GDP 和关税税率变化对中国与东盟农产品贸易成本的影响。结果表明，东盟的 GDP 水平对于贸易成本影响不显著，而第三方的关税水平和 GDP 水平对中国与东盟间的贸易影响显著。

赵素萍、葛明（2014）同样利用 Novy（2008）的引力模型在对中美贸易成本进行有效测度的基础上，研究了贸易成本的影响因素，表明人民币过快升值会使贸易成本上升，中国商业环境改善、关税水平下降会对贸易成本的降低产生有利影响。

综上，国内外学者对于贸易成本的影响因素在研究方法上相类似，但是在选取变量上会因研究对象的不同而有差异，但一般都认为，对贸易成本有负面影响的因素是：地理距离、为内陆国、汇率波动等，而对贸易成本有改善作用的因素是：国家接壤、历史联系、共同语言、健全的外贸政策、经济体量大、收入水平高、基础设施完善等。

（三）中国与丝路带国家贸易的相关研究

有关“一带一路”的倡议提出至今，国内外学者对其研究还不多，同时由于“丝路”沿线绝大部分国家的对外贸易量相对较小，因此，对于中国与“丝路”国家贸易的相关研究则更少。

1. 丝绸之路经济带的内涵

丝绸之路经济带是我国一个长期的全局性战略构想，其内涵在不断丰富和完善，至今未有明确的定义。为了便于研究，学者们基于研究需要对其概念内涵、空间范围等进行了不同的界定。比如，学者叶兴文（2014）将丝绸之路经济带分为狭义、中义与广义进行了界定。他认为，狭义的丝路带，是指以古丝绸之路的核心地段或叫枢纽地段作为基础而划分的，即中国和中亚 5 国。中义的丝路带，是指依托亚欧大陆桥，包含了沿线上的各个主要国家，但欧盟 28 国被排除在外。从东到西，这些国家分别是中国、蒙古、缅甸、孟加拉、印度、巴基斯坦、阿富汗、中亚 5 国、伊朗、伊拉克、叙利亚、约旦、以色列、阿塞拜疆、格鲁吉亚、亚美尼亚、俄罗斯、乌克兰和白俄罗斯。广义的丝路带，也是以亚欧大陆桥为纽带，但它囊括了欧盟 28 国，国家数量超过了 50 个。从丝路经济带建设的长远发展来看，上述的狭义丝路带区域是建设的起点，若仅对它进行研究，范围则有狭窄之嫌，不具有全局性；广义的丝路带区域是丝路建设的未来方向，但由于其包含国家众多，国家之间差异性很大，若选择这一范围进行研究容易造成研究主体过于庞大，有焦点模糊不清之嫌。而中义的丝路带区域应是目前丝路建设的重点所在，研究价值较高，因此，本文将选择中义的丝绸之路经济带区域作为研究对象，下文将用“丝路 22 国”代表除中国以外的这些国家。

2. 中国与丝路带国家贸易的相关研究

高新才和朱泽钢（2014）运用引力模型进行了实证分析。结论认为，国家经济规模会成为制约中国与丝路带国家贸易规模的重要因素，不论在出口还是进口方面，中国都应该把丝路带国家中经济规模较小的国家作为利益攸关方。

龚新和蜀马骏（2014）根据动态计量经济学的协整理论，构建了VAR模型，研究表明，在1992—2012年间丝路带上的交通基础设施建设，促进了中国和中亚国家贸易增长。

曹守峰和马惠兰（2011）则主要关注了中国与中亚五国的农产品贸易，从贸易互补性和贸易密集度的角度进行了分析，发现在总体上中国与中亚五国的农产品贸易互补性很低，但在主要农产品上有很强的互补性和密集性。

（四）文献评析

综上文献梳理与分析可知，总体而言，对于中国与丝绸之路经济带上国家贸易的实证分析较少，现有研究与成果主要集中于个别国家或个别行业的研究，尚未见关于中国与丝路带国家贸易成本的测算及其影响因素的研究。因此，这里拟以双边贸易成本为切入点，首先，运用Novy（2011）改进的引力模型方法，对1995—2013年中国与22个"丝路"国家的总体贸易成本进行测算；其次，运用广义最小二乘法对贸易成本及其影响因素进行计量回归分析；最后，针对中国与丝路国家的贸易现状与问题提出对策建议。

三、主要研究工作与创新

在对国内外关于贸易成本及中国与"丝路"国家贸易研究文献进行综述的基础上，本文的主要研究工作与创新如下：

1. 中国与丝路国家双边贸易成本测度

阐述了贸易成本的度量方法，分析了直接测量与Anderson和Van Wincoop（2001）、Novy（2006；2008）测量的局限性，以及Novy

(2011) 测量模型的理论基础和优越性。利用 Novy (2011) 方法对中国与“丝路”国家的贸易成本进行了估计，并对估计结果进行了分析。

2. 中国与丝路国家双边贸易成本影响因素分析

从理论上将中国与“丝路”国家双边贸易成本的影响因素划分为五类：地理因素、历史因素、制度因素、经济规模因素和其他因素，并将各因素进行了细化分析。

3. 中国与丝路国家双边贸易成本影响因素实证

具体设置 6 个变量，包括：空间距离、是否有共同边界、是否有共同语言、是否加入 WTO 及时间先后、对象国的收入水平、两国互联网用户数量乘积，对中国与“丝路”国家双边贸易成本进行了多元回归，以观察这些变量对贸易成本的影响差异，为丝路带倡议框架下促进双边贸易成本下降提供理论依据。

第二节　中国与丝路带国家双边贸易成本测度

一、贸易成本估计方法

根据现有的国内外学者的研究，贸易成本的估计方法大体可被分为两类：直接估计法和间接估计法。

1. 直接估计法

直接估计方法，是通过查找到的数据直接来计算得到贸易成本的绝对值，可以通过从船运公司或运输公司得到的报价近似估计运输成本，把运输成本简单地等同于贸易成本。也可以利用国际货币基金组织 (IMF) 给出的双边总体贸易价格比率 (CIF/FOB) 来估计贸易成本。例如 David Hummels (2001) 从有关杂志上收集到的数据直接测量了贸易成本的部分组成因素——运输成本，然而他的方法只适用于特定的商品或运输方式，因此不能代表经济中的整体贸易成本。直接估计方法的缺陷在于一些贸易成本，如行政成本和通信成本，是很难被直接观察得到的，而像关税和运输成本虽然能被直接观测得到，但是并不能反映总的贸易成本。

2. 间接估计法

间接估计方法，是借助引力模型从双边贸易流量来倒推贸易成本的大小，引力方程提供了贸易壁垒和贸易流量的主要联系。传统的间接方法，是事先假定贸易成本的组成要素，接着把这些要素放到引力模型中去估计。这种方法最著名的应用是在 John McCallum（1995）和 Andrew Rose（1999）的论文中：McCallum（1995）检测了美国—加拿大边界的影响，Rose（1999）关注的是共同货币。然而，正如 Anderson 和 Van Wincoop（2001）在文章中指出：通过非理论的方式将贸易成本分为各个组成部分，会导致遗漏变量偏误，最终会导致无效的比较静态分析，同时也指出这种方法没有考虑多边阻力对于双边贸易流量的影响，因此估计是不全面的，不能得到一般均衡解。

运用传统的间接方法所估计的引力方程，其一般形式如下：

$$x_{ij}=\alpha_1 y_i+\alpha_2 y_j+\sum_{m=1}^{M}\beta_m \ln(z_{ij}^m)+\varepsilon_{ij} \tag{1-1}$$

式中：x_{ij}——从 i 国出口到 j 国的自然对数形式；

y_i，y_j——出口国和进口国 GDP 的自然对数形式；

z_{ij}^m（$m=1$，…，M）——一组与双边贸易壁垒有关的观测值；

α_1，α_2，β_m——系数；

ε_{ij}——扰动项。

因此，Anderson 和 Van Wincoop（2001）构建了一个以微观为基础的贸易成本引力模型——国际贸易的多国一般均衡模型。假设每一个国家生产与其他国家不同的单一产品，同时每一个消费者都最优化消费不同种类的国内和国外产品。不同国家消费者的偏好被认为是同一的，同时用不变的替代效用弹性来描述。从而，其以微观为基础的贸易成本引力方程如下：

$$x_{ij}=\frac{y_i y_j}{y^w}\left(\frac{t_{ij}}{\Pi_i P_j}\right)^{1-\sigma} \tag{1-2}$$

式中：x_{ij}——从 i 国到 j 国的名义出口；

y_i，y_j——i 国、j 国的名义收入；

y^w——世界收入，被定义为 $y^w=\sum_j y_j$；

t_{ij}——总的双边贸易成本，且 $t_{ij}\geqslant 1$，如果 p_i 是货物原产国的净供给价格，那么 $p_{ij}=p_i t_{ij}$ 是国家 j 的消费者所面对的商品价格；

σ——商品的替代弹性，且 $\sigma>1$；

Π_i，P_j——国家 i、国家 j 的价格指数，Anderson 和 Van Wincoop（2001）称这些价格指数为多边阻力变量，因为它们包括了与所有其他贸易伙伴国的贸易成本，故可以被称为平均贸易成本。Π_i 是外向型多边阻力变量，P_j 是内向型多边阻力变量，其表达式如下：

$$P_j^{1-\sigma}=\sum_i \Pi_i^{\sigma-1}\theta_i t_{ij}^{1-\sigma} \tag{1-3}$$

$$\Pi_i^{1-\sigma}=\sum_j P_j^{\sigma-1}\theta_j t_{ij}^{1-\sigma} \tag{1-4}$$

式中：θ_i，θ_j——国家 i 和 j 的收入在世界总收入中所占的比例。

在这一模型中，双边贸易流量不仅与两国经济规模正相关，与双边贸易成本负相关，还与多边阻力呈正相关，例如在双边贸易成本给定的情况下，如果 i 国的多边阻力上升，那么与 j 国进行贸易相对更容易，因此与 j 国的贸易量随之增加。

Anderson 和 Van Wincoop（2001）假定双边贸易成本是两个特定的贸易成本代理变量的函数——边境障碍和地理距离。他们假定贸易成本函数为 $t_{ij}=b_{ij}d_{ij}^k$，这里的 b_{ij} 是与边境有关的指示标量，d_{ij} 是双边距离，k 是距离弹性。此外，他们通过假定双边贸易成本是对称的（$t_{ij}=t_{ji}$），在这种对称性假设下，外向型和内向型的多边阻力也是相等的（$\Pi_i=P_i$）。通过这些额外的假定，Anderson 和 Van Wincoop（2001）得到了一个多边阻力的隐含解。

有额外的假设自然会有很多缺陷。首先，选择的贸易成本函数也许是不正确的，它可能会漏掉如关税这样重要的贸易成本要素。其次，双边贸易成本可能是不对称的，例如一个国家征收了比其他国家更高的关税。再次，在实践中，贸易壁垒是随时间改变的，例如全球范围内的关税水平是逐年下降的，所以像距离这样的不随时间改变的贸易成本代理变量很难反映贸易成本随时间的变化。

此外，Novy（2006）还指出该模型由于是在生产与消费特定的分配情形下成立的，静态比较分析是无效的，因为贸易壁垒的改变不仅会对贸易流量产生影响，也会对国家内生产与消费的分配产生影响。Novy（2006）在 Anderson 和 Van Wincoop（2001）模型的基础上，提出了一个富有洞察力的观点：双边贸易壁垒的改变同时影响国际贸易和国内贸易。比如当国家 i 与所有其他国家的贸易壁垒都下降的时候，原来在国内消费的产品就会被运往国外，也就是由国内贸易转为国际贸易。因此一国国际贸易的程度和国内贸易的程度都取决于该国与世界其他国家的贸易壁垒。Novy（2006）通过巧妙的办法用直接观测得到的国内贸易流量和国际贸易流量来表示多边阻力，替代了难以观测得到的价格指数，此外，由于贸易流量随时间动态变化，因此，横截面数据和时间序列数据都可以用来测度贸易成本。但该模型依旧对贸易成本作了对称性假设，这一问题 Novy 在 2008 年发表的论文中得到了解决，并且在 2011 年又做了进一步完善，证明了这一贸易成本的测度方法可以从两个不同类型的贸易模型中——李嘉图模型和厂商异质模型推导出来，从而使模型更具理论基础。

本文采用 Novy（2011）的贸易成本测度方法，其基本的推导过程如下：引力方程（1－2）包含了一个国家的外向型多边阻力和另一个国家的内向型多边阻力，即 $\Pi_i P_j$。因为国内贸易和国外贸易都受多边阻力的影响，所以国家 i 的国内贸易 x_{ii} 可以代入公式（1－2）中，这样变形后可以得到对于一个国家的内向型和外向型多边阻力，即：

$$\Pi_i P_i = \left(\frac{x_{ii}/y_i}{y_i/y^W}\right)^{\frac{1}{(\sigma-1)}} t_{ii} \tag{1-5}$$

对公式（1－2）增加一个相反方向的贸易流量可得到一个相对应的引力方程，这样就获得了包含两个国家的外向型和内向型多边阻力变量的双向引力方程：

$$x_{ij} x_{ji} = \left(\frac{y_i y_j}{y^W}\right)^2 \left(\frac{t_{ij} t_{ji}}{\Pi_i P_i \Pi_j P_j}\right)^{1-\sigma} \tag{1-6}$$

把公式（1－5）得到的解代入，整理后可得：

$$\frac{t_{ij}t_{ji}}{t_{ii}t_{jj}}=(\frac{x_{ii}x_{jj}}{x_{ij}x_{ji}})^{\frac{1}{\sigma-1}} \tag{1-7}$$

因为从国家 i 到国家 j 的航运成本是不对称的（$t_{ij}\neq t_{ji}$），各国的国内成本也是不对称的（$t_{ii}\neq t_{jj}$），所以取一个几何平均值，同时减去 1 得到贸易成本的关税当量，这个结果记为贸易成本当量 τ_{ij}，即：

$$\tau_{ij}=(\frac{t_{ij}t_{ji}}{t_{ii}t_{jj}})^{\frac{1}{2}}-1=(\frac{x_{ii}x_{jj}}{x_{ij}x_{ji}})^{\frac{1}{2(\sigma-1)}}-1 \tag{1-8}$$

从而，在这里估计的是双边贸易成本相对于国内贸易成本的相对值，不必有无摩擦的国内贸易的约束，而着重抓住国际贸易成本比国内贸易成本多的部分。这个公式也十分便于理解，倘若双边贸易流量相对于国内贸易流量增加，必定是两个国家相互展开贸易比进行国内贸易更容易，也即是成本更低。

总之，在众多估计模型中，Novy（2011）改进的引力模型于克服了之前模型的缺陷，而且在数据的获得性上更加简便可行，因此被认为具有很强的理论价值和实用价值。

二、中国与丝路带国家双边贸易成本测度

本文运用 Novy（2011）改进的引力模型对中国与“丝路”主要国家的贸易成本进行估计。由于中亚五国于 1991 年才独立，考虑到数据的可得性，本文研究的时间跨度为 1995—2013 年，研究的国家为中国与“丝路”22 国。

（一）参数设定及数据来源

在对中国与“丝路”国家贸易成本计算过程中所用到的参数如下：

1. 中国与各国相互出口的数据（x_{ij}、x_{ji}）

中国与各国相互出口的数据主要来自 Wind 资讯，对于个别国家在个别年份缺少的数据利用联合国贸易数据库（UN Comtrade）、联合国贸易和发展会议数据库（UNCTAD）进行补充，若在两个年份之间仍有缺失值，采用相邻点的均值来填补。

2. 国内贸易数据（x_{ii}、x_{jj}）

国内贸易数据难以直接获取，但是可以按照 Shang-Jin Wei（1996）的方法构造出来，由于假设市场出清，用总收入减去总出口可表示为国内贸易 $x_{ii}=y_i-x_i$，总出口 x_i 是国家 i 出口到其他国家的全部出口之和，$x_i=\sum_{j\neq i}x_{ij}$。然而国内生产总值 GDP 并不适合替代总收入 y_i，因为 GDP 中包含了如服务这些不可贸易品，按照 Anderson（1979）的做法，引入可贸易品份额 s，$y_i=s_i\cdot GDP_i$。Evenett 和 Keller（2002）对 s 的范围进行了研究，认为其介于 0.3～0.8，且工业化水平越高，可贸易品份额越高，发达国家的 s 值通常大于 0.6。Novy（2008）为研究方便，设发达国家的可贸易品份额 $s_i=s_j=0.8$。但本文研究的国家大多数是欠发达国家，所以将可贸易品份额定为 0.6 更为合适。这里的 GDP 数据来自联合国贸易和发展会议数据库（UNCTAD），总出口数据来自 wind 资讯、联合国贸易数据库及联合国贸易和发展会议数据库。

3. 替代弹性（σ）

替代弹性越高，表明商品的同质性越高，也即消费者对价格越敏感，因此，较高的替代弹性对应的是较低的贸易成本。Anderson 和 Wincoop（2004）认为，替代弹性处于 5～10 的区间，本文借鉴 Novy（2011）的经验做法，把替代弹性设成 8。

（二）双边贸易成本测度结果

本文利用公式（1－8）对中国与"丝路"22 国 1995—2013 年 19 年的双边贸易成本进行了计算，结果如表 1－1 所示。本文所测度的是国际贸易成本相对于国内贸易成本的相对值，是一个关税当量。例如，阿富汗 1995 年双边贸易成本的关税当量是 1.69，假设有一产品在中国国内的生产成本是 10 美元，国内批发和零售分销成本是 55%（t_{ii}），一个中国消费者购买这个产品花费了 15.50 美元，然而一个国外消费者不得不支付 41.695 美元（$t_{ij}=4.1695=1.55\times(1+1.69)$）。此外，本文根据贸易流量来反推贸易成本，所测度的是一个总的国际贸易成本，从而避免了可能对像非关税壁垒这些隐性贸易成本因素被忽略。

表 1-1　中国与丝路各国双边贸易成本(关税当量)($s=0.6,\sigma=8$)

年份＼国家	阿富汗	亚美尼亚	阿塞拜疆	孟加拉	白俄罗斯	格鲁吉亚	印度	伊朗	伊拉克	以色列	约旦	哈萨克斯坦	吉尔吉斯斯坦	蒙古	缅甸	巴基斯坦	俄罗斯	叙利亚	塔吉克斯坦	土库曼斯坦	乌克兰	乌兹别克斯坦
1995	1.69	3.37	2.83	1.42	1.96	2.31	1.38	1.42	1.50	1.56	1.44	1.26	0.95	1.12	0.96	1.21	0.89	2.00	1.55	1.94	1.29	1.52
1996	2.06	3.74	3.61	1.51	2.00	2.59	1.35	1.30	1.42	1.65	1.59	1.23	1.26	1.11	1.05	1.21	0.87	1.97	1.41	2.21	1.35	1.45
1997	2.45	4.11	2.43	1.43	1.73	3.02	1.29	1.22	1.34	1.61	1.53	1.22	1.23	1.01	1.15	1.19	0.89	2.01	1.41	2.12	1.38	1.43
1998	2.81	4.14	3.92	1.59	2.22	2.70	1.29	1.20	1.26	1.47	1.54	1.14	1.16	1.02	1.11	1.25	0.86	2.23	1.62	2.34	1.48	1.73
1999	2.24	3.72	3.97	1.71	2.04	2.92	1.30	1.16	1.16	1.39	1.47	0.87	1.14	0.97	1.10	1.24	0.78	1.92	1.79	2.46	1.31	2.14
2000	2.13	2.69	2.66	1.61	2.01	2.91	1.17	0.96	0.89	1.25	1.36	0.73	1.03	0.88	1.03	1.17	0.71	2.94	1.56	1.98	1.10	2.02
2001	3.11	2.90	2.22	1.65	1.97	2.63	1.13	0.93	1.04	1.19	1.34	0.91	1.22	0.89	1.01	1.13	0.72	3.47	1.95	1.91	1.05	1.96
2002	3.34	2.49	2.06	1.52	1.51	2.45	1.05	0.91	0.93	1.15	1.31	0.80	1.10	0.90	1.01	1.09	0.71	1.62	1.93	1.61	0.94	1.60
2003	2.72	2.63	1.33	1.49	1.32	2.07	0.95	0.80	1.01	1.08	1.20	0.66	1.02	0.86	0.96	1.04	0.65	1.46	1.39	1.52	0.79	1.18
2004	2.44	2.45	1.35	1.35	0.89	1.80	0.82	0.77	1.09	0.98	1.09	0.60	0.87	0.75	0.95	1.02	0.62	1.45	1.42	1.67	0.74	1.06
2005	2.40	2.84	1.51	1.27	1.10	2.28	0.76	0.70	0.89	0.94	1.09	0.53	0.85	0.73	0.90	0.95	0.59	1.52	1.33	1.32	0.85	1.05
2006	2.85	2.09	1.58	1.21	1.02	2.00	0.73	0.67	0.91	0.91	1.18	0.55	0.76	0.66	0.91	0.94	0.61	1.26	1.13	1.47	0.95	0.99
2007	2.21	1.82	2.29	1.23	1.02	1.77	0.68	0.63	0.91	0.88	1.15	0.50	0.75	0.64	0.87	0.93	0.59	1.62	1.32	1.31	0.90	1.01
2008	2.31	2.16	1.88	1.25	1.08	2.12	0.66	0.62	0.82	0.93	1.10	0.45	0.70	0.69	0.91	0.99	0.62	1.69	1.23	1.19	0.86	1.05
2009	2.52	1.96	1.47	1.32	1.25	1.90	0.77	0.75	0.90	1.05	1.22	0.64	0.93	0.68	1.00	1.04	0.73	1.81	1.00	1.34	0.89	1.10
2010	2.41	1.78	1.45	1.17	1.14	1.67	0.71	0.70	0.71	0.94	1.19	0.59	0.92	0.61	0.93	0.98	0.67	1.55	1.19	0.97	0.84	0.99
2011	2.40	1.87	1.38	1.11	1.12	1.58	0.71	0.64	0.69	0.92	1.12	0.54	0.92	0.55	0.89	0.98	0.64	1.71	1.15	0.34	0.78	1.10
2012	2.25	1.93	1.41	1.13	1.04	1.65	0.76	0.74	0.66	0.95	1.12	0.57	0.98	0.60	0.94	0.94	0.64	2.03	1.17	0.23	0.84	1.09
2013	2.23	1.81	1.47	1.12	1.14	1.56	0.79	0.73	0.48	0.97	1.22	0.62	1.06	0.66	0.81	0.94	0.67	2.28	1.24	0.66	0.87	0.98

（三）双边贸易成本测度结果分析

从以上估计的结果可以发现，中国与这些国家的双边贸易成本几乎全部在下降，图 1-1 清楚地描绘了这一下降趋势，虽然贸易成本处于不断上下波动中，但总体趋势在走低。随着科技的进步和贸易的自由化，各种阻碍国际贸易的因素均在减弱，贸易沟通洽谈更加方便，使用更有效率的运输方式，国内基础设施得到改善，国家的关税和非关税壁垒都有一定幅度的下降，相关制度政策有所改革，这些都在一定程度上解释了贸易成本下降的原因。同时，国内外的一些重大事件使得在不同时点上的双边贸易成本产生了较大差异，在 2001 年，中国加入 WTO，以更加开放的姿态融入到世界经济中，可以发现，在 2001 年之后中国与绝大多数国家的贸易成本下降显著。而在 2008 年，美国次贷危机爆发，蔓延至全球，各国经济受到重创，中国与各国的贸易量有所下降，贸易成本也随之上升，但随着各国经济的逐步复苏，贸易成本仍旧转为下降趋势。

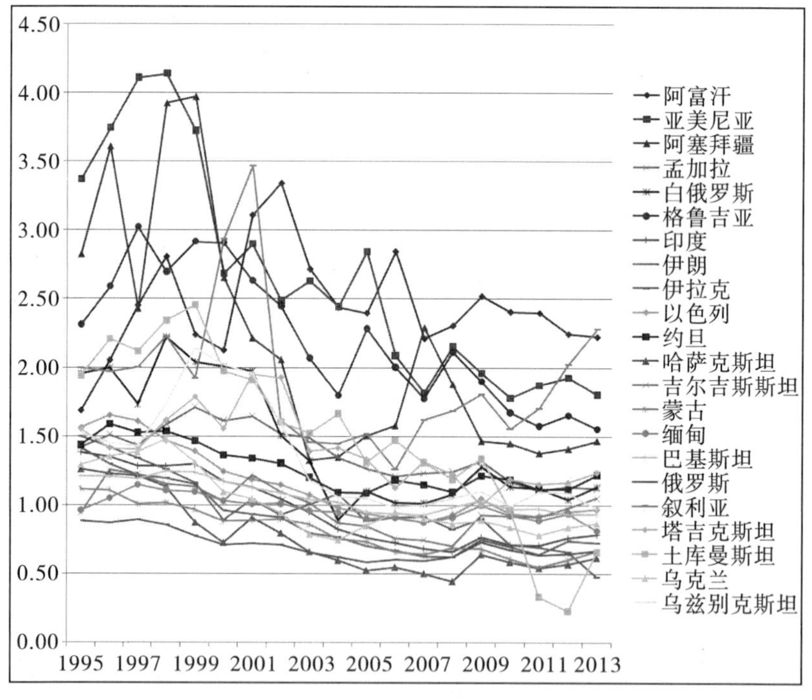

图 1-1 中国与丝路带各国国际贸易成本趋势变化图

从双边贸易成本的下降幅度上看，1995—2013 年间中国与“丝路”国家的双边贸易成本平均下降了 30%左右，其中同土库曼斯坦的贸易成本下降幅度最大，从 1995 年的 1.94 下降到 2013 年的 0.66，下降了 66%，大大超过平均水平，说明中国与土库曼斯坦开展双边贸易时的阻碍越来越小，双边贸易量自然也不断增长。中国与阿富汗之间的贸易成本下降最不明显，虽然现在中国与阿富汗是紧密的发展伙伴关系，中国是阿富汗重要的贸易对象国，阿富汗对中国的商品需求也很大，但是贸易成本仍旧变化不明显，说明中国与阿富汗在减少贸易壁垒方面仍需采取进一步的措施。从近几年双边贸易成本水平来看，中国与阿富汗、叙利亚的双边贸易成本较高，τ_{ij} 基本大于 2。而中国与伊拉克的双边贸易成本水平非常低，τ_{ij} 在 2013 年已降至 0.5 以下。相比较而言，中国与俄罗斯、叙利亚等国家的双边贸易成本水平较低，且下降速度较快，在绝大多数年份内贸易成本呈下降趋势。总之，尽管不同国家、不同时间段的贸易成本发展趋势存在差异性，但贸易成本下降是一致性趋势。

第三节　中国与丝路带国家双边贸易成本影响因素分析

构成国际贸易成本的因素很多，因此影响其形成的因素也是多种多样，通过分析贸易成本的影响因素能够帮助国家采取相应措施节约贸易成本，提高贸易利润和贸易效率。本文在对现有文献研究归纳的基础上，将双边贸易成本的影响因素归纳为五类，即地理因素、历史因素、制度因素、经济规模因素和其他因素。

一、地理因素

影响贸易成本的地理因素主要是参与双边贸易的两个国家之间的空间距离、两国领土是否接壤以及是否为内陆国家。

1. 地理距离

地理距离是构成地理因素的基本成分，若两国相距较远意味着会有较高的贸易成本，因为地理距离会直接影响运输成本的高低，而运输成本又是贸易成本中一个极其重要的组成部分。当两个国家距离较近时，单次运输成本就会降低，相对于运输到距离更远的国家就有成本优势，继而会带来贸易量的增加。由于出口固定成本的存在，贸易规模越大，贸易成本相对越低。同样，地理距离也会影响信息传递成本，尤其是在面对面交流非常必要的情况下。因此，当一个国家在选择出口或进口对象时，往往会优先考虑地理距离较近的国家。如今丝绸之路经济带上的国家虽不是我国主要目标市场，但是越来越频繁的经济联系与合作表明了我国对于周边国家的重视，这也将预示着巨大的贸易发展潜力。

2. 是否接壤

两国是否接壤，即指两个国家是否共享边界。两国是否接壤同样也会影响贸易成本高低。这是因为，一般来说，相邻两国通常会拥有更为一体化的运输网络，这样能够减少转载次数，比如从铁路到公路的转换，或在不同数量级的铁路轨距上的转换。其次，邻国更易达成运输和海关协议，如此便带来更短的过境时间，也节约了运输和保险成本。第三，邻国之间的贸易量越高，越能增加回程载货的可能性，避免了空车返回，也使固定成本在两次运输中得到分担。共建"丝绸之路经济带"倡议的提出本身就是基于地缘政治的考虑，加强与邻国的经贸往来是降低贸易成本和增强贸易效率的有效途径。

3. 是否为内陆国家

不论是从中国还是全球来看，长期以来内陆地区的对外开放程度都远不如沿海地区，原因已不仅在于资源禀赋、运输条件等方面不足于沿海地区，更是在思维观念、科技文化水平、金融体系等"软"实力上的差异。这些内陆国家与世界主要市场相距较远，周围也多是不发达地区，缺少发展外向型经济的动力，由此带来了较远的运输距离和较高的运输成本。先天区域劣势也很难吸引贸易伙伴和投资伙伴的关注、交流与合作，必然也会面临更大的信息成本。Nuno Limão 和 Anthony J. Venables（2001）通过对撒哈拉以南地区的非洲国家的贸易进行实证分析指出，内陆国家在国际贸易中是处于不利地位的，尽管它们能够通过高水平的国

家基础设施建设克服不利因素。中国西部地区及丝绸之路经济带沿线国家如中亚等国都处于亚欧大陆的心脏地带，如何克服这样的地缘劣势将成为丝绸之路经济带建设的重要议题。

二、历史因素

影响贸易成本的历史因素，主要包括是否有共同的殖民历史、共同语言的使用以及文化的相似性。

1. 是否共享殖民历史

早期殖民者的进入加强了殖民国家与殖民地国家的贸易联系，殖民扩张的过程也是一个资本和商品在全球范围内流通的过程。不断强化的政治和经济联系，对殖民国家与殖民地国家都形成了深刻的影响。虽然后来殖民关系不再存在，但是曾经紧密的贸易联系被延续下来了，而且由于都使用过殖民国家的官方语言，语言同样被保存下来，交流起来也更为方便。Novy（2006）对殖民关系对于贸易成本的影响进行了定量方面的研究，结果表明：当两国共享一段殖民历史时，它们关税等值的贸易成本平均下降16%。中国曾经也是半殖民地半封建国家，被多个列强统治和榨取，因此殖民联系也在一定程度上影响了中国的对外贸易战争。

2. 共同语言的使用

要开展国际贸易首先必须要克服语言障碍进行交流，贸易伙伴国之间至少要选择一门语言作为共同语言，若两国人民本身在日常生活中有共同语言的存在，那么语言交流成本相对较小，否则需要付出时间去学习语言。例如，中国在同美国、英国、日本等这些国家开展国际贸易时，大多数用的是英语；而当老挝、越南等经济体量较小的国家同中国进行贸易时，它们的人民不得不学习汉语。语言的学习与运用无疑将增加贸易中的沟通成本。若两个国家有共同语言，沟通障碍就小，而存在语言差异的国家容易引起误解，甚至由于信息不完全而失去对彼此的信任。中国与丝路带沿线有些国家就存在共同语言，比如，中国新疆的少数民族语言与中亚国家语言同属于阿尔泰语系，具有很强的相似性，某些词语同汉语名称也有相似的发音，语言成本能得到较大程度的节省。

3. 文化的相似性

文化的相似性也即国家间文化距离的大小，显然，两国具有相近的价值观，文化认同感则高，对于彼此产品的接受度也高，交流起来也更加方便，沟通成本就低。相应的也更容易进入对方市场，且关税及非关税壁垒也可能更低。因此，不同的文化背景对应着不同大小的贸易成本。自古丝绸之路以来，我国与中亚、西亚甚至欧洲国家在文化与风俗上就有着牵丝攀藤的联系，丝绸之路经济带的概念刚被提出，就受到很多国家的普遍支持和热烈讨论，这就是证明。当然，不可否认，由于丝路带包含的国家众多，文化差异性也是存在的，做到欣赏和尊重彼此的文化需要双方共同努力。

三、制度因素

制度因素主要包括对外贸易政策、汇率制度以及区域贸易协定等。

1. 贸易政策

贸易政策与贸易壁垒成本是直接相关的，但是贸易壁垒成本中的非关税壁垒往往很难度量，这一部分成本常常被忽略。外贸政策常见的有两种类型，即自由型和保护型。在自由贸易政策下，国家对贸易是不加干预的，取消一切对自由贸易的阻碍和限制。因此，当一国偏向自由贸易政策时，贸易成本较低。在保护贸易政策下，国家主要通过关税（从价税、从量税）和非关税壁垒的政策设置实施对贸易的调控。虽然关税一直是最广泛使用的政策工具，但是随着近年来全球贸易自由化的深入，它的重要性在下降。无论是单边的，还是在世界贸易组织主持下谈判协议的成果，抑或是优惠贸易协定（PTAs）的结果，贸易自由化使得关税平均水平正大幅下降。相反，非关税壁垒措施无论是使用的产品范围不是使用的国家数量都呈显著增加趋势。中国自 2001 年加入 WTO 后一直向着更为开放的自由贸易之路前进。丝绸之路经济带上绝大多数国家经济规模较小，它们依靠出口来带动经济，外贸依存度较高，因此，中国与这些国家之间都有建立自由贸易区的意愿，都希望实现更优惠的贸易制度安排，如此必将促使非关税壁垒中的有关政策壁垒成本、法律和监

管成本等进一步降低。

2. 汇率制度

汇率制度会直接决定汇率的变化程度。布雷顿森林体系解体以后，汇率的频繁浮动引起政策制定者和学者们的担忧。汇率对货币兑换成本产生直接作用，汇率波动即意味着存在汇率风险，会增加交易成本，降低国际贸易的收益。汇率波动方向对国际贸易有如下作用：当出口国货币相对升值时，出口产品成本相对上升，进而对出口不利进口有利；当出口国货币相对贬值时，出口产品成本相对下降，进而对出口有利进口不利。总之，汇率的波动将直接影响一国的国际贸易收益。汇率波动幅度对国际贸易成本有如下作用：当波动幅度大时，不确定性和生产成本的调节会增加贸易成本；而当波动幅度较小时，有利于控制成本和利润评估，降低贸易成本。我国目前的汇率制度是有管理的浮动汇率制度，有利于保持人民币的相对稳定，防范汇率风险，降低贸易成本。同时我国正在推动人民币国际化，亚洲基础设施投资银行和丝路基金的设立将利于中国输出资本，提高丝路国家对人民币的接受度，推动用人民币结算国际贸易，如此将会有效规避汇率波动风险。

3. 区域贸易协定

区域贸易协定是指两个或两个以上的国家，或者不同关税地区之间，为了消除成员间的各种贸易壁垒，规范彼此之间贸易合作关系而缔结的国际条约。通过签订区域贸易协定能有效降低甚至消除贸易壁垒，但也有可能会发生贸易转移，即区域内生产成本较高的产品取代区域外生产成本较低的产品，这一过程正是通过降低贸易成本实现的，比如关税的下降以及配额取消、通关效率提高等非关税壁垒措施的放松。2015 年，联合国开发计划署与中国和中亚四国（哈萨克斯坦、吉尔吉斯斯坦、塔吉克斯坦和乌兹别克斯坦）联合发起了“丝绸之路区域项目”的战略对话机制，这是保障贸易畅通、降低贸易成本的重要一步。

四、经济规模因素

影响贸易成本的经济规模因素主要包括一个国家的经济总量、人均

GDP 等。

1. 经济总量

当一国的经济总量较大时，说明它的产业规模较大，这样就可能形成外部规模经济性，意味着企业的商务活动或沟通交流将更加简便顺利，在信息收集、产品运输方面能够享受更低的成本。同时一个经济体量较大的国家往往对外开放格局更大，与世界其他国家的经贸联系更为频繁，拥有更加成熟、稳定的政策制度安排，这些都能促使贸易壁垒降低。

2. 人均 GDP

两国人均 GDP 较为相近，容易形成相似的需求结构和消费偏好，重叠需求的范围就会扩大，为产业内贸易发展奠定坚实的基础，这也是需求偏好相似学（收入贸易学说）的核心观点。这背后的驱动因素是规模经济，因为一国生产某种商品满足国内需求后，就倾向于扩大市场，出口产品到国外市场，这样便能发挥规模经济效应促使单位产品成本降低，率先出口的对象国往往是与本国人均收入水平相似、需求偏好相似的国家，因为这种产品会更易被当地消费者所接受。例如美国发明的缝纫机在国内市场销售良好的情况下率先出口到了英国，因为它们之间的需求偏好相似。

五、其他因素

影响贸易成本其他方面的因素主要是与国际贸易有关的基础设施和配套服务体系，它们在贸易成本的决定中起着举足轻重的作用。

1. 基础设施

这里所指的基础设施主要是交通运输和通信技术。Nuno Limão 和 Anthony J. Venables（2001）研究表明，本国或贸易伙伴国的基础设施水平从 25%提高到 75%，能够克服大约三分之二的为内陆国家的缺陷。"要想富、先修路"这句口号在我国广为流传，充分显示了交通基础设施在我国经济建设中的重要性。落后的交通设施会阻碍国际贸易的顺畅进行，成为制约贸易发展的瓶颈。因此，通过加大对海陆空基础设施的投入，提高其营运效率，将会大幅度降低因空间距离而生的地理阻隔，节

约运输成本和时间成本。信息时代的到来改变了以往的贸易行为和贸易方式，企业通过计算机和网络来经营和处理业务流程，使成本显著降低。如今全球范围内都在大力发展信息技术和通信产业，国际贸易中的通信成本也因此不断降低。从总体上来看，丝绸之路经济带沿线国家基础设施落后，运输干线的技术标准不统一，存在空车回程等问题，所以丝绸之路经济带建设首先需要依托沿线基础设施建设，推动交通通信等基础设施的互联互通。

2. 配套服务体系

配套服务体系，主要是指进出口国是否有完备的银行信贷、货物保险、国际结算等服务体系，并且海关通关环节是否便捷高效，这些服务措施都有助于降低贸易的筹资成本、风险成本等，使得贸易便利化、自由化。总体而言，中国和“丝路”国家在这些方面仍需改善，需整合各项资源，加强政策的协调配合，尽快形成有利于国际贸易高效运行的配套服务体系。

第四节　中国与丝路带国家双边贸易成本影响因素实证

贸易成本对不同的国家会有较显著的差别，例如，在 2003 年时，中国与阿富汗之间的贸易成本当量是 2.23，而中国与伊拉克之间的贸易成本当量只有 0.48，是前者的五分之一。以下将用包含 22 个国家在内的其在 19 年间的贸易成本面板数据进行计量回归，以探寻影响贸易成本差异的主要因素。

一、模型与变量选取

考虑到中国与丝绸之路经济带沿线国家的实际情况以及数据的可得性，本文将重点考察如下几个贸易成本的影响因素：在地理因素方面，选择了距离变量和是否相邻的虚拟变量；在历史因素方面，选择了两国共同语言程度的变量；在制度因素方面，选择了是否加入 WTO 及加入的时间；在经济规模因素方面，选择了收入水平的虚拟变量；在其他因素方面，选择了互联网用户数量这一变量。根据 Novy（2011）引力模型的研究方法及思路，将回归模型设定如下：

$$\tau_{ijt} = \beta_0 + \beta_1 \ln Distance_{ij} + \beta_2 Common\ Border_{ij} + \beta_3 Common\ Language_{ij} + \beta_4 WTO_t + \beta_5 income_j + \beta_6 \ln (Inter_{it} * Inter_{jt}) + \varepsilon_{ijt} \tag{1-9}$$

对于解释变量的解释说明和理论预期如表 1－2 所示。

表 1－2　解释变量的说明和理论预期

解释变量	含义	预期符号	理论说明
$\ln Distance_{ij}$	两国之间的距离	＋	距离在引力模型中常被认为是运输成本和信息成本的代理变量，两个国家距离越远，双边贸易成本越大
$Common\ Border_{ij}$	是否拥有共同边界（虚拟变量）	－	两国有共同边界时，信息交流和传递更迅速，语言、文化和传统等更接近，更有利于贸易的展开
$Common\ Language_{ij}$	是否使用共同语言	－	两国有相似的语言时，沟通交流障碍会更低，信息成本会更低，进而影像到贸易成本
WTO_i	是否加入 WTO 及时间先后（虚拟变量）	－	是否加入 WTO 及时间先后会影响到一国的对外开放程序，越早加入 WTO，关税水平会更低，贸易成本也更低
$income_j$	对象的收入水平	－	与中国进行贸易的国家收入水平越高，经济实力越强，制度建设更为齐全，贸易成本也越低
$\ln (Inter_{it} * Inter)$	两国互联网用户数乘积	－	两国互联网用户数量越多，信息沟通越顺畅，有利于降低信息成本和合同履约成本

注：预期符号为＋，说明对于贸易成本有正效应，－则为负效应。

式中：t_{ijt}表示双边贸易成本的关税当量，i代表中国；j代表丝绸之路经济带沿线国家；t表示时间；β_0，β_1，…，β_6是回归系数；ε_{ijt}是随机干扰项。本文样本的观测时间是1995—2013年，样本容量为2508个（19×22×6＝2508）。

二、数据来源及说明

1. 两国之间的距离

西安处在中国版图中心，是丝绸之路经济带的心脏，欧亚经济论坛的永久会址也坐落在西安，同时历史上的长安也是中国的中心，是丝绸之路的起点和亚欧合作交流的国际化大都市，因此两国之间的距离，拟以西安为起点来计算中国至丝路带沿线各国首都的距离，数据来源于indo距离计算器（http：//www.indo.com/distance/index.html）。

2. 是否拥有共同边界

是否存在共同边界的信息来源于世界地图。这是一个虚拟变量，如果存在共同边界，设为1，反之为0。

3. 是否使用共同语言

是否使用共同语言的数据来自法国国际经济研究中心数据库（CEPII）中的通用语言（common spoken language），以一国中使用该语言的人数占比来表示。

4. 是否加入WTO及时间先后

加入世贸组织的信息来自世界贸易组织官方网站，根据各国入世的时间来设定参数。若在某年两国都未入世，设为0；若在某年有一国入世，设为1；若在某年两国均入世，设为2。

5. 对象国的收入水平

世界银行根据各国的收入水平将所有的国家定为四个层次：低收入国家、中低等收入国家、中高等收入国家和高收入国家，从低到高分别将这个虚拟变量设定为1、2、3、4。

6. 两国互联网用户数量乘积

两国互联网用户数来自世界银行数据库，互联网用户数是指每100人中接入国际互联网的人数，通过乘积借以反映两国的互联网发展水平。

三、计量结果及分析

用公式（1－9）对中国与丝绸之路经济带沿线国家在 1995—2013 年的面板数据进行计量回归，首先，利用 stata11.0 软件对模型设定进行取舍，对于面板数据通常有三种可能的估计模型：混合回归模型、固定效应模型和随机效应模型。可以利用 Hausman 检验来鉴定固定效应模型和随机效应模型的有效性。随机效应模型在设定中有一个严格的假设：不随时间改变的个体效应 u_i 和解释变量 x_{it} 不相关，即 $corr（u_i，x_{it}）=0$，那是因为在随机效应模型中假设 u_i 为干扰项，Hausman 检验的原假设是 $corr（u_i，x_{it}）=0$，如果该假设成立，随机效应模型与固定效应模型得到的结果都是无偏且一致的，但在该假设成立情况下随机效应模型的估计结果更有效，估计系数的方差更小，可信度更高。在该假设不成立时，固定效应模型仍然成立，而随机效应模型会存在内生性问题，它得到的结果就是有偏的，Hausman 检验的检验结果如图 1－2 所示。

	coefficients			
	(b) fe	(B) re	(b−B) Difference	sqrt（diag（v_b−v_B）） S.E.
commonlang~e	−177.9441	−43.72824	−134.2159	109.0024
wto	−.169902	−.1680424	−.0018596	.0067107
lninterinter	−.0285667	−.0288767	−.00031	.0007059

b = consisten under Ho and Ha; obtained from xtreg
B = inconsistent under Ha，efficient under Ho; obtained from xtreg

Test: Ho: difference in coefficients not systematic

Chin2（2）=（b−B）′ ［（v_b−v_B）^（−1）］（b−B）
= 1.52
Prob>chin2= 0.4668

图 1－2 Hausman 检验的检验结果

前四个变量被 stata 自动剔除的原因是这几个变量不随时间改变，而固定效应模型在设定中为了反映每一个个体不随时间改变的特征引入了 $n-1$个虚拟变量，如果在模型中出现不随时间改变的变量，就会和固定效应模型里设定的个体效应出现完全共线性的问题而无法进行回归。Hausman 检验的结果 Prob>chi2 ＝ 0.4668，不拒绝原假设，因此，确定

可以用随机效应模型。随后可以用 B－P 检验对混合 ols 模型和随机效应模型取舍。随机效应模型相比混合 ols 模型增加了一项不随时间变化的个体效应干扰项 u_i，如果这个新的干扰项波动等于 0，即 $Var(u_i)=0$，表明这个干扰项没有任何效果，随机效应模型就可以简化为混合 ols 模型，B－P 检验即利用这一原理。本文检验结果如图 1－3 所示。

Breusch and Pagan Lagrangian multiplier test for random effects

cost [code,t] = xb+u [code] +e [code,t]

Estimated results:

	Var	sd=sqrt (Var)
cost	.4570976	.6760899
e	.0973041	.3119361
u	.2861368	.5349176

Test: Var (u) =0

chi2 (1) =1667.07
Prob>chi2=0.0000

图 1－3　B－P 检验结果图

此时 Prob> chi2 ＝0，所以拒绝原假设，表明需用随机效应模型，因此最终将本文模型假定为随机效应模型，用广义最小二乘法（GLS）做多元线性回归。此外，GLS 能在一定程度修正异方差和序列相关的问题。通过后退法逐步剔除不显著的变量，最终回归结果如图 1－4 所示。

Random−effects Gls regression　　Number of obs = 418
Group variable: code　　Number of groups = 22

R−sq: within = 0.3884　　Obs per group:min = 19
between = 0.3122　　avg = 19.0
overall = 0.3373　　max = 19

Random effects u_i ~ Gaussian　　Wald chi2 (4) = 259.18
corr (u_i, x) = 0 (assumed)　　Prob>chi2 = 0.0000

cost	Coef.	Std. Err.	z	P>|z|	[95% Conf.	Interval]
commonborder	−.5348238	.2353323	−2.27	0.023	−.9960667	−.0735809
wto	−.1728568	.0456882	−3.78	0.000	−.2624041	−.0833096
income	−.2550327	.1326692	−1.92	0.055	−.5150595	.004994
lninterinter	−.0284521	.0051685	−5.50	0.000	−0.385822	−0.183221
_cons	2.400495	.3702693	6.48	0.000	1.67478	3.126209
sigma_u	.51286271					
sigma_e	.31218373					
rho	.72964705	(fraction of varinace due to u_i)				

图 1－4　最终回归结果

变量 commonlanguagee 和变量 lndistance 都没有通过 10%的显著性水平检验，因此从模型中剔除。在剔除无关变量后所做的回归中，变量 WTO、income 在 1%的显著性水平下通过检验，变量 commonborder 在 5%的显著性水平下通过检验，变量 Lninterinter 在 10%的显著性水平下通过检验，各变量估计系数的正负号均和预期一致。针对参数联合检验的 wald chi2（4）的 Prob＞ chi2＝0，表明参数整体上非常显著。根据回归结果可作出如下分析：

两国间是否使用共同语言对于贸易成本的影响微弱。随着英语越来越普及和适用，那些非主要贸易语言国家的人民都倾向于去学习能带来更大正效用的英语，而不必花很大的精力和成本去学习对方国家的母语。使用英语的国家越多，外部效用就越强，由于语言不通而存在的沟通障碍也会越弱。

中国与丝路带沿线国家的距离对双边贸易成本的影响不显著，这可能是由于铁路、公路、海洋运输等发展迅速，国家间的空间距离感趋于"消失"，使得各国更愿意"舍近求远"与那些经济规模和市场容量较大的经济体开展贸易。中国前十大贸易伙伴国主要为距离较远的发达国家，这也从侧面反映了地理距离对于贸易成本的影响力在下降。

两国是否拥有共同的边界对于贸易成本具有较显著的负效应，两国拥有共同的边界，能使贸易成本下降约 53.5%。与中国相邻的丝路带国家分别是阿富汗、印度、哈萨克斯坦、吉尔吉斯斯坦、蒙古、缅甸、巴基斯坦、俄罗斯和塔吉克斯坦，中国与这些国家都有不同程度的边境贸易优惠政策，这些国家也都在促进与邻国的交往，这对双方经济的发展提供了良好的制度保证。因此，不论是边界先天的区位优势，还是人为的贸易支持政策，都节约了贸易成本。

对象国的收入水平前面的系数是－0.2550327，表明对象国的收入水平每提高 1 一个单位，双边贸易成本将下降 0.2550327 个单位，丝路带沿线国家收入水平差距较大，所以在其他因素相同的情况下，中国与如俄罗斯、以色列等收入水平较高的国家展开贸易能够获得较低的贸易成本。

加入WTO对双边贸易成本存在负效应。各国在加入WTO初期都会大幅削减关税和取消非关税壁垒，这有益于扫清贸易障碍，使贸易成本大大下降。但在目前，WTO在减少贸易限制的作用方面尚有限。这是因为，在包括中国在内的23个丝路带国家中，截至2015年4月26日，已经有14个国家加入了WTO，还有阿富汗、阿塞拜疆、白俄罗斯、伊朗、伊拉克、哈萨克斯坦、叙利亚、土库曼斯坦、乌兹别克斯坦9个国家尚未入世，若这9个国家在未来能成为WTO的成员国，中国和这些国家的双边贸易成本将有望呈下降趋势。

两国互联网用户数量增加，能够起到降低贸易成本的作用，但在目前影响还不显著。互联网用户数量每增加1个单位，贸易成本会下降0.028个单位。在2013年，中国和“丝路”国家的平均互联网的普及率为30%，仍有上升的空间，预计随着各国互联网普及率的进一步上升，中国与丝路带国家贸易量的进一步增加，由互联网与通信畅通所带来的贸易成本下降将会越来越显著。

第五节　研究结论与对策建议

一、主要结论

以上通过对中国与丝路带沿线22个国家间的双边贸易成本进行测度，并进而对影响贸易成本的因素进行实证分析，得到以下结论：

（1）中国与丝路带各国的双边贸易成本在整体上呈逐年下降的趋势，从1995—2013年平均下降幅度为30%。这其中的原因主要有：一方面，中国自改革开放以来，逐步实现贸易自由化，阻碍与限制贸易的壁垒在大幅减少，中国正以更开放包容的态度走向世界。另一方面，一些国内外的重大事件对双边贸易成本的走势产生了不小影响，2001年中国入世使得其与各国的双边贸易成本显著下降，而2008年的全球经济危机起了相反作用，使贸易成本有上升的趋势。当然，针对不同的贸易对象其贸易成本下降的水平也不同，中国与较发达国家的双边贸易成本水平相对较低，下降的速度也较快。

（2）由于国际贸易成本的构成具有复杂性和多样性，因此影响贸易成本的因素也不是单一的，从理论上可以将贸易成本的影响因素大致划分为五类：地理因素、历史因素、制度因素、经济规模因素和包括基础设施、配套服务体系在内的其他因素。这些因素都或多或少地决定了贸易成本的某一部分。一般而言，地理距离越接近，历史联系越紧密，制度体系越健全，经济发展水平越高，基础设施越完善，双边贸易成本就越低，反之越高。

（3）通过对中国与"丝路"22国贸易成本影响因素的实证研究发现，空间距离和共同语言对于贸易成本的影响不显著，而是否有共同边界、是否加入WTO及时间先后、贸易对象国收入水平和两国互联网用户数量对于贸易成本的影响是显著的，这几个因素对于贸易成本均有负效应。两国拥有共同边界能显著降低双边贸易成本；WTO对于加快一国对外开放程度起到了积极作用；收入水平较高的国家贸易障碍较低；互联网用户数量作为基础设施建设的代理变量，也证实了它的上升能节省贸易成本。

二、政策建议

虽然目前中国与丝绸之路经济带沿线国家的双边贸易成本总体呈下降趋势，但从数量水平来看，双边贸易成本仍比较高，如何进一步地扩大中国与丝路带国家的贸易量、提高贸易效率，基于以上研究结论，本文认为，从贸易成本角度来看，需从以下几方面入手改善：

（1）制定地区和国别差别化政策。以上研究结果表明了中国与丝路带沿线国家中较发达的国家贸易成本普遍较低，而与一些较不发达国家贸易成本相对较高。丝路带沿线国家众多，在发展水平和政治经济体制等方面差异较大，为了更大程度地节约贸易成本，需要对贸易对象国进行差异化定位，进行恰当的政策布局：对于贸易成本已较低的国家，构建起更紧密的"贸易桥梁"；对于贸易成本仍比较高的国家，贸易成本仍有很大的下降空间，加大人力、物力和财力的投入，改善贸易环境，争

取以更小的代价获得更多的贸易成本的下降，未来它们或许会成为中国进一步发展贸易关系的重点。

（2）改善企业贸易环境。在影响贸易成本的因素中，空间距离、历史联系这些变量是相对固定的，但国家可以从其他可变的影响因素入手，尽可能为企业创造更加便利的贸易环境，例如，可以通过与丝路带沿线国家的基础设施合作开发与建设的措施，加快丝路带沿线国家基础设施的改善。因为基础设施是国家之间进行经贸联系的基本载体，目前丝路带国家尤其是中亚地区国家的基础设施建设仍显不足，因此，可大力鼓励中国企业对外直接投资，鼓励国有和民营资本去这些国家进行基础设施的投资合作开发与建设。同时，加快政府之间沟通与合作平台的建设，为企业提供标准统一、快捷高效的通关模式。通关提速、物流加快，无疑会大幅降低企业的成本。

（3）加强与周边领土接壤国家睦邻友好关系的建设。本文实证发现，在贸易成本的众多影响因素中，是否有边界对于双边贸易成本的影响最为显著，意味着邻国对于中国的对外贸易有着举足轻重的地位。长久以来，我国一直秉持着睦邻友好的外交政策，通过与邻国的交流合作能够有效降低两国间的贸易成本，从而达到双赢的目的。长期以来，中国与邻国的贸易一直呈现出口小于进口的态势，在未来应加强对邻国的出口，丰富贸易内容，充分利用彼此相邻的地理优势，促进双边贸易的深入和可持续发展。

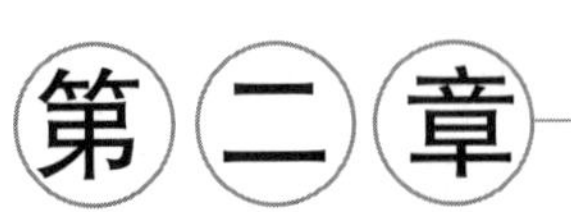

第二章 中国与丝路带沿线国家间贸易现状及贸易增加值测度

第一节 引言

一、研究背景和意义

1. 研究背景

从“一带一路”框架下来看，我国与“丝绸之路经济带”国家间无论是在经贸合作还是在理论研究方面，都相对弱于“21世纪海上丝绸之路”。就丝路带沿线国家自身的经济发展来看，其整体呈现“两边高、中间低”的形态，且中国与中亚国家的经贸合作形成了一个“经济凹陷带”（朱显平，邹向阳，2006）。以中国为丝路带起点向西延伸，按照区域和功能划分，可将其划分为三个层次：核心区的中亚经济带、重要区的环中亚经济带和拓展区的亚欧经济带。我国与丝路带国家间的贸易往来也主要是针对这三个层次的经济带展开的。

在新型国际分工体系下，一国出口的并不一定只是制成品，但在现行的贸易统计中，多以最终产品贸易计算，这导致了并不能真实地反映处在价值链不同环节上国家间的真实贸易情况。因此，对中国与丝路带国家间贸易增加值的科学测度，必将对处理我国与丝路带国家间的贸易关系及贸易政策制定更具理论与实践意义。

2. 研究意义

随着新一轮国际产业转移的深入发展，“一带一路”沿线国家之间的贸易发展研究已成为我国理论与实践方面的重要课题。这是因为，我国

不仅与俄罗斯、中亚各国存在边界稳定、经济互补、能源互需的背景，而且与环中亚经济带各国、亚欧经济带各国之间也有着长期的经贸往来。但对于丝路带国家间双边贸易的研究并不多见，尤其是从价值链的角度，研究“一带一路”沿边各国在国家分工中所处地位的研究很少。随着我国能源危机的逐渐显现，以及中亚各国、欧盟地区自身经济发展的内在需求，必然对“丝绸之路经济带”的建立有着共同的愿景，我国与丝路带国家间的联系将更加密切，经贸往来也将更加繁荣。

因此，在价值链分工背景下分析我国与丝路带国家间的贸易现状、存在的问题及其发展趋势，科学测度我国与丝路带国家间的增加值贸易，进而分析我国在丝路带所形成的价值链中所处的地位、附加值所占的比重等，对我国与丝路带国家间的国际贸易发展问题提出针对性的对策建议，对于促进国界政治稳定，协调我国与丝路带国家间贸易关系，推动我国与丝路带国家间贸易的健康快速发展具有重要的实践意义。

二、国内外研究现状

1. 国外研究现状

传统的贸易统计方法，通常是通过计算最终产品的价值进行测算，近年来才逐渐提出利用贸易增值来对双边贸易进行测算，“增加值贸易”一词是由 Daudin（2009）等首先提出；Johnson 和 Noguera（ 2012）利用不同国家的投入产出表和双边贸易数据首次对增加值贸易进行了实证检验，并且得出了增加值贸易的双边贸易差额和总值贸易的双边贸易差额并不相同的结论；Koopman（2014）等进一步提出了将出口总值分解成不同类型增加值的方法，证明了增加值贸易是“净”值概念；2011 年，OECD 和 WTO 发表工作论文正式提出了“增加值贸易”（OECD and WTC，2011）的概念。

2. 国内研究现状

相比国外学者的研究，对于用增加值贸易来测算双边贸易，国内学者的研究要相对晚一些。王岚、盛斌（2014）利用投入产出表计算增加值贸易，并将价值增值进行分解，分为增加值出口和回流两部分，对中美两国的双边贸易进行了重新测算，并得出中国在不同行业的价值链分工中处于上游的结论，中美贸易顺差并没有为我国带来相匹配的贸易利益；何树全、高旻（2014）基于全球生产价值链的视角，利用国内增值和全球价值链（GVC）指数与显性比较优势（RCA）指数，从4个方面对中国国际贸易的竞争力进行了分析，得出了从贸易增值角度来看竞争力并不大的结论；张咏华（2013）则利用1995—2009年国际投入产出表数据，测算了中国制造业的增加值贸易，得出传统测量方法夸大了中美贸易失衡问题的结论；等等。

3. 文献评析

综上可见，现有文献尚未专门测算我国与丝路带国家间双边贸易的增加值，之所以如此，其可能的原因估计有两方面，一是丝绸之路经济带的概念提出不久，目前人们对其尚处于认识的初级阶段；二是处于丝绸之路经济带核心区的中亚五国经济发展水平较低，且与我国的双边贸易额较少，价值数据难以收集，因此，现有研究还局限于定性分析阶段，深入的实证分析文献并不多。从现有的理论分析文献来看，大多是就丝路经济带内涵与外延进行界定与拓展。比如，王习农、陈涛（2014）在国际国内的背景下，对丝绸之路经济带的内涵进行了静态剖析和动态拓展，并提出丝绸之路经济带"大十字区域"的布局和范围界定，提出了打造以新疆地区为核心区的丝路带建设构想；胡鞍钢、马伟、鄢一龙（2014）不仅对丝绸之路经济带的内涵加以界定，还从性质上、内容上、形成上阐述了丝绸之路经济带的定位，并为其实现提出了自己的见解，即以"上合"为主、结合西进战略、以"五通"为点，制定全方位的战略规划；刘作奎（2014）通过分析市场潜力和地缘优势，阐述了作为丝绸之路经济带两端的中国和东欧对于建设"丝绸之路经济带"的关键作用；程贵、丁志杰（2014）研究了中国与中亚国家之间的经贸关系；程中海、罗超（2015）从理论基础出发，解释了丝绸之路经济带所带来的贸易便利化，并指出发展不平衡、贸易保护以及政治稳定等是制约贸易便利化的主要因素；王志远（2015）对中亚区域一体化的合作进行了研究，并发现俄罗斯对其影响最大，针对这一结论，再次表明丝路带建设

的战略意义，并提出了向西拓展的建议；等等。诸如上述的理论分析文献都为本文的研究方案设计与理论构思提供了坚实的基础。

因此，根据本文研究的重点与内容要求，同时借鉴以上学者的研究成果，这里拟将丝路带沿线国家确定为以下三个层次：中亚地带，其作为丝绸之路经济带的核心区域，地理位置特殊，对丝路带的发展具有不可替代的重点作用；环中亚地带，是对中亚地带的拓展区域，其作为丝路带建设的重要区域；亚欧地带，是丝路带建设的完整板块图，作为丝路带建设最终的设想蓝图（刘迪，等，2014），本文的研究即以这三个层次来展开。

三、研究的主要内容

本文拟从我国与丝路带国家间的贸易现状分析入手，测算我国与其各国之间的增加值贸易，真实地反映双边贸易情况。并将中国与丝路带国家间的增加值率、出口增加值、增加值进出口进行对比分析，进而分析在我国与丝路带国家间形成的价值链分工的背景下，我国所处的地位及附加值数量，最后，针对本文研究结论提出具有操作性的对策建议。

具体来说，首先，分析中国与丝路带国家间的贸易现状，发现存在的主要问题，针对存在问题，提出数据测算的目标；其次，对中国与丝路带国家间的贸易增加值进行测算，并对测算的结果进行分析；最后，根据现状分析及数据测算的结果并提出对策建议。

第二节　中国与丝路带沿线国家间贸易现状与问题

一、中国与丝路带国家间贸易现状

丝绸之路经济带以中国西部为起点，沿线国家众多，幅员辽阔，自然资源丰富，尽管中国西部、中亚地区的发展较为缓慢，但从长远来看，其有着极大的发展潜能。鉴于目前对于丝路带的范围界定尚不明确，本文综合各方学者的观点，横看整个经济带，以中国为起点，将“丝绸之路经济带"范围界定为以下三个层次的片状地带或地理区域（如表2-1所示）。由于这三个地理区域所处的位置不同、所含的资源不同、经济发展程度存在差异，中国与这三个地区的国家有着不同的贸易往来，所采取的政策方针也有所不同。因此，分析中国近15年来与丝路带国家间的贸易发展状况，可从这三个不同层次的经济区域入手。

表2-1 丝绸之路经济带沿边国家

层次	地域	主要地区	国家或地区数量
核心区	中亚地带	中国、中亚五国：哈萨克斯坦、吉尔吉斯斯坦、塔吉克斯坦、乌兹别克斯坦、土库曼斯坦、中国	6
重要区	环中亚地带	中亚地区、俄罗斯、土耳其、伊朗、沙特、巴基斯坦、印度、孟加拉、缅甸、阿富汗、伊拉克、阿塞拜疆、格鲁吉亚、白俄罗斯、亚美尼亚、叙利亚、约旦、以色列	23
拓展区	亚欧地带	中亚地区、环中亚地区、欧盟（28）、德国、法国、英国、意大利、埃及、利比亚、阿尔及利亚、乌克兰	32
合计			32

1. 中国与中亚地带国家的双边贸易现状

中亚地带主要包括中国以及中亚五国，其处于丝路带建设的核心地位。就中亚国家的具体地理区域来看，主要是指里海以东，西西伯利亚以南，阿富汗以北及我国新疆以西的亚洲中部地区，包括哈萨克斯坦、乌兹别克斯坦、吉尔吉斯斯坦、塔吉克斯坦和土库曼斯坦五个国家，总面积近400万平方公里，人口5000多万，是当今世界上地广人稀的地区之一。中亚五国在地理位置上连成一片，自然地理环境有着明显的一致

性，而且资源都较为丰富，主要包括能源资源、金属资源、非金属资源和用于工业加工原料的农产品资源。由于中亚五国的经济实力相对薄弱，属于“丝路带”的凹陷区。中国毗邻中亚五国，与其共同享有3300多公里的国境线。2014年在GDP总量的世界排名中，中亚地区只有哈萨克斯坦以2122亿美元进入前50，排名第49位，其余四国都在50名以外，其中，吉尔吉斯斯坦GDP总量仅为74亿美元，位居145名。详情如表2-2所示。

表2-2 2014世界各国GDP排名（IMF，2015年4月版）

单位：百万美元

排名	经济体	GDP
49	哈萨克斯坦	212260
72	乌兹别克斯坦	62619
87	土库曼斯坦	4932
138	塔吉克斯坦	9242
145	吉尔吉斯斯坦	7402

经济实力的落后造成了对外贸易的不发达。中亚五国自独立后，经过了漫长且艰难的转型期，经济仍较为落后，对外贸易不发达，中国与中亚五国的贸易量并不大，但双边贸易往来却相对较早。自1992年与中亚五国先后建交以来，贸易往来也随即开始。2001年，中华人民共和国与俄罗斯、哈萨克斯坦、吉尔吉斯斯坦、塔吉克斯坦和乌兹别克斯坦签署成立了上海合作组织，由此，中国与中亚五国在经贸投资、能源矿产等方面开展了广泛的合作。随着各方面合作的开展，中国与中亚五国的贸易额增长很快（见图2-1），贸易总额总体呈现上升趋势。2014年中国与中亚五国的双边贸易额达到450亿美元，约为建交初期双边贸易额的100倍。

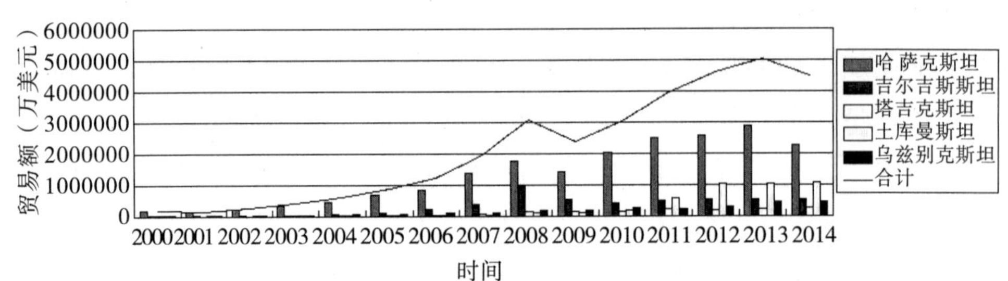

图 2-1　中国与中亚五国 2000—2014 年双边贸易额

据中方统计，2014 年中国与哈萨克斯坦贸易额为 224 亿美元，中国已经成为哈萨克斯坦第一大贸易伙伴国。但是，中国与中亚五国的双边贸易量相比中国 2014 年进出口总额 4.30 万亿美元来说，占比仅为 0.5%（见表 2-3）。中国与中亚其他四国的贸易额相对来说均较小，说明中国虽然近年来广泛开展与中亚五国的贸易往来，双边贸易额逐渐扩大，但是总体来说贸易总值仍然较小，后续发展潜力较大。

表 2-3　2014 年中国与中亚五国贸易额

单位：万美元

国家	贸易总值		进口		出口	
	贸易额	占比	进口值	占比	出口值	占比
哈萨克斯坦	2243857.8	0.0052	1271235.3	0.0050	972622.6	0.0054
吉尔吉斯斯坦	529835.3	0.0012	524270.1	0.0000	5565.2	0.0022
塔吉克斯坦	251674.2	0.0006	246904.5	0.0000	4769.7	0.0011
土库曼斯坦	1047046.9	0.0024	95431.1	0.0049	951615.9	0.0040
乌兹别克斯坦	427563.1	0.0001	267834.2	0.0008	159728.9	0.0011
合计	4499977.3	0.0105	2405675.2	0.0103	2094302.2	0.0107

数据来源：Wind 资讯 .

2. 中国与环中亚地带国家双边贸易状况

环中亚地带包括了中亚地带以及环中亚地带的国家。除去中亚地带，

我们这里主要研究剩余的17个国家，主要为俄罗斯、土耳其、伊朗、沙特、巴基斯坦、印度、孟加拉、缅甸、阿富汗、伊拉克、阿塞拜疆、格鲁吉亚、白俄罗斯、亚美尼亚、叙利亚、约旦、以色列等，该地区经济发展实力差距较大，平均发展水平居于中亚五国之上，且富含石油、天然气等自然资源，但整体水平仍比较落后。近年来，随着中国对外开放的深入，中国与这些国家的贸易往来也逐渐增多（见图2-2、图2-3）。其中，贸易往来较为密切的国家为俄罗斯、印度、伊朗、沙特阿拉伯，可以看出，这几个国家的GDP在全球的排名是相对较为靠前的。但是，总体来说，这些国家主要的贸易伙伴国为美国、欧盟等发达国家，与中国的贸易往来相对来说较少，2014年17个国家与中国的贸易总额占中国进出口总额的9.58%。

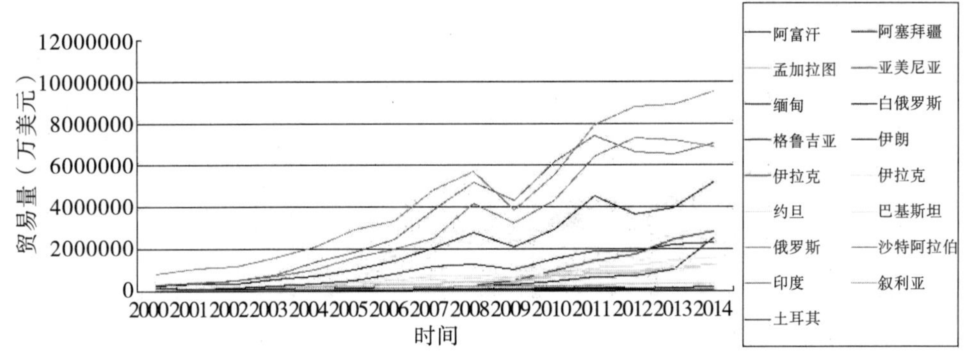

图2-2　中国与环中亚地带国家双边贸易量

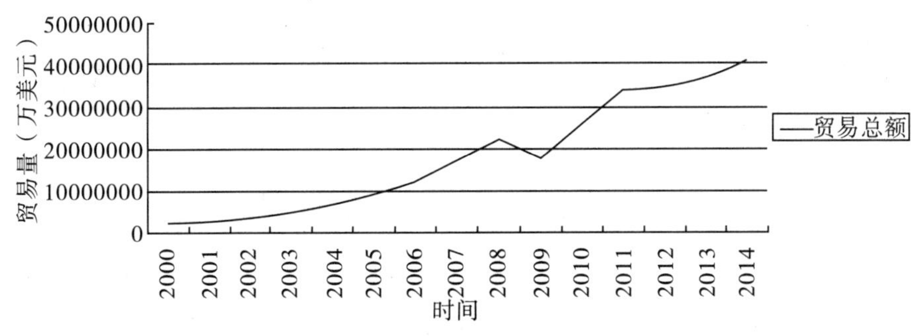

图2-3　中国与环中亚地带贸易总额

3. 中国与亚欧地带国家双边贸易状况

亚欧地带包括中亚地带、环中亚地带以及“丝绸之路经济带”的终点欧洲、北非等国家和地区，是丝路带形成之后的最终版图，其终点所在的欧洲区域是整条经济带中最为发达的地区。中亚地带和环中亚地带在此不多赘述，这里主要研究所包括的欧盟以及北非地区。欧洲地区经济较为繁荣，对外贸易发达，尤其是其中的西欧地区。欧盟作为其中的经济集聚地区，也是经济、科学、文化、教育等的交流中心，与中国的贸易往来密切（图 2－4）。丝路带所涉及北非国家包括阿尔及利亚、利比亚、埃及等，经济发展水平不是很高，与中国的贸易往来不多，近几年来有所上升（见图 2－5），但总体来说贸易往来不密切，2014 年中国与三个国家贸易总量占中国对外贸易量的比重仅为 0.54%，占比较小。

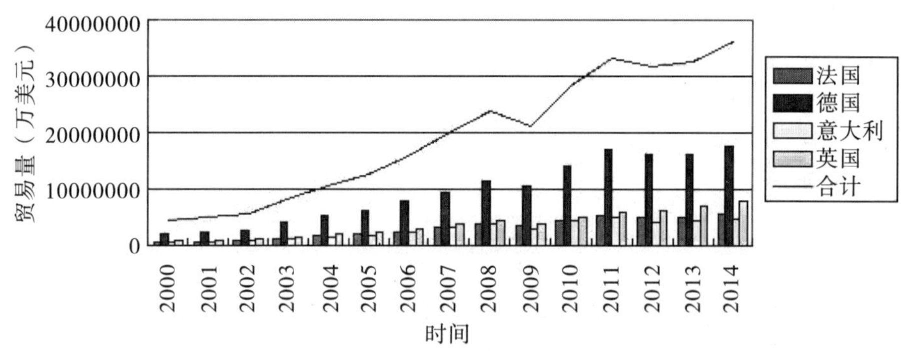

图 2－4　中国与欧洲地区国家双边贸易量

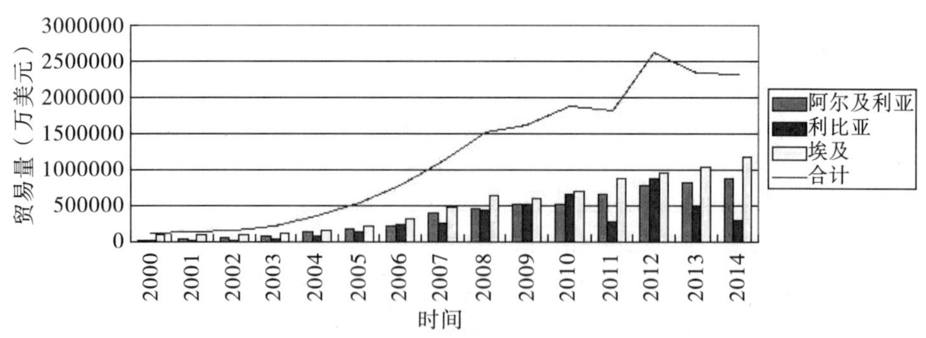

图 2－5　中国与北非地区国家双边贸易量

二、中国与丝路带国家间贸易发展趋势

1. 贸易互补往来的良好基础

（1）中国产能过剩。改革开放近四十年来，中国在相当长的一段时间内通过廉价劳动力、土地资源获得经济的飞速发展，但随着国际贸易的不断深入，低附加值产品逐渐被国际贸易淘汰，中国也面临着产能过剩的局面。

（2）贸易互补性。中亚、北非、中东等地区对工业制成品有着极大的需求，双方贸易存在着很大的互补性，丝路带的建设对于中国消耗过多产能、改革自然资源进口渠道进而减少能源安全的威胁性、平衡国内东西部经济发展有着极大的促进作用。

（3）良好的合作基础。中国与中亚五国有着合作基础，中国已成为哈萨克斯坦第一大贸易伙伴国。自 2001 年上合组织成立至今，双边贸易快速发展，中国与上合组织成员国之间已形成了良好的经济、科技、文化等合作的基础。但是俯瞰整个“丝绸之路经济带”蓝图，中国不仅看重与中亚的合作发展，更重要的是以中亚为核心、为基础来达成与整个欧亚大陆良好的合作远景。中国与欧盟国家之间的双边贸易已形成良好的基础，在丝路带的促进之下，必将更加快速地发展。

2. 中国对外贸易的飞速发展

（1）对外贸易繁荣发展。新中国成立近七十年，我国的对外贸易从闭塞到现在的全面发展，取得了辉煌的成就。对外贸易从原本的重视货物贸易到现在服务贸易的繁荣发展，规模逐渐增大，结构逐渐完善。2014 年，我国对外贸易总额达到 4.30 万亿美元，同比增长 3.4%，巩固了世界第一货物贸易大国的地位。

（2）贸易结构逐渐完善。我国对外贸易伙伴趋向于多元化，在保持对发达国家贸易稳定增长的同时，发展同俄罗斯、非洲、中东欧等国家的贸易；我国对外贸易的贸易结构也进一步优化，贸易条件连续三年改善，2014 年工业制成品占出口总额的 95.2%；与此同时，西部地区进出口增速较快。

（3）扮演重要角色。快速发展的对外贸易不仅提高了中国的国际影响力，也使中国在各国的贸易往来中更加游刃有余，在丝路带的建设中中国也占据着非常重要的角色，奠定了进一步拓展中国在与丝路带国家间的贸易往来的良好基础。

3. 一带一路建设的历史机遇

（1）丝路带所蕴含的机遇。"丝绸之路经济带"共涉及 32 个国家和地区，横跨欧、亚、非三大洲，随着对外开放格局的进一步完善，大环境的促进，将更有利于丝路带的建设及发挥作用。自 20 世纪 90 年代苏联解体，中亚独立以来，中亚经济得到了快速的发展，对外开放的格局进一步打开，迫切的需要拓宽对外开放的渠道，寻求对外发展的合作伙伴及路径；中东地区在经历长年战乱的纷扰，多年自然资源对经济的支撑之后，迫切地需要改革贸易结构，拓宽贸易渠道；欧盟在经历 2008 年全球金融危机后，目前正处在欧债危机的漩涡中，同样需要丝路带所带来的贸易机遇。

（2）中国自身面临的挑战。中国经历了长达三四十年贸易往来的磨砺，积累了多年对外贸易的经验，但贸易结构、贸易渠道老化，正处在对外贸易瓶颈时期，迫切需要新的贸易机遇来打破瓶颈，使中国的对外贸易结构与格局进一步完善，发展欣欣向荣。与此同时，经济全球化的趋势逐渐加强，各种类型的自贸区层出不穷，全球贸易蓬勃发展。处在对外贸易大开放的贸易格局中，中国在丝路带建设中将会发挥更加独特的作用，与丝路带沿线国家间的贸易往来也正处在难得的机遇时期。把握机遇，大胆创新，积极努力建设"丝绸之路经济带"，中国的对外贸易将会得到进一步的发展。

4. 双边贸易合作的前景

丝路带涉及国家众多，横跨欧、亚、非三大洲，发展水平各不相同，但是"丝路带"建设符合经济带上各国贸易发展的愿景，各国也有着贸易合作与区域一体化的合作需要，其建设必然是一个万众瞩目而长期的过程，也具备着广阔的发展前景。而且目前为止，丝路带的建设已经处于初步发展阶段，各方面工作开展的得井有序，各界学者对于丝路带的

建设也有着诸多的设想。习近平主席提出的“五通”构想，力图开展与中亚及周边国家的经常性对话与合作，构建“丝路带”建设的软环境；同时促进基础建设，努力构建硬环境；其次，积极促进我国与其他国家自贸区的构建，促进贸易畅通；丝路带的建设必将进一步推进我国人民币的国际化，使得我国与丝路带沿线国家间开展科技、教育、文化、旅游、医疗等多方面的交流和沟通。因此，丝路带的建设为我国与其沿线国家间的贸易往来带来了广泛的发展前景。

三、我国与丝路带国家间贸易问题

随着国际贸易的发展，我国与世界各国都开展了广泛的合作。对于我国与丝路带国家间的贸易，较为重要、贸易量较大的是我国与欧盟之间的贸易往来，但是丝路带建设的核心在中亚五国，同时也不能忽略同俄罗斯、土耳其、埃及等中东、北非国家之间的贸易。纵观我国与这些国家之间的贸易往来，还存在着一些问题。

1. 与中亚五国之间贸易往来

（1）贸易规模。中国与中亚五国之间的双边贸易相对来说开展得较早，自 1992 年中国与中亚五国建交以来，贸易关系就得到了有效的改善，且随着上合组织的蓬勃发展，贸易往来逐渐密切。但是中国与中亚之间的贸易规模很小，五国中哈萨克斯坦的经济实力相对较强，对外贸易发展较快，相比较其他四国来说，中国与其之间的贸易往来较为密切，双边贸易量相对较大，但 2014 年的双边贸易额也仅占中国贸易总额的 0.54%。中国与其他四国之间的贸易规模更小，2014 年四国贸易总量之和占中国贸易总额的比例仅有 0.5%，尽管近几年来贸易规模有所上升，但仍然属于贸易往来小国。规模小不利于形成规模经济，贸易发展也将更加缓慢。

（2）贸易结构。分行业比较中国同中亚五国之间的贸易结构，中国从中亚五国、北非、环中亚进口的多为石油、天然气、棉花、矿产等原材料，中国向中亚地区出口的多为农产品、纺织品、轻工产品等价值低的工业制成品。中亚、北非等国家普遍工业发展落后，体系不健全，工业上对于初级资源的利用率极低，工业生产能力不足，而中国面临自然资源匮乏、产能过剩的局面，两者互补发展贸易对双方的经济发展都有促进作用，但是单纯地为解决资源和产能过剩问题开展的贸易往来不涉及高技术工业产品，甚至不涉及中技术工业产品，贸易结构单一，这对中国长期的贸易发展不利。

(3) 贸易形势。中亚五国目前还处于独立后的恢复阶段，经济落后，政局不稳，虽然中国与中亚毗邻，共享 3000 公里的国境线，对于边境稳定和经济发展有着共同的需求，未来贸易发展的潜力巨大，上海合作组织成立对中国与中亚双边贸易的促进作用很大。但国际势力对中亚的插手，政局不稳的现状仍然加剧了双方贸易往来的波动性。"丝绸之路经济带"的建立与发展必须以中亚为枢纽与核心，与中亚五国的合作与共同发展将会关系到中国西部乃至全国的经济形势，因此中国与中亚五国之间的贸易发展形势严峻，对于丝路带的建设有着不利的影响，对于贸易往来的进一步深入也有着极大的影响。

2. 与环中亚地带国家之间贸易往来

(1) 贸易规模。环中亚地带 17 个国家中，与中国贸易往来较为密切的国家为俄罗斯、印度、伊朗、沙特阿拉伯等，但总体来说，与中国的贸易往来较少，2014 年 17 个国家与中国的贸易总额仅占中国进出口总额的 9.58%，不抵中国与美国仅一个国家的贸易额。

(2) 贸易结构。中国与环中亚地带的国家贸易关系相对来说较为平淡，往来很少。而且，环中亚地带盛产石油等自然资源，中国多从这些国家进口稀缺但不可或缺的石油、天然气等自然资源，出口的多为物美价廉的工业品，两者贸易互补性较强，但贸易结构较为单一。

(3) 贸易形势。近几年来，中国的能源危机逐渐增加，2014 年中国石油的对外依存度为 59.6%，且每年呈上升趋势，专家预测 2020 年这一数值将达到 68%。并且原油的进口 70%以上源于中东和北非地区，这些地区多处于内忧外患、政局动荡时期，政局的不稳定加剧了经济的紧张，中国与之贸易往来的形势将更加严峻。

3. 与欧亚地带国家之间贸易往来

（1）贸易结构。丝路带西端欧盟与中国的贸易规模较大，2014 年已成为中国第一大贸易伙伴国。但是分析中国与欧洲国家的贸易结构，可以发现中国从欧洲进口的多为高科技产品、制成品等，而向欧洲出口的也多为纺织品、轻化工产品等。总体来说，中国对欧洲等国家的出口也集中体现在劳动密集型产品上，高技术产品多依靠进口，这也同样面临着贸易结构单一阻碍长期贸易发展的局面。

（2）贸易形势。随着中国国力的强盛、影响力的逐渐扩大和对外贸易的逐渐繁荣，与中国有关的贸易纠纷逐渐增多，国际贸易战愈演愈烈。其中，中国与欧美国家的贸易纷争较多，反倾销、出口限制等贸易壁垒逐渐加深。中国与欧盟之间的贸易战随着贸易往来的密切也逐渐增多，针对各种贸易产品的反倾销使得中国与欧盟之间的贸易形势更加严峻。

4. 价值链分工中的地位不同

横观中国与丝路带沿线国家之间的贸易品可以发现，不同的国家贸易往来的产品各不相同。中亚五国、北非、中东等地区自然资源丰富，尤其是石油、天然气等关系到国家能源安全的自然资源，因此这些国家向中国输出的多为资源品，而中国向其输出的多为其稀缺的工业制成品，且多为物美价廉的低技术制成品，因此可以预测，中国在与其贸易所形成的价值链中主要处于下游资源加工地位；但是与欧洲发达国家的贸易往来主要集中在工业品上，且观察中国与欧盟的贸易品可以发现，中国主要向欧盟输出劳动力密集的工业制成品，而欧盟多向中国输出技术密集型的产品，由此可以推测，中国在与亚欧地带国家（主要为欧盟）贸易所形成的价值链中主要为资源输出国的上游地位。

与不同的国家贸易所处的地位不同，且中国与中亚、中东、北非等国共同面临着提升增加值贸易问题，但贸易结构的改变和贸易制度的完善并不是一朝一夕的事情，需要长期且大量的实践来验证；另一方面，在诸国均努力提升增加值的同时，中国如何站稳脚跟并在贸易中脱颖而出，并处于价值链的下游获利较多地位，这是中国与丝路带沿线国家间贸易存在的主要问题。

第三节　中国与丝路带沿线国家间贸易增加值测度

一、增加值贸易出口测算与分解方法

1. 增加值出口和出口增加值的含义

增加值出口，根据 Johnson and Guillermo（2012）给出的关于增加值出口的定义，其是指将一国生产最终在别国被吸收的增加值，而衡量的指标为增加值出口占总出口的比例。

增加值贸易，其进一步可分为增加值的出口和进口，可以说是基于增加值的出口和增加值的进口来定义的，这样增加值贸易就排除一国生产的产品作为中间品出口到别国经过加工再回流到出口国的增加值。

增加值出口和出口增加值，这是两个不同的概念，前者具有方向性，特指出口到贸易对象国的增加值；后者不具有方向性，是出口国出口的总增加值，是包含了所有进口国在内的增加值出口。本节将主要涉及增加值出口和出口增加值的概念，其是本节数据测算的重要理论依据。

2. 增加值贸易出口的测算方法

增加值贸易统计核算是采用多国模型，假设有 G 国 N 个部门，每个国家生产的产品既可以当做最终消费品也可以当做中间品用于别国生产，每个国家都出口中间品和最终消费品。假设 R 国总产出被本国和外国全部消耗，则 R 国的产出满足：

$$y_r = a_{rr}y_r + \sum_{r\neq s}^{G} a_{rs}y_s + x_{rr} + \sum_{r\neq s}^{G} x_{rs}, \quad r、s=1, 2, \cdots, G \qquad (2-1)$$

式中，y_r、y_s 代表的含义依次是 R 国和 S 国的总产出；a_{rr} 代表的含义为 R 国生产的用于 R 国产品的直接消耗系数；a_{rs} 表示 R 国生产的产品作为中间品用于 S 国生产的直接消耗系数；x_{rr} 与 x_{rs} 代表的含义依次为 R 国产品对于本国产品的最终需求、S 国产品对于 R 国产品的最终需求。

将式（2-1）式整理为投入产出模型：

$$\begin{bmatrix} Y_1 \\ Y_2 \\ \vdots \\ Y_G \end{bmatrix} = \begin{bmatrix} I-A & -A_{12} & \cdots & -A_{1G} \\ -A_{21} & I-A_{22} & \cdots & -A \\ \vdots & \vdots & \ddots & \vdots \\ -A_{G1} & -A_{G2} & \cdots & I-A_{GG} \end{bmatrix}^{-1} \begin{bmatrix} \sum_r^G x_{1r} \\ \sum_r^G x_{2r} \\ \vdots \\ \sum_r^G x_{Gr} \end{bmatrix} \tag{2-2}$$

$$= \begin{bmatrix} B_{11} & B_{12} & \cdots & B \\ B_{21} & B_{22} & \cdots & B_{2G} \\ \vdots & \vdots & \ddots & \vdots \\ B_{G1} & B_{G2} & \cdots & B_{GG} \end{bmatrix} \begin{bmatrix} X_1 \\ X_2 \\ \vdots \\ X_G \end{bmatrix} \tag{2-3}$$

其中，Y_r、X_r 为 $N\times1$ 列向量，其所代表的含义依次阐述为 R 国总产出和 S 国对 R 国产出的最终需求；A_{rs} 和 B_{rs} 表示的为 $N\times N$ 矩阵，其中 A_{rs} 所表示的为投入产出系数矩阵，A_{rs} 中元素所代表的含义是 S 国对 R 国中间品的直接消耗系数，B_{rs} 所代表的为里昂惕夫逆矩阵，其中的元素表示完全消耗系数，所阐述的含义即是 S 国每增加 1 单位的最终需求需要消耗的 R 国的产出。

令 $\hat{V}_r$ 表示 R 国各部门的增加值系数的 $1\times N$ 矩阵，即是各部门的中间投入率，则可定义：

$$\hat{V} = \begin{bmatrix} \hat{V}_1 & 0 & \cdots & 0 \\ 0 & \hat{V}_2 & \cdots & 0 \\ \vdots & \vdots & \ddots & \vdots \\ 0 & 0 & \cdots & \hat{V}_G \end{bmatrix} \tag{2-4}$$

左乘式（2-3）可得到增加值矩阵，即 R 国对 S 国的增加值出口（$\hat{V}Y$）：

$$\hat{V}Y=\begin{bmatrix}\hat{V}_1 & 0 & \cdots & 0\\ 0 & \hat{V}_2 & \cdots & 0\\ \vdots & \vdots & \ddots & \vdots\\ 0 & 0 & \cdots & \hat{V}_G\end{bmatrix}\begin{bmatrix}Y_{11} & Y_{12} & \cdots & Y_{1G}\\ Y_{21} & Y_{22} & \cdots & Y_{2G}\\ \vdots & \vdots & \ddots & \vdots\\ Y_{G1} & Y_{G2} & \cdots & Y_{GG}\end{bmatrix}$$

$$=\begin{bmatrix}V_1\sum_r^G B_{1r}X_{r1} & V_1\sum_r^G B_{1r}X_{r2} & \cdots & V_1\sum_r^G B_{1r}X_{rG}\\ V_2\sum_r^G B_{2r}X_{r1} & V_2\sum_r^G B_{2r}X_{r2} & \cdots & V_2\sum_r^G B_{2r}X_{rG}\\ \vdots & \vdots & \ddots & \vdots\\ V_G\sum_r^G B_{Gr}X_{r1} & V_G\sum_r^G B_{Gr}X_{r2} & \cdots & V_G\sum_r^G B_{Gr}X_{rG}\end{bmatrix} \tag{2-5}$$

对角线上的元素表示 R 国吸收的增加值，非对角线的元素表示除 R 国外其他国家吸收的增加值。即：

$$VT_{rs}\equiv V_rY_{rs}=V_r\sum_g^G B_{rg}X_{gs} \tag{2-6}$$

一国增加值总的出口为：

$$\begin{aligned}VT_{r^*}&=\sum_{r\neq \mathrm{r}}^G VY_{sr}=V_r\sum_{r\neq \mathrm{r}g=1}^G\sum^G B_{rg}X_{gs}\\ &=V_r\sum_{r\neq \mathrm{r}}^G B_{rr}X_{rs}+V_r\sum_{r\neq \mathrm{r}}^G B_{rs}X_{ss}+V_r\sum_{r\neq st\neq r,s}^G\sum^G B_{\mathrm{rs}}X_{\mathrm{st}}\end{aligned} \tag{2-7}$$

则一国的增加值出口可定义为：

$$VBX_{rs}=V_rB_{rr}X_{rs}+V_rB_{rs}X_{ss}+V_rB_{rs}X_{rt} \tag{2-8}$$

其中，等式右端第一项表示 R 国生产以最终产品的形式出口到 S 国的 R 国的增加值；第二项表示 R 国生产以中间品的形式出口到 S 国并被 S 国直接吸收的 R 国的增加值；第三项表示 R 国生产以中间品的形式出口到第三国 T 国，在 T 国加工生产并以最终产品的形式出口到 S 国的 R 国的增加值。

二、中国与丝路带各国增加值贸易测算与分析

测算的数据来源是国家投入产出表及国际投入产出表，数据主要来自 WIOD Data（World Input-Output Database）、wind 资讯以及 UN Comtrade 数据库。其中，投入产出表主要来自于 WIOD Data，其提供了 41 个经济体的投入产出表，且时间上是连续的。这里将全部经济活动在国际标准产业分类的基础上进行进一步的分类，分为农业、中低技术水平工业、中高技术水平工业、高技术水平工业、服务业、其他产业，将制造业按技术水平进行了细化，将服务业进行了整合，同时将无法进行分类的电力、煤气、供水业、建筑业以及私人家庭活动（投入产出表中数据均为 0）等划入其他产业中。针对中亚地带因投入产出表数据不全，这里对中亚五国的增加值贸易计算采用近似替代的方法；针对环中亚地带选取环中亚地带中实力较强，与中国贸易往来较密切，较有代表性的三个国家进行测算，分别为俄罗斯、土耳其以及印度；对亚欧地带的测算，选取具有代表性的欧盟（28 国），以及经济带主要临界国家德国、法国、英国、意大利为代表进行测算并对结果进行分析。这里以五年为间隔，纵向对比分析十年间的变化。

1. 中国与中亚地带的增加值贸易测算与分析

（1）中国同中亚地带增加值比较。在 Wiod data、OECD－WTO 数据库中没有中亚五国的投入产出表信息，不能直接通过投入产出表计算得到其分行业的增加值。因此，我们采用 wind 资讯提供的数据进行计算，并将计算结果进行分析。这里，我们将行业按 wind 资讯上的分类分为农业、工业和服务业。表 2－4 是经过计算得到的中国与中亚五国 2001、2006、2011 年的分行业增加值，将其进行比较分析可以得出，各个行业中，中国的增加值远大于中亚五国各行业增加值。

从行业角度分析，中国主要依赖工业和服务业的增加值获利，且增长速度较快；哈萨克斯坦三个行业进行对比分析发现，占比最大的是服务业；其余四国的国民实力较低，生产能力较弱，增加值较小，但占比各有不同。吉尔吉斯斯坦增加值占比较大的依然是服务业，这并不能说明其服务业发展较好，但可以表明吉尔吉斯斯坦的工业发展水平极低；剩余三国行业比较中，农业增加值的占比较重，服务业最低，说明其生产水平极为落后，还处在农业向工业过渡的阶段。

表 2-4　中国与中亚五国增加值比较：（分行业）

单位：亿美元

	中国			哈萨克斯坦			吉尔吉斯斯坦		
	2001	2006	2011	2001	2006	2011	2001	2006	2011
农业	1906.63	3015.02	7349.10	20.76	47.62	102.91	4.03	9.27	12.15
工业	5981.83	13008.19	34111.71	86.01	341.03	768.73	3.13	5.68	20.10
服务业	5359.61	11106.29	31758.11	114.76	421.38	1008.85	3.65	13.35	32.98
	塔吉克斯坦			土库曼斯坦			乌兹别克斯坦		
	2001	2006	2014	2001	2006	2014	2001	2006	2014
农业	3.99	6.86	16.86	8.61	17.93	42.53	38.77	44.52	86.57
工业	1.60	2.13	3.79	3.81	6.51	20.60	8.78	12.20	28.21
服务业	0.54	0.95	1.91	1.20	3.01	7.63	3.81	5.67	13.63

（2）中国同中亚五国增加值贸易比较。由于没有投入产出表作为支撑，本文无法直接计算出中国与中亚五国的进出口增加值。本节采用2014年世界GDP排名中第14位到第133位中的26个国家的增加值率为基础，计算平均增加值率作为世界平均水平的增加值率来测算中国与中亚五国的增加值进出口。

计算结果如表2-5所示。从表2-5中可以得知，在20世纪初，中国与中亚国家的贸易在各个行业均有相当长时间的贸易顺差，在2011年时，与哈萨克斯坦、土库曼斯坦的贸易为贸易逆差，表明中国与中亚五国的贸易并不只是以往单纯的向其出口，而是开始有较为完善的进出口贸易，贸易往来密切。另外，2001年以来的十年间，双方之间的贸易关系飞速发展，贸易量有了极大的增长。根据两国的贸易结构以及资源禀赋、比较优势分析，中国向中亚国家出口的多为物美价廉的制成品，尤

其是低级制成品，进口主要为自然资源等，因此，中国在与中亚五国贸易往来所形成的价值链分工中主要处于下游资源加工地位，而中亚五国主要处于价值链分工的上游资源输出国地位。

表 2－5　中国与中亚五国增加值贸易值比较

单位：亿美元

	2001		2006		2011	
	增加值出口	增加值进口	增加值出口	增加值进口	增加值出口	增加值进口
哈萨克斯坦	1.52	4.46	21.26	16.15	43.02	69.19
吉尔吉斯斯坦	0.36	0.20	9.46	0.51	21.94	0.44
塔吉克斯坦	0.02	0.03	1.37	0.08	8.98	0.32
土库曼斯坦	0.15	0.01	0.73	0.07	3.53	21.11
乌兹别克斯坦	0.23	0.03	1.82	2.53	6.11	3.63

2. 中国与环中亚地带国家的增加值贸易测算与分析

我们将计算并分别比较中国同俄罗斯、土耳其、印度的不同产业增加值率和出口增加值，剔除掉其他国家对其的影响，来对中国与其的供给关系和国际分工地位进行分析。

（1）中国同俄罗斯、土耳其、印度的增加值率、出口增加值比较。2001—2011 年，经过计算可知，各产业的增加值率没有明显的变化（见表 2－6），但还是可以看出中国在制造业、其他产业中的增加值在下降，这说明中国在这些产业中的获利能力在下降；同理可以得知，俄罗斯在中高技术、农业、高技术产业中的获利能力在下降，在中低技术产业中的获利能力在增强；土耳其的增加值率几乎没有变化；而印度在高技术产业中的获利能力有所增强。

从不同产业角度比较，中国在农业和服务业方面的增加值率较高，增加值率普遍在 50％以上，说明农业和服务业的中间投入较多，且在这两个产业中的获利能力高于其余产业，中高技术和高技术产业的增加值最低，说明中国从这些产业中获利较少。

表 2-6 中国同俄罗斯、土耳其、印度的增加值率比较[①]

单位：%

	中国			俄罗斯			土耳其			印度		
	2001	2006	2011	2001	2006	2011	2001	2006	2011	2001	2006	2011
农业	0.58	0.58	0.59	0.54	0.52	0.47	0.63	0.63	0.63	0.77	0.76	0.78
中低技术工业	0.33	0.29	0.27	0.35	0.52	0.50	0.28	0.27	0.27	0.27	0.27	0.26
中高技术工业	0.25	0.21	0.21	0.36	0.32	0.30	0.25	0.25	0.25	0.20	0.20	0.18
高技术工业	0.26	0.20	0.19	0.32	0.29	0.28	0.31	0.29	0.29	0.22	0.23	0.25
服务业	0.53	0.53	0.54	0.62	0.60	0.60	0.62	0.61	0.62	0.70	0.70	0.71
其他	0.29	0.25	0.24	0.46	0.38	0.37	0.44	0.42	0.41	0.36	0.35	0.35

从不同国家的角度来看，中国在农业和服务业方面印度的增加值较高，获利能力较强；而在制造业中俄罗斯的增加值相对较高，获利能力较强。在电力、煤气、供水业、建筑业等产业中中国的获利能力明显低于其他三国。

计算中国、俄罗斯、土耳其、印度的出口增加值并将其进行比较分析（见表 2-7）。从表 2-7 中可以看出，2001—2011 年，十年间各产业增加值都有着较大的提升，其中中国高技术产业出口增加值提高近 10 倍，制造业出口增加值平均提高近 7 倍，说明中国在对外贸易中从制造业中，尤其是高技术产业中获利较多；俄罗斯在制造业方面的出口增加值也平均提高了近 5 倍；土耳其服务业出口增加值提高近 10 倍；印度在中高端技术产业方面出口增加值也有着显著的增加。

从不同产业角度比较，制造业出口增加值的增加幅度明显大于其他产业，中国在中低技术产业和高技术产业中的出口增加值明显高于其他

产业，说明在对外贸易中，中国主要从中低技术工业和高技术工业中获利。其次，农业的出口增加值较小，说明中国在对外贸易中并不依靠农业进行获利。

表 2-7　中国同俄罗斯、土耳其、印度的出口增加值比较

单位：亿美元

	中国			俄罗斯			土耳其			印度		
	2001	2006	2011	2001	2006	2011	2001	2006	2011	2001	2006	2011
农业	21.71	40.14	83.81	8.83	18.09	29.47	13.87	20.91	29.84	26.03	39.30	82.50
中低技术工业	465.09	1204.2	2234.1	153.49	453.85	890.63	95.87	163.03	234.13	143.12	348.50	571.73
中高技术工业	112.39	382.44	730.96	40.98	177.12	250.84	25.81	74.84	121.32	29.93	88.36	143.86
高技术工业	292.50	1457.3	2988.8	31.06	70.80	99.90	31.70	93.26	121.44	35.31	98.30	225.25
服务业	348.79	933.28	1753.7	233.99	632.72	1083.0	1.62	4.16	100.21	60.21	332.78	464.85
其他	4.82	19.49	39.87	1.80	6.13	10.74	0.62	1.82	12.61	0.47	1.14	1.60

从不同国家分析，在农业方面，中国和印度的出口增加值相差不大，说明中国虽然不依靠农业获利，但进出口总量大，农业出口增加值总量仍然很大；在制造业方面，中国的出口增加值明显高于其他三国，且在高技术工业中的获利能力逐渐增强，表明中国已经开始重视对高技术产品的研发和出口，力图转型成为技术密集型国家。

（2）中国同俄罗斯、土耳其、印度的增加值贸易比较。表 2-8、表 2-9、表 2-10 是经过计算得到的中国、俄罗斯、土耳其、印度增加值贸易，并对其进行的比较分析。

表 2-8 中国与俄罗斯增加值贸易比较

单位：百万美元

	中国与俄罗斯增加值贸易					
	2001		2006		2011	
	增加值出口	增加值进口	增加值出口	增加值进口	增加值出口	增加值进口
农业	17.78	77.41	63.14	117.09	289.57	186.03
中低技术工业	459.54	148.85	1813.86	921.76	7678.21	2013.32
中高技术工业	8.91	445.11	33.79	2029.12	138.95	8563.85
高技术工业	41.72	211.04	568.10	681.23	2177.34	2171.87
服务业	12.76	186.36	101.36	464.72	407.28	1427.81
其他	5.41	152.16	68.08	383.25	1.61	1440.26

从表 2-8 可以看出，2001 年时，中国与俄罗斯贸易往来中中低技术产业的增加值出口较高，普遍高于其他产业，但是到 2011 年时，高技术产业的增加值出口明显高于其他产业，说明中国逐渐加大技术投入，在与俄罗斯的贸易往来中，高技术产品的比重逐渐增加，且中国从高技术产品中的获利能力逐渐增强，说明中国目前还是处在价值链上游，且资源密集型行业和劳动力密集型行业还是我国对外贸易的主力军。

但同时，中国正在逐渐地实现从价值链上游资源输出国向价值链下游资源加工的转变，并且卓有成效；服务业增加值出口的增长速度较快，十年间增长了 30 倍，说明中国对俄罗斯出口中从服务行业中获利能力在增强。从表 2-8 中得知，在农业、中低技术行业上中国存在严重的贸易顺差，而在中高技术行业、高技术行业、服务业、其他行业（主要是电力、煤气、供水业、建筑业等）中国又存在着严重的贸易逆差，同样可以得出中国在与俄罗斯的贸易所形成的价值链中仍处于上游地位，而高技术产品的贸易逐渐平衡又说明中国在加大技术研发的力度，力图向价值链下游靠近。

表 2-9　中国与土耳其增加值贸易比较

单位：百万美元

	中国与土耳其增加值贸易					
	2001		2006		2011	
	增加值出口	增加值进口	增加值出口	增加值进口	增加值出口	增加值进口
农业	7.80	4.25	5.64	11.12	58.13	29.65
中低技术工业	27.13	15.91	219.53	36.81	2976.13	95.22
中高技术工业	8.73	33.98	48.98	67.96	220.33	314.76
高技术工业	52.43	31.24	625.64	44.48	758.00	171.00
服务业	0.29	10.73	4.94	32.64	94.13	127.93
其他	0.07	23.53	0.33	16.26	1.26	99.42

表 2-10　中国与印度增加值贸易比较

单位：百万美元

	中国与印度增加值贸易比较					
	2001		2006		2011	
	增加值出口	增加值进口	增加值出口	增加值进口	增加值出口	增加值进口
农业	13.57	61.91	27.57	296.74	100.64	802.85
中低技术工业	175.70	169.20	864.62	419.86	4071.10	1018.34
中高技术工业	33.23	102.45	95.27	418.60	352.79	630.18
高技术工业	88.39	80.02	994.61	403.13	2556.42	1038.32
服务业	80.86	288.30	157.60	827.07	257.57	1435.48
其他	0.16	60.76	1.07	192.35	4.05	512.34

从表 2-9 可以看出，中国与土耳其的贸易往来并不密切，且集中在制造业，近几年来加大了在农业和服务业方面的贸易往来。从增加值出

口可以看出，中国与土耳其贸易往来主要从中低技术行业中获利，符合土耳其对于资源密集型制成品迫切需求的现实背景。同时2006年以来，高技术行业增加值出口占比迅速提升，而中国从制造业中获利的比重在90%以上，说明中国在与土耳其的贸易往来形成的价值链中处于下游资源加工地位。

从表2-10可以看出，中国与印度的贸易往来特征与土耳其类似，但是贸易量明显高于与土耳其的贸易量。十年间，中国与印度的贸易额上升了一个很大的幅度，最为突出的是在农业和制造业方面，但是中国与印度有关中低技术行业贸易和高技术行业贸易最多，且获利主要来自于这两个行业。同时，在中低技术行业、高技术行业的贸易往来中，中国存在严重的贸易顺差，但在农业、中高技术工业、服务业和其他行业中（主要是电力、煤气、供水业、建筑业等）又存在严重的逆差，可以得知，中国主要出口中低、高技术产品，主要从印度进口农产品、中高技术产品、服务以及修建基础设施等，表明中国在与印度贸易往来形成的价值链中同样处于下游资源加工地位。

综上所述，中国与环中亚地带国家的贸易往来并不密切，贸易量较少，但十年间贸易量呈倍数上升，未来贸易潜力巨大；同时，中国在与环中亚地带国家贸易往来形成的价值链中主要处于下游资源加工地位，在加工贸易中的获利能力较强。随着中国国力的强盛，对科学技术的重视度提高、投入加大，科技发展较快，而环中亚地带国家大部分刚从战乱中恢复，国民实力相对较弱，对技术的研发能力不强。此外，中国在服务行业的贸易中获利能力较弱，且普遍存在贸易逆差。

3. 中国与亚欧地带国家的增加值贸易测算与分析

（1）中国同欧盟、英国、法国、德国、意大利的增加值率、出口增加值比较。计算中国、亚欧地带代表性国家欧盟（28国）、英国、法国、德国、意大利的增加值率（见表2-11），并将其进行比较分析。可以发现，十年间欧盟各行业的增加值率普遍有所下降。

农业方面，中国的增加值率变化不大，欧盟（28国）的增加值率有所下降，其中法国、德国、意大利的农业生产增加值率都有不同程度的下降；制

造业方面，欧盟的增加值率普遍比中国高，尤其是在中高技术行业和高技术行业，中国的增加值率普遍低于欧盟增加值率，并且英国、德国、意大利的高技术行业的增加值率普遍高于中国；服务业方面，欧盟的增加值率也普遍高于中国，与此同时，英国、法国、德国、意大利的增加值率也普遍高于中国；在其他行业中（主要是电力、煤气、供水业、建筑业等），中国的增加值率也普遍低于英国、法国、德国、意大利的增加值率。

表 2－11　中国同欧盟、英国、法国、德国、意大利的增加值率比较

单位：%

	中国			欧盟（28 国）			英国		
	2001	2006	2011	2001	2006	2011	2001	2006	2011
农业	0.58	0.58	0.59	0.53	0.48	0.45	0.44	0.48	0.48
中低技术工业	0.33	0.29	0.27	0.30	0.30	0.28	0.45	0.46	0.46
中高技术工业	0.25	0.21	0.21	0.31	0.26	0.23	0.37	0.33	0.31
高技术工业	0.26	0.20	0.19	0.29	0.28	0.28	0.34	0.34	0.33
服务业	0.53	0.53	0.54	0.60	0.59	0.60	0.55	0.54	0.55
其他	0.29	0.25	0.24	0.41	0.39	0.41	0.38	0.39	0.39
	法国			德国			意大利		
	2001	2006	2011	2001	2006	2011	2001	2006	2011
农业	0.48	0.44	0.41	0.51	0.39	0.38	0.62	0.59	0.53
中低技术工业	0.28	0.28	0.23	0.33	0.31	0.29	0.29	0.27	0.27
中高技术工业	0.30	0.25	0.18	0.35	0.30	0.28	0.29	0.25	0.24
高技术工业	0.24	0.23	0.20	0.33	0.33	0.31	0.28	0.27	0.27
服务业	0.61	0.60	0.63	0.62	0.62	0.61	0.57	0.56	0.57
其他	0.44	0.42	0.44	0.45	0.44	0.45	0.42	0.42	0.44

以上计算数据表明，除了农业，中国在各行业生产中的获利能力明显低于欧洲发达国家，尤其是在制造业方面，中国从中的获利能力明显偏低；在高技术行业上，中国从中的获利能力更低。

表 2－12　中国同英国、法国、德国、意大利的出口增加值比较

单位：亿美元

	中国			英国			法国			德国			意大利		
	2001	2006	2011	2001	2006	2011	2001	2006	2011	2001	2006	2011	2001	2006	2011
农业	21.71	40.14	83.81	9.62	16.41	23.74	48.88	76.50	125.64	24.39	42.26	69.86	18.20	27.43	39.81
中低技术工业	465.09	1204.22	2234.10	298.36	452.18	526.72	280.66	434.43	546.41	410.00	772.11	1005.09	346.04	504.32	615.11
中高技术工业	112.39	382.44	730.96	105.37	206.60	277.54	125.44	244.11	297.89	266.85	653.02	809.93	131.82	291.83	387.46
高技术工业	292.50	1457.27	2988.81	474.81	612.13	663.31	520.84	808.72	968.26	1064.27	1984.08	2510.23	321.49	550.21	676.95
服务业	348.79	933.28	1753.69	604.10	1339.63	1551.76	300.84	484.69	628.30	428.03	872.77	1153.69	271.78	468.79	548.32
其他	4.82	19.49	39.87	2.44	9.81	11.45	10.35	14.70	13.49	21.20	70.87	84.16	3.57	8.93	7.89

表 2－12 计算了中国、英国、法国、德国、意大利十年间的出口增加值并进行了比较。从表 2－12 中可以看出，中国在各行业的出口增加值明显高于其他国家。这是因为中国的出口总量大。但从不同行业对比发现，2001 年时，中国主要从低技术行业贸易中获利，但是到 2011 年时，中国对外贸易从高技术行业中获利最多，表明中国已经在逐步调整贸易结构，加大对技术研发的支持力度，提高科技创新能力。同时，德国、法国高技术产业的出口增加值远高于其他产业，而英国服务业的出口贸易额很高，说明这些国家多以技术密集型或资源密集型产业为主。

（2）中国同欧盟、英国、法国、德国、意大利的增加值贸易比较。表 2－13、表 2－14、表 2－15、表 2－16、表 2－17 是中国、欧盟、英国、法国、德国以及意大利的增加值贸易的计算结果，将其进行比较。

表 2－13　中国与欧盟（28）国增加值贸易值比较

单位：百万美元

	中国与欧盟（28 国）增加值进出口值					
	2001		2006		2011	
	增加值出口	增加值进口	增加值出口	增加值进口	增加值出口	增加值进口
农业	104.61	456.39	193.43	958.14	610.65	1749.36
中低技术工业	2760.92	1220.25	7650.90	3131.00	12871.80	5487.51
中高技术工业	512.57	851.60	941.12	2644.93	1776.63	4628.88
高技术工业	2143.49	2243.56	7622.74	9532.55	14870.50	18542.91
服务业	1431.96	3142.86	3059.28	11678.65	6932.41	24915.78
其他	73.33	1092.89	235.61	3397.75	386.71	8521.31

从表 2－13 可以看出，除中低技术产业中国处于贸易顺差外，其他产业中国均存在严重的贸易逆差，尤其是在服务业和其他（主要是电力、煤气、供水业、建筑业等）产业方面，差值较大。其次，从制造业上的整体情况来看，中国在中高端技术产业及高技术产业方面相比欧盟均处于

劣势地位，主要依靠出口中低技术产业产品获利，但是高技术产业产品的增加值出口增长较快，说明中国在十年间贸易量快速增长的同时，也在努力调整贸易结构，但仍然改变不了在跟欧盟贸易所形成的价值链中处于上游资源输出国的地位。而欧盟在贸易往来中多处于资源加工国，且从增加值可以看出，欧盟在贸易往来中获利主要来源于服务业和高技术产业产品，在价值链中主要处于下游地位。这种贸易结构对中国对外贸易是不利的，且获利能力较低，应加快转变贸易结构的转变，完善贸易制度。

对比中国同英国、法国、德国、意大利的增加值进出口值（见表2-14、表2-15、表2-16、表2-17），从不同产业的角度分析，可以发现中国与这四国的贸易往来中，中低技术产业存在严重的贸易顺差，究其根本是因为中国的贸易总量大，但高技术行业存在些微的贸易顺差，基本达到贸易平衡，说明中国与这些国家的贸易往来中从高技术产业中的获利能力较低；同时在服务业方面，中国与这四国的贸易往来中均存在严重的贸易逆差，说明中国在服务业的贸易出口较少，较多依赖进口。

表2-14　中国与英国增加值贸易值比较

单位：百万美元

	中国与英国增加值进出口值					
	2001		2006		2011	
	增加值出口	增加值进口	增加值出口	增加值进口	增加值出口	增加值进口
农业	21.93	73.40	42.31	83.58	117.12	153.84
中低技术工业	992.77	179.11	2324.72	426.92	3214.15	703.14
中高技术工业	160.56	209.63	245.11	307.14	403.54	704.82
高技术工业	716.57	580.39	1495.05	1390.94	2293.80	1911.20
服务业	224.46	659.83	680.04	1464.53	1241.61	2774.90
其他	0.87	153.62	1.62	284.69	2.29	714.28

表 2-15　中国与法国增加值贸易值比较

单位：百万美元

	中国与法国增加值进出口值					
	2001		2006		2011	
	增加值出口	增加值进口	增加值出口	增加值进口	增加值出口	增加值进口
农业	13.13	51.81	28.15	66.17	82.96	195.16
中低技术工业	603.82	125.35	1489.75	252.53	2742.49	546.19
中高技术工业	108.71	102.30	177.21	222.79	368.24	376.75
高技术工业	362.67	302.06	1347.52	828.53	2912.52	1559.01
服务业	72.09	354.19	267.68	975.51	532.24	4051.39
其他	0.49	159.66	1.40	341.27	2.74	990.68

表 2-16　中国与德国增加值贸易值比较

单位：百万美元

	中国与德国增加值进出口值					
	2001		2006		2011	
	增加值出口	增加值进口	增加值出口	增加值进口	增加值出口	增加值进口
农业	23.32	134.60	65.93	271.65	257.16	512.36
中低技术工业	908.69	311.68	2459.96	1064.92	4381.95	2034.15
中高技术工业	198.52	403.55	344.99	1500.27	672.27	2707.57
高技术工业	973.84	1055.78	3324.97	5359.55	6569.20	11022.49
服务业	145.47	1024.19	265.83	3824.14	1380.22	8552.99
其他	42.24	489.28	142.85	1760.99	130.70	4419.87

从各国的角度进行分析可以得知，中国主要依靠中低技术产业出口获利，且高技术产业贸易出口增加幅度较高；英国、法国、德国、意大

利在与中国的贸易往来中主要依赖高技术产业出口和服务业出口获利，且获利能力较强。这进一步说明，中国在与欧洲发达国家的贸易往来所形成的价值链分工中，主要处于资源输出国的上游地位，且主要依靠劳动密集型和资源密集型产业获利，相比较而言，英国、法国、德国、意大利四国主要从技术密集型产业贸易中获利。

表2－17　中国与意大利增加值贸易值比较

单位：百万美元

	中国与意大利增加值进出口值					
	2001		2006		2011	
	增加值出口	增加值进口	增加值出口	增加值进口	增加值出口	增加值进口
农业	35.47	39.95	25.32	78.86	68.35	151.27
中低技术工业	395.14	375.42	1248.58	607.94	1819.63	942.24
中高技术工业	54.56	85.40	120.91	280.81	200.07	508.07
高技术工业	222.46	183.85	809.18	900.49	1593.46	1957.70
服务业	118.29	241.61	206.44	750.95	600.98	2637.37
其他	5.17	117.21	15.23	347.80	39.54	880.78

第四节　研究结论与对策建议

一、主要结论

（1）中国与丝路带国家间的贸易潜力巨大，但是贸易结构需要调整，且技术研发能力有待加强，向技术密集型社会的转型仍需要一段时间。具体来说，中国与中亚五国之间虽然贸易量不大，但是自上合组织成立以来，十年间贸易量有着质的飞跃；中国与环中亚之间的贸易十年间也有着快速的增长，但贸易结构以及贸易模式存在很多问题；中国与欧洲

国家之间的贸易发展繁荣，欧盟已是中国的第一大贸易伙伴国，但在价值链分工中中国所处的地位不利于中国与欧盟的长期贸易发展。

（2）对比中国与丝路带上不同国家之间的增加值贸易，中国在贸易往来所形成的价值链上所处的地位有所不同。中亚地带、环中亚地带（除俄罗斯）大部分国家盛产石油、天然气等自然资源，但是面临着工业加工能力低下不能满足本国需要的困境，中国处在加工过剩的环境中，因此两者存在着比较强的互补关系。中国主要向中亚五国出口物美价廉的工业制成品，进口自然资源，向环中亚国家主要出口高技术产业、农业、服务业等产品，因此中国在与其形成的价值链分工中主要处于下游资源加工的地位。

但是在与欧洲国家的贸易往来中，中国主要出口低技术产业产品，进口高技术工业产品，说明中国的技术研发能力仍需加强，在与其贸易往来形成的价值链中仍然处于上游资源输出国地位。

二、对策建议

（1）加强技术研发和创新能力。通过对增加值贸易的研究可以发现，近年来中国的技术研发能力明显上升，在贸易往来中通过高技术产业的获利能力明显增强。但是，在与欧洲发达国家的贸易往来中，中国基本上处于上游地位，出口的主要为劳动密集型和资源密集型产品，技术密集型产品进口居多，且出口获利能力不强。因此，中国应进一步加强技术研发，深入贯彻学习党的十八届四中全会精神，深化改革，加大对技术研发的支持力度，鼓励创新。同时，学习西方先进的科学技术但不盲目模仿，有针对性地创造出新有价值的技术产品，进而进一步提高高技术产品的比重，提高本国增加值，提高获利能力。

（2）完善保税物流区配送业务。在全球经济一体化背景下，保税区加快了与国际市场接轨的步伐，且物流服务的功能在保税区逐渐被重视起来。自 1990 年起至今，我国保税区已发展了近三十年，但是国际物流业务的功能仍不完善。这不仅阻碍了我国保税区的发展，更对我国的对外贸易造成了一定的影响。

因此，中国应完善保税区法律体系以及管理制度，在保税物流区的进程得到统一规范管理的同时，形成科学的物流发展体系；应制定合理的监管措施，有的放矢，加快物流效率，促进自贸区进出口贸易的健康发展；应进一步完善保税区的基础设施等硬件的建设，加强与港口的合作，进一步提高办公的效率。

(3) 树立自主知识品牌。丝路带上国家众多，中国与不同国家之间的贸易结构有所侧重，要形成完善的贸易结构，提高在贸易往来中的获利能力，就要树立自主知识品牌，形成突出的品牌形象。中国在对外贸易中主要依靠工业品获利，但是中国长期处于价值链上游的地位使得中国的出口产品被赋予了“低端产品”的称呼，要调整中国在价值链中的地位，就要改变中国产品的国际形象。应该形成产业集聚，以提升某类产品的品牌形象，增强品牌意识；应该通过原产地所形成的品牌效用，从国家层面上形成自主知识品牌；同时，应该加强对企业文化的监管，督促软实力的提升，从企业层面树立自主知识品牌。

(4) 引导产业在丝路带国家间合理布局。针对丝路带上的不同国家，中国的进出口商品结构有所侧重。比如中国主要从中亚、中东等地进口石油、天然气等自然资源，而出口基础设施建设、初级工业制成品居多，但对欧洲发达国家，中国主要进口服务业以及高技术产品，出口价值低廉的加工制成品居多。因此，以增加值贸易的研究为基础，分析中国在价值链中所处地位，进而引导产业在丝路带国家间合理布局对进一步提升中国与丝路带国家的贸易具有重要的促进作用。应该适当调整中国的贸易结构，在促进贸易繁荣的前提下，针对各国的贸易实力，提高中国与欧洲贸易往来方面高技术产品的获利能力以及出口量，调整从中东、中亚等国单一产品进口的贸易结构，适当增加中高端技术产品在中东、中亚等国的出口率，形成合理的产业布局。

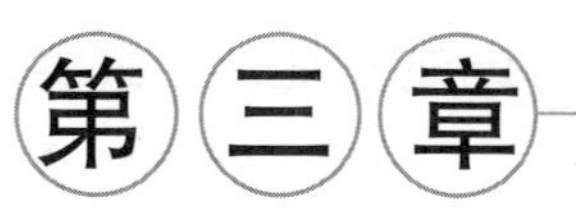

第三章 海上丝绸之路物流绩效及对中国对外贸易影响

第一节　引言

2013年10月，国家主席习近平在印度尼西亚国会发表演讲，提出共同建设21世纪“海上丝绸之路”的倡议，加强政策沟通、道路联通、贸易畅通、货币流通、民心相通即是“一带一路”建设的主要内容。道路联通、贸易畅通则是“一带一路”建设的重中之重。物流绩效作为道路联通、贸易畅通的重要体现，成为进一步推进丝路经济带发展的关键要素。高效率的物流服务使商品在贸易国家之间的安全和快速度流动的同时降低贸易的成本，促进商品的流动性。优质的物流服务和基础设施对国家之间货物运输的便利化有强烈影响（Arvis，2012）；物流效率低下导致较高的时间和金钱成本，对企业乃至国家贸易额的提升都会产生不利的影响（Hausman，2005）。因此，研究物流绩效及对中国进出口贸易影响对于推进“海上丝绸之路”建设意义重大。

就现有研究来看，关于物流绩效对贸易的影响，国外通常把物流绩效的几个方面，如物流的基础设施、港口效率、海关环境、运输效率作为贸易便利化的替代变量（Wilson，2005；Soloaga，2006；Iwanow和Kirkpatrick，2009），多数研究结论表明国际物流是国际贸易的助推器。2007年，世界银行与芬兰图尔库经济学院合作，根据全球调查结果制定物流绩效指数（logistics performance index，LPI），公开发布对各国物流绩效发展水平的综合评价指标·越来越多的学者采用LPI指数来研究物流绩效对贸易流量的影响，如Korinek和Sourdin（2011）采用LPI作为贸易的一个解释变量，证实了物流绩效对贸易的显著影响，特别是基础设施的改善对于中等收入国家出口影响最大，行政管理改进对进口国影响更大。Marti 等人（2014）使用 LPI 作为贸易便利化的代理变量，发现在运输环节越复杂的货物，物流的影响越大。Luisa（2014）等学者的研究表明 LPI 指数对非洲、南美和中东的发展中国家贸易出口影响显著。还有一些研究人员试图确定关于贸易 LPI 分项指标的重要性（Felipe 和 Kumar，2010；Hertel 和 Mirza，2009；Puertas et al.，2013）。结论都表明，比起海关效率，基础设施更能促进贸易的繁荣。

国内也有大量学者研究物流绩效与贸易之间的关系，如杨长春（2007）从世界上有代表性的区域出发，利用时间序列数据，采取 Granger 因果检验的方法对北美地区、日本及欧洲地区国际贸易与国际物流的因果关系进行实证分析；侯方淼（2008）运用 Granger 因果检验和协整技术以我国对外贸易发展与物流的关系做了实证分析；张宝友（2009）利用相关性分析和弹性分析法对物流业与我国进出口贸易之间的关系进行研究。虽然在研究对象和研究方法上有所不同，但得出的结论和国外学者都比较一致，普遍认为物流绩效的改善对贸易有积极的促进作用。也有少部分学者采用 LPI 指数对贸易的影响进行实证分析。艾赛提江和郭羽诞（2012）采用物流绩效指数实证分析物流绩效对中亚地区双边贸易的影响，发现影响程度大小依次为物流发展水平、基础设施和海关效率，其中物流发展水平对双边贸易的影响程度最大，甚至超过模型中所有其他变量对双边贸易的影响。黄伟新和龚新蜀（2014）运用贸易引力模型进行实证分析，发现丝绸之路经济带国际物流绩效改善能够显著推动中国对丝绸之路经济带贸易伙伴的机电产品出口，但国际物流绩效改善的各项措施对中国机电产品出口影响程度不同。

综上，现有文献关于物流绩效对国际贸易流量影响的一般研究较多，但基于丝绸之路经济带视角，尤其专门研究海上丝绸之路沿线国家与地区物流绩效及其对中国进出口贸易影响的文献尚未见到。同时，在研究方法上，国内只有少数学者运用 LPI 指数分析物流绩效但尚处于描述性的定性分析阶段，国外的相关文献又多局限于截面数据的分析。显然，

研究样本、指标设计以及研究方法的选取是使研究走向深入的重要条件。因此，本章拟以物流绩效指数（LPI）为切入点，首先，对海上丝绸之路经济带沿线国家的LPI指数及分项指标进行描述与分析，探寻各国物流绩效现状与问题；其次，基于我国进出口贸易视角，引入LPI指数在对贸易引力模型进行拓展的基础上，实证分析LPI指数及各分指标对中国进出口贸易的影响，以期为完善与提升海上丝绸之路经济带的物流绩效问题提供决策支持。

第二节　海上丝绸之路物流绩效测度与分析

一、物流绩效测度——LPI指数简介

随着全球各地关税降低，物流绩效的改善被视为降低贸易成本、推进双边贸易的重要途径。物流效率的提高有利于降低交易成本和减少针对贸易商的不必要的繁杂手续，可以显著促进贸易的发展。发达国家普遍通过指数研究方法来评价物流行业发展状况，考察物流产业经济总量的同时，更加注重物流服务效果。比如世界银行物流绩效指数中，发货及时性是重要指标；英国物流指数中，运输过程产生的噪声和干扰也是重要考察对象；日本物流指数中，货运车辆事故数成为重要考察对象。1991年美国出版的《美国联邦物流分析年鉴》，率先用物流指数研究物流行业发展状况；2000年英国政府发布了《新世纪英国运输白皮书》和《10年运输规划》；2001年日本政府制定了《新综合物流施政大纲》；2002年澳大利亚物流业行动议程指导委员会发布了《物流行动议程》等。2007年，世界银行与芬兰图尔库经济学院合作，根据全球调查结果制定了物流绩效指数LPI，并公开发布对各国物流绩效发展水平的综合评价指标。2010年3月，世界银行又进一步发布了《全球经济贸易物流——物流绩效指数与其指标》。从2013年3月开始，中国物流与采购联合会、中国物流信息中心联合运用物流绩效指数LPI正式对外发布中国物流业景气指数。由此可见，LPI指数已成为度量物流绩效的公认指标。

所谓物流绩效指数 LPI，即是旨在推进全球贸易便利化的角度而提出的用以衡量世界各国物流发展水平的指标体系。该指数描述了被调查国家的贸易物流情况，并且指出是哪些因素导致了不同国家间物流表现的巨大差异。LPI 指数的得分高，表明一个国家的贸易成本较低，与全球价值链的连接也更好。LPI 已经成为完善的指标体系，其可以多角度地、尽可能真实地反映各国供应链的绩效。它首次提供了面向国家的物流评价方案，同时 LPI 的数据也广泛应用于贸易促进指数（ETI）。尤其是 LPI 指数不仅对进出口程序进行测评，对运输服务的有效性和质量也进行了测评。因此，本章也采用 LPI 指数来对海上丝绸之路沿线国家与地区的物流绩效进行评估。

LPI 项目创始人 Arvis（2012）认为，在物流成本较高的国家，造成高成本的最重要的因素往往不是贸易伙伴之间的距离，而是供应链的可靠性。正是如此，LPI 指数日益获得决策者的重视，越来越多地被世界银行和其他国际组织用于促进发展中国家贸易便利化改革的政策咨询及实践。例如，在印尼，LPI 指数被正式用于贸易部的绩效评估。亚太经合组织（APEC）使用物流绩效指数来衡量改善供应链连通性倡议的成效。欧盟委员会将 LPI 指数用于其交通记分牌和 2013 年欧盟海关联盟评估。

根据世界银行发布的研究报告，LPI 指数涉及以下六个分项指标，LPI 及其六个分项指标数值采用 5 分制评分，数值越高则绩效最优。LPI 使用标准的统计技术来汇总数据到一个单一的指标，以便用于跨国比较，如表 3－1 所示。

表 3－1　物流绩效指数分项指标

指标	含义	评分
$Customs_{ij}$	海关效率，即海关及边境管理部门在通关过程中的效率	1～5
$Infrastructure_{ij}$	物流基础设施质量，即与贸易和货物运输相关的基础设施质量	1～5
International $shipments_{ij}$/IS_{ij}	国际运输便利性	1～5

续表 3－1

指标	含义	评分
Logistics competence$_{ij}$/LC$_{ij}$	物流服务能力，即运输、货代和报关代理机构的物流服务能力和质量	1～5
Tracking & tracing$_{ij}$/TT$_{ij}$	货物可追溯性	1～5
Timeliness$_{ij}$	货物运输及时性	1～5

海关效率主要指海关及边境控制机构在通关过程中的效率，如通关速度、程序的简化性及手续的可预测性等；物流基础设施质量主要指贸易和运输相关基础设施如港口、铁路、公路等的建设情况及信息技术如电子商务应用技术的普及与应用水平；国际运输便利性是指能够安排有价格竞争力出货的容易程度；物流服务能力是运输商及报关行提供优质物流服务的能力；货物可追溯性则是指跟踪和追溯货物的能力；货物运输及时性是指货物在预定时间交付的能力。其中，海关效率、物流基础设施质量及物流服务能力三个指标主要对应着供应链的输入方向；而国际运输便利性、货物可追溯性及货物运输及时性三个指标代表的是 LPI 中的时间、成本及可靠性，对应供应链结果的绩效（Arvis，2012）。这六个指标相辅相成，完整描述了整个国际物流环节。

二、海上丝绸之路 LPI 指数描述

海上丝绸之路自秦汉时期开通以来，一直是沟通东西方经济文化交流的重要桥梁，在当前政治格局合纵连横、贸易格局日益变化的背景下，21 世纪“海上丝绸之路”自然而然成为中国连接世界的新型贸易之路，物流绩效的改善有助于我们进一步挖掘这条海上之路的贸易潜力。海上丝绸之路的地理范围没有官方的统一答案，我们借鉴国内学者比较认同的观点（陈万灵，何传添，2014；谭秀杰，周茂荣，2015），以东盟、南亚和海湾国家等作为“海上丝绸之路”的空间范围，对 2007—2014 年丝路带沿线国家的物流绩效状况进行描述及比较。表 3－2 列出了海上丝绸之路经济带主要区域及国家 2007、2010、2012 和 2014 四年的 LPI 指数及国际排名。

表 3-2　2007—2014 年海上丝绸之路经济带主要国家物流绩效状况

国家	2007		2010		2012		2014			
	LPI	世界排名	LPI	世界排名	LPI	世界排名	LPI	世界排名	LPI 均值	海上丝绸之路排名
印尼	3.01	43	2.76	75	2.94	59	3.08	53	2.948	12
马来西亚	3.48	27	3.44	29	3.49	29	3.59	25	3.500	3
菲律宾	2.69	65	3.14	44	3.02	52	3	57	2.963	11
新加坡	4.19	1	4.09	2	4.13	1	4	5	4.103	1
泰国	3.31	31	3.29	35	3.18	38	3.43	35	3.303	4
越南	2.89	53	2.96	53	3	53	3.15	48	3.000	10
老挝	2.25	117	2.46	118	2.5	109	2.39	131	2.400	19
缅甸	1.86	147	2.33	133	2.37	129	2.25	145	2.203	20
柬埔寨	2.5	81	2.37	129	2.56	101	2.74	83	2.543	17
阿联酋	3.73	20	3.63	24	3.78	17	3.54	27	3.670	2
阿曼	2.92	48	2.84	60	2.89	62	3	59	2.913	13
巴林	3.15	36	3.37	32	3.05	48	3.08	52	3.163	6
卡塔尔	2.98	46	2.95	55	3.32	33	3.52	29	3.193	5
科威特	2.99	44	3.28	36	2.83	70	3.01	56	3.028	9
沙特阿拉伯	3.02	41	3.22	40	3.18	37	3.15	49	3.143	7
印度	3.07	39	3.12	47	3.08	46	3.08	54	3.088	8
斯里兰卡	2.4	92	2.29	137	2.75	81	2.7	89	2.535	18
巴基斯坦	2.62	68	2.53	110	2.83	71	2.83	72	2.703	14
孟加拉国	2.47	87	2.74	79	2.55	—	—	108	2.590	15
马尔代夫	—	—	2.4	125	2.94	104	2.56	82	2.567	16
东盟国家均值	2.910	—	2.982	—	3.021	—	3.07	—	2.996	—
海湾国家均值	3.132	—	3.215	—	3.175	—	3.217	—	3.185	—
南亚国家均值	2.64	—	2.616	—	2.83	—	2.793	—	2.720	—

注：(1) 表中资料来源于世界银行公开数据库网站，"—" 表示当年未统计该项指标。

(2)"海上丝绸之路"经济带包括东盟中的文莱，但由于世界银行未统计文莱的相关数据，因此在表中未列出。

从表 3 - 2 中我们可以看出，海上丝绸之路经济带上各个国家间的物流绩效差距明显。从区域划分来看，海湾国家之间发展较为均衡，各国之间差距不是很大；而 LPI 指数最高的新加坡和最低的缅甸都在东盟，发展水平相差较远，拉低了东盟的平均水平；南亚国家物流绩效发展都相对落后，三个区域间的最终均值比较，海湾国家好于东盟国家，南亚国家水平最低。从国家间比较来看，新加坡的 LPI 指数处于国际前列，2007 年和 2012 年度位于世界第一，LPI 均值高达 4.10 分；缅甸的 LPI 指数虽然提高幅度较大，从 2007 年的 1.86 提升到 2014 年的 2.25，但排名较为靠后，均值仅为 2.20，一直处于海上丝绸之路经济带样本国家的末尾。除新加坡外的东盟国家中，马来西亚和泰国的 LPI 指数较高，老挝、缅甸和柬埔寨的指数都较低；海湾六国中阿联酋的 LPI 指数较高；而南亚国家中除印度的 LPI 均值超过了 3 以外，斯里兰卡、巴基斯坦、孟加拉国和马尔代夫的 LPI 指数常年处于 3 以下。

三、海上丝绸之路 LPI 指数分析

为了进一步分析海上丝绸之路经济带主要区域及国家物流绩效存在巨大差异的具体原因，我们列出了 LPI 指数各分项指数 2007—2014 年的均值进行观测，如图 3 - 1 的区域分指标均值所示。从自身六个指标横向比较而言，东盟和海湾国家货物运输及时性、货物可追溯性这两个分项指标发展较好，南亚国家则只有货物运输及时性一个指标超过 3；物流基础设施质量和海关绩效都是三大区域的短板分项。为更明晰地了解 LPI 分项指标的相对发展水平，我们以新加坡为基准进行纵向比较，以相对均值较高的货物运输及时性指标为例，仅有海湾国家的均值超过了 3.5，表现最差的南亚和基准国家新加坡的 4.35 相比，相差近 1.28。三大区域的其余五个指标均值则更低，仅东盟国家的国际运输便利性和货物可追溯性及海湾国家的物流基础设施质量及货物可追溯性指标均值超过 3，其余指标均在 3 以下，而南亚国家的各分项指标发展都不理想。整体来看，海上丝绸之路各区域 LPI 及各分项指数都有待改善。

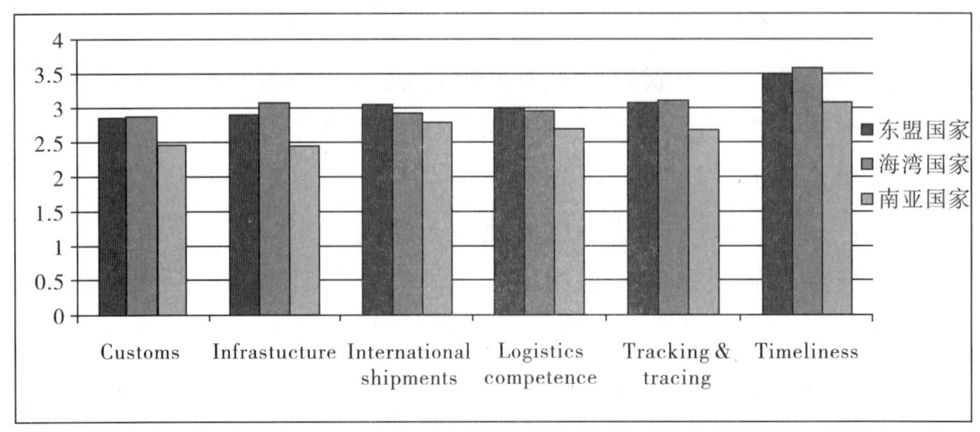

图 3-1 海上丝绸之路经济带分区域 LPI 分项指标均值

从图 3-2 主要国家的分指标来看，对于新加坡和阿联酋这两个 LPI 指数较高的国家，六个分项指标发展都较为均衡，其中物流基础设施质量、货物可追溯性和货物运输及时性对物流绩效的改善作用最大。而对于 LPI 指数较低的国家，如印尼、菲律宾、越南、老挝、缅甸、柬埔寨、巴基斯坦和马尔代夫的基础设施质量分项是短板，海关效率也是国际物流中的薄弱环节，拉低了该国 LPI 分数。总体来说，以新加坡为标杆，海上丝绸之路经济带沿线国家的 LPI 绩效发展相对滞后，还有很大改善空间。

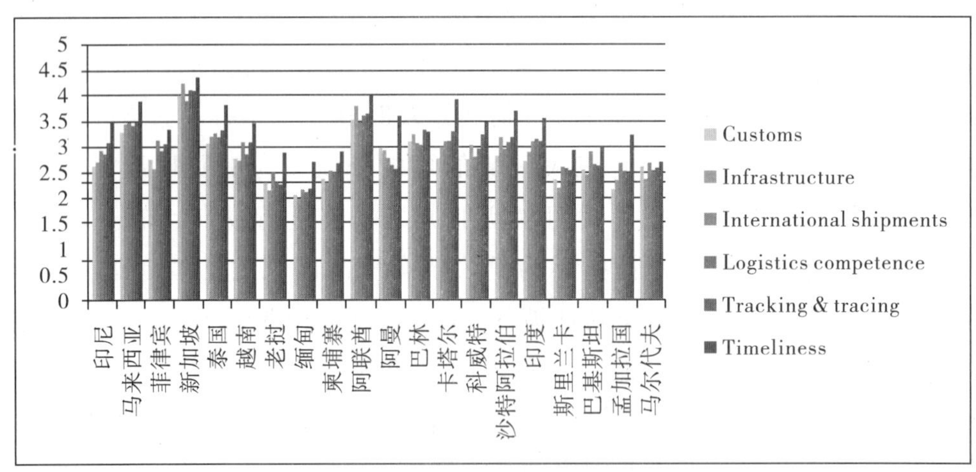

图 3-2 海上丝绸之路经济带主要国家 LPI 分项指标均值

第三节　物流绩效对中国对外贸易影响实证

一、模型构建

引力模型最早由 Tinbergen（1962）和 Poyhonon（1963）引入到国际贸易研究中，用于探究贸易规模与各国 GDP 及两国之间距离的关系，他们发现两国之间的贸易规模与两国 GDP 成正比，与两国之间距离成反比。基本方程为：

$$lnTrade_{ij}=c_0+c_1LnGDP_i+c_2lnGDP_j+c_3Distwces_{ij}+u_{ij}$$

本章从物流绩效角度对中国进出口贸易影响进行实证，在基本引力模型的基础上，加入物流绩效指数；考虑到边界效应对双边贸易的影响，我们加入贸易伙伴国与中国是否有共同边界这一变量；而自由贸易区的自贸协定等优惠政策会产生贸易创造效应，在中国—东盟自由贸易区建设的背景下，有必要引入是否为东盟成员国这一指标，最终，扩展方程如下：

$$lnTrade_{ij}=c_0+c_1lnGDP_{ij}+c_2lnGDP_{Cj}+c_3Distwces_{iC}+c_4Contig_{iC}+c_5ASEAN_{ij}+c_6lnLPI_{ij}+u_{ij}$$

模型中变量的含义如表 3-3 所示。

表 3-3　模型变量含义

指标	含义	预期符号
$Trade_{ij}$	中国与贸易伙伴国的进出口贸易额	
GDP_{ij}	贸易伙伴国的国内生产总值	+
GDP_{Cj}	中国的国内生产总值	+
$Distwces_{iC}$	贸易伙伴国与中国的距离	_
$Contig_{iC}$	贸易伙伴国与中国是否有共同边界	_
$ASEAN_{ij}$	虚拟变量，是否东盟成员国	+
LPI_{ij}	国际物流绩效指数	+

海关的服务效率、贸易相关的基础设施、内陆运输、物流服务、信息系统和港口运转效率，这些对于一个国家能否及时并以低成本的方式进行货物贸易和物流服务起到至关重要的作用（吴爱东，2009）。但国际物流中不同环节绩效改善的措施将对中国进出口贸易有着不同程度的影响，为具体考察其影响的差异性以便提出针对性政策，本研究选取涉及LPI的六个分项指标：海关效率（customs）、基础设施质量（infrastructure）、国际运输便利性（international shipments）、物流服务能力（logistics competence）、货物可追溯性（tracking & tracing）、货物运输及时性（timeliness），作为物流绩效改善措施的替代变量，分别代替模型（1）中的物流绩效指数（LPI），得到如下六个计量回归方程。

$$\ln Trade_{ij} = c_0 + c_1 \ln GDP_{ij} + c_2 \ln GDP_{Cj} + c_3 Distwces_{iC} + c_4 Contig_{iC} + c_5 ASEAN_{ij} + c_6 \ln Customs_{ij} + u_{ij}$$

$$\ln Trade_{ij} = c_0 + c_1 \ln GDP_{ij} + c_2 \ln GDP_{Cj} + c_3 Distwces_{iC} + c_4 Contig_{iC} + c_5 ASEAN_{ij} + c_6 \ln Infrastructure_{ij} + u_{ij}$$

$$\ln Trade_{ij} = c_0 + c_1 \ln GDP_{ij} + c_2 \ln GDP_{Cj} + c_3 Distwces_{iC} + c_4 Contig_{iC} + c_5 ASEAN_{ij} + c_6 \ln IS_{ij} + u_{ij}$$

$$\ln Trade_{ij} = c_0 + c_1 \ln GDP_{ij} + c_2 \ln GDP_{Cj} + c_3 Distwces_{iC} + c_4 Contig_{iC} + c_5 ASEAN_{ij} + c_6 \ln LC_{ij} + u_{ij}$$

$$\ln Trade_{ij} = c_0 + c_1 \ln GDP_{ij} + c_2 \ln GDP_{Cj} + c_3 Distwces_{iC} + c_4 Contig_{iC} + c_5 ASEAN_{ij} + c_6 \ln TT_{ij} + u_{ij}$$

$$\ln Trade_{ij} = c_0 + c_1 \ln GDP_{ij} + c_2 \ln GDP_{Cj} + c_3 Distwces_{iC} + c_4 Contig_{iC} + c_5 ASEAN_{ij} + c_6 \ln Timeliness_{ij} + u_{ij}$$

二、数据来源及说明

基于数据的可获性，考虑到文莱、孟加拉国和马尔代夫部分年度物流绩效指数的缺失，我们最终确定了18个国家作为研究样本。中国对海上丝绸之路经济带贸易伙伴国的进出口贸易额来源于中国海关总署公布的统计数据。各个贸易伙伴的LPI指数及其分项指标数值来自世界银行

公开数据库网站[1]，由于物流绩效指数只有2007年、2010年、2012年及2014年四个年度，并不是每年公布，我们用相近年份的LPI及分指数进行替代：即2008年的由2007年的数据替代；2009年由2010年替代；2011年由2012年的替代；而2013年则由2014年替代。各国与中国双边贸易之间的空间距离我们采用CEPII的计算方法[2]，具体数值由GeoDist database获得[3]。

表3-4　主要变量的统计特征描述

变量	均值	标准差	最大值	最小值	样本数量
$Trade_{ij}$（亿美元）	268.793	261.81	1060.75	2.62	126
GDP_{ij}（亿美元）	2768.71	3791.24	18801	42.26	126
GDP_{Cj}（亿美元）	62468.96	19453.29	92402.7	34940.56	126
$Distwces_{iC}$（公里）	4357.26	1570.71	7029.19	2212.34	126
LPI_{ij}	3.01	0.47	4.19	1.86	126
$Customs_{ij}$	2.80	0.51	4.10	1.94	126
$Infrastructure_{ij}$	2.87	0.61	4.28	1.69	126
$International\ shipments_{ij}$	2.97	0.45	4.04	1.73	126
$Logistics\ competence_{ij}$	2.93	0.50	4.21	2.00	126
$Tracking\ \&\ tracing_{ij}$	3.03	0.53	4.25	1.57	126
$Timeliness_{ij}$	3.47	0.50	4.53	2.08	126

表3-4给出了18个样本主要变量的描述性统计分析结果，可以看出，海上丝绸之路经济带的各个国家在贸易总额、经济规模、相互距离及物流绩效状况方面有很大差异。进出口贸易额方面，以2013年为例，中国与马来西亚的进出口贸易额高达1060.75亿美元，是与老挝贸易额

① http://lpi.worldbank.org/international/global.

② http://mpra.ub.uni－muenchen.de/36347/.

③ http://www.cepii.fr/CEPII/en/bdd_modele/presentation.asp?id=6.

27.41 亿美元的 38.7 倍。经济规模方面，2013 年印度的 GDP 达到 18768 亿美元，但是同年老挝 GDP 总量 107.88 亿美元的 174 倍。双边贸易距离方面，海上丝绸之路经济带贸易伙伴国与中国的双边贸易距离最近是 2212.34 公里（老挝），最远则达到了 7029.19 公里（沙特阿拉伯）。而 LPI 指数及六个分指标方面，绩效最好的新加坡和绩效最差的缅甸之间存在巨大悬殊。因此除了在扩大经济规模方面，要想进一步挖掘海上丝绸之路经济带的贸易潜力，物流绩效的改善无疑是抵消长途货运带来的贸易成本，推进双边贸易的重要途径。

三、实证结果和分析

1. 总体回归

首先运用 Eviews7.2 软件对 2007—2013 年的面板数据采用广义的最小二乘法来考察 LPI 指数对贸易的进出口贸易额的回归，通过 Hausman 检验来确定是选择随机效应还是固定效应，首先选取基本引力模型中的两个变量经济规模和两国相互距离进行回归，然后逐步引入新的解释变量进行回归，结果如表 3－5 所示。

随着变量的逐步加入，基本引力模型到扩展模型的调整可决系数变大，模型的解释能力在增强。随着 ASEAN 指标和 LPI 指标的加入，空间距离和是否有共同边界这两个指标的负向影响在变小，且变得不显著，这说明东盟的合作机制和物流绩效的改善从一定程度上抵消了空间距离及共同边境线带来的交易成本，促进了贸易便利化进程。从变量回归系数看，在其他因素不变的情况下，物流绩效指数在所有影响因素中排在首位，对进出口贸易的弹性系数为 1.892，说明丝绸之路经济带贸易伙伴的物流绩效总体水平每提高 1%，中国进出口贸易额将增长 1.892%。贸易伙伴国的经济规模是仅次于 LPI 的影响因素，弹性系数为 0.9；之后依次为空间距离、中国的经济总量及是否为东盟成员国。这些影响因素都通过了 1%的显著性检验。共同边界指标的系数仅为－0.046，且不显著。

表 3-5 LPI 指数对贸易的进出口贸易额回归结果

变量	(1)	(2)	(3)	(4)
常数	−36.000＊＊＊ (14.46)	−22.832＊＊ (−2.432)	−3.692＊＊ (−2.271)	−3.036＊＊ (−1.988)
$lnGDP_{ij}$	1.003＊＊＊ (21.981)	1.028＊＊＊ (22.577)	1.007＊＊＊ (26.381)	0.900＊＊＊ (21.208)
$lnGDP_{Cj}$	5.363＊＊＊ (4.603)	3.624＊＊＊ (2.741)	0.530＊＊＊ (3.488)	0.492＊＊＊ (3.456)
$Distwces_{iC}$	−0.378＊＊ (−1.926)	−0.785＊＊＊ (−3.160)	−0.306 (−0.904)	−0.511＊＊＊ (−1.599)
$Contig_{iC}$		−0.173＊＊ (−2.569)	−0.136＊＊ (−2.014)	−0.046 (−0.687)
$ASEAN_{ij}$			0.365＊＊＊ (3.856)	0.302＊＊＊ (3.363)
$lnLPI_{ij}$				1.892＊＊＊ (4.670)
R-squared	0.862	0.869	0.874	0.883
F 值	39.947	40.389	173.962	158.574
DW	2.120	2.370	2.094	2.280
Hausman Test	34.047＊＊＊ F	17.006＊＊＊ F	7.267 R	2.694 R

注：被解释变量为 LnTrade；括号内为 t 统计量；"＊＊＊"、"＊＊"、"＊"分别表示在 1%、5%和 10%的水平下显著，下同。

2. LPI 分项指标回归

为了进一步考察 LPI 不同方面的改善对海上丝绸之路经济带贸易的影响程度，我们引入 LPI 的各分项指标进行回归检验。从表 3-6 的回归结果我们可以看出，和总体回归中结果一样，是否为东盟成员国这一虚拟变量通过了显著性检验，影响系数为正，且 LPI 分项指标的加入弱化了距离和是否有共同边界这两个指标负向的影响。LPI 各分指标对中国进出口贸易影响程度均为正数，影响力排序依次为海关效率（customs）＞货物运输及时性（timeliness）＞物流基础设施质量（infrastructure）＞物流服务能力（togistics competence）＞国际运输便利性（international shipments）＞货物可追溯性（tracking & tracing）。其中货物可追溯性通过了 5%的显著性水平检验，其余分项指标均通过 1%的显著性水平检验。这表明贸易的繁荣离不开贸易国物流绩效的改善，而各个分项措施的改进都有助于进一步降低贸易成本。

表 3－6　LPI 分项指标对进出口贸易额的回归结果

变量	(1)	(2)	(3)	(4)	(5)	(6)
常数	−2.572＊ (−1.799)	−1.662 (−1.098)	−3.743＊＊＊ (−2.357)	−3.466＊＊ (−2.202)	−3.392＊＊ (−2.075)	−3.914＊＊ (−2.561)
$\ln GDP_{ij}$	0.923＊＊＊ (25.824)	0.909＊＊＊ (22.577)	0.935＊＊＊ (21.183)	0.921＊＊＊ (20.693)	0.967＊＊＊ (21.574)	0.919＊＊＊ (22.060)
$\ln GDP_{Cj}$	0.449＊＊＊ (3.318)	0.445＊＊＊ (2.741)	0.505＊＊＊ (3.392)	0.513＊＊＊ (3.484)	0.506＊＊＊ (3.315)	0.596＊＊＊ (4.147)
$Distwces_{iC}$	−0.044 (−0.734)	−0.053 (−3.160)	−0.086 (−1.256)	−0.069 (−1.017)	−0.097 (−1.357)	−0.067 (−1.025)
$Contig_{iC}$	−0.573＊ (−1.935)	−0.768＊＊ (−2.569)	−0.297 (−0.897)	−0.381 (−1.161)	−0.369 (−1.084)	−0.496 (−1.544)
$ASEAN_{ij}$	0.284＊＊＊ (3.419)	0.265＊＊＊ (3.028)	0.346＊＊＊ (3.733)	0.335＊＊＊ (3.645)	0.341＊＊＊ (3.569)	0.310＊＊＊ (3.441)
$\ln Customs_{ij}$	1.904＊＊＊ (6.435)					
$\ln Infrastructure_{ij}$		1.659＊＊＊ (5.720)				

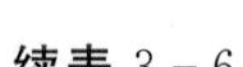

续表 3－6

变量	(1)	(2)	(3)	(4)	(5)	(6)
$\ln International\ shipments_{ij}$			1.182＊＊＊ (3.019)			
$\ln Logistics\ competence_{ij}$				1.308＊＊＊ (3.484)		
$\ln Tracking\ \&\ tracing_{ij}$					0.630＊ (1.722)	
$\ln Timeliness_{ij}$						1.719＊＊＊ (4.145)
R－squared	0.905	0.906	0.882	0.885	0.876	0.889
F 值	200.271	191.185	156.634	160.992	147.931	167.610
DW	2.178	2.277	2.155	2.155	2.128	2.080
Hausman Test	4.132 *R*	2.369 *R*	4.568 *R*	4.378 *R*	6.210 *R*	5.735 *R*

第四节　研究结论与对策建议

一、主要结论

物流绩效是推进海上丝绸之路经济带发展的关键要素，本章以物流绩效指数（LPI）为切入点，对海上丝绸之路经济带沿线国家的 LPI 指数及分项指标进行定性描述与分析，以揭示各国物流现状与问题；其次，引入物流绩效指数拓展贸易引力模型，实证分析物流绩效对中国进出口贸易的影响，研究得到以下几点结论：

（1）海上丝绸之路经济带上各个区域及国家的物流绩效呈现不同的

发展水平，具体表现为海湾国家 LPI 均值好于东盟国家，南亚国家水平最低；LPI 分项指标中，物流基础设施质量和海关绩效低下是拉低物流绩效的共同原因。从主要国家的分指标来看，新加坡和阿联酋 LPI 指数较高，发展较为均衡；而 LPI 指数较低的国家主要集中于老挝、缅甸、柬埔寨等南亚国家，各分项指标都不理想，基础设施质量和海关效率尤其薄弱。

（2）基于 LPI 整体指数回归来看，海上丝绸之路经济带贸易伙伴国物流绩效的悬殊并未抑制中国对这块市场的进出口贸易。物流绩效指数在所有影响因素中排在首位，LPI 每提高 1%，贸易额将增加 1.892%，其他影响系数大小依次为贸易伙伴国经济规模、空间距离、中国的经济总量及是否为东盟成员国。且东盟的合作机制和物流绩效的改善从一定程度上抵消了空间距离及共同边境线带来的交易成本，促进了贸易便利化进程。

（3）LPI 分项指标回归结果发现，各分项指标对中国进出口贸易的影响系数均显著为正，排序依次为海关效率、货物运输及时性、物流基础设施质量、物流服务能力、国际运输便利性和货物可追溯性。经济规模对促进双边贸易具有正面影响，空间距离、共同边界变量阻碍了双边贸易的发展，但是否为东盟成员国、LPI 及分项指标的提高弱化了这两个指标的负向影响。

二、对策建议

根据以上分析，在共建"丝绸之路经济带"、共同推进物流效率以促进双边贸易发展背景下，我们提出以下对策建议：

（1）基础设施质量有待改善是海上丝绸之路经济带物流绩效发展的共性问题，而港口的基础设施质量则是重中之重，针对由于纯粹物流基础设施容量和能力不足的情况要考虑新投资；针对由于缺乏或不完整的部门改革导致现有基础设施的低效运营，造成业绩不佳和人工阻塞，更需要关注部门改革，使港口作业效率更高后再考虑新的容量投资来满足日益增长的贸易量。此外，加快铁路、公路等的建设，提升道路通达水

平，进一步推广信息通讯技术，加强海上物流信息化合作也非常重要。

（2）海关效率的改进是弥补物流绩效短板的重要方面，应当从政府、海关及商界多方面展开合作交流，加强信息互换、监管互认、执法互助的海关合作，加快海关区域通关一体化改革，简化通关手续，对相关人员进行国际交流培训，实现物流服务、海关监管等多方面的信息共享及沟通协调机制。物流绩效改善的硬件和软环境往往相辅相成，物流基础设施的投资应当与边境管理机构改革、刺激市场竞争服务齐头并进，各个方面的共同进步才能促进物流绩效的提高。

（3）作为共建21世纪“海上丝绸之路”构想的发起国，一方面中国应该积极推动和东盟等国际组织的合作联系，加强海运互联互通，加快推进自贸区谈判；另一方面中国要推动亚洲基础设施投资银行的建设，发起设立丝路基金，重点支持丝路经济带上基础设施的建设和改造来进一步推动海上丝绸之路经济带的物流绩效改善，为进一步发展双边贸易营造良好的外部环境，实现多方共赢。

第四章 海上丝绸之路贸易便利化影响因素

第一节 引言

一、相关概念界定

1. 海上丝绸之路的地理范围

本章重点研究21世纪海上丝绸之路贸易便利化问题，因此，在深入分析之前，首先要明确海上丝绸之路的起点和终点，尽可能明确研究对象的地理范围。

根据金毅、汪洁、刘婷婷（2014）的研究，他们把21世纪海上丝绸之路分为三条战略线，分别是东线、西线和北线。东线是指经过我国东海连接相关南太平洋国家最后到达拉美和北美地区。西线是指我国的南海地区一直到亚欧非地区。北线是指北冰洋航线。三条战略线构建起新海上丝绸之路的地理和战略范围。陈万灵、何传添（2014）认为学术界对"海上丝绸之路"的界定是没有定论的，并且认为21世纪海上丝绸之路应该是一个基于贸易的全球网络，也就是国际贸易网。因此，新海上丝绸之路是一个动态的而非静态的过程，不仅仅只涵盖中国与东南亚、南亚以及西亚和东非，还应该扩充到大洋洲和北美洲，应该通过这张国际贸易网络反映中国与世界各国的经贸关系。最后，陈万灵、何传添也对研究对象进行划分，选择了一个狭义概念上的海上丝绸之路核心相关国家进行研究。周练（2014）认为海上丝绸之路应该基于中国—东盟自由贸易区框架下来研究，海上丝绸之路的主要参与方应该是中国和东盟

国家，应该把21世纪海上丝绸之路建设看成是中国—东盟自贸区建设的升级版，并且周练认为海上丝绸之路内容广泛，涉及经济、文化、政治的方方面面。吕余生（2013）认为21世纪海上丝绸之路是国家对外开放合作的重大战略。同时，海上丝绸之路建设是中国—东盟合作的升级版，是古代海上丝绸之路的主干线和大动脉。海上丝绸之路的建设和发展应该以货物贸易为主要手段，充分利用好中国政府设立的中国—东盟海上合作基金，发展好海洋合作的伙伴关系。刘赐贵（2014）认为21世纪海上丝绸之路的建设应该立足于海洋，重点建设方向是从中国的港口向南，经马六甲海峡，到达波斯湾、红海、亚丁湾海域。新丝绸之路的核心是东盟成员国，应该以它为中心画圆圈，辐射到南亚地区，最后一直到中东、东非和欧洲。同时应该把它看成是中国—东盟自贸区的深化和延伸，推动地区经济和安全。

因此，21世纪海上丝绸之路的地理范围没有明确的、肯定的、一致的答案，但是有一条主线是清晰和明确的，那就是新海上丝绸之路包含三大块区域，分别是中国与东盟国家（包括印度尼西亚、马来西亚、新加坡、泰国、菲律宾、文莱、越南、柬埔寨、缅甸、老挝）、中国与南亚国家（包括印度、巴基斯坦、斯里兰卡、孟加拉国、马尔代夫）、中国与海湾国家（包括沙特阿拉伯、阿联酋、阿曼、科威特、巴林、卡特尔）。

2. 贸易便利化的概念界定

这里之所以选择贸易便利化问题作为研究的切入点，基于以下几个原因：首先，虽然21世纪海上丝绸之路相关国家分别与中国签署了贸易协议，贸易自由化的程度不断提高，关税大幅度削减，但是口岸报关程序复杂，通关时间长和一些隐性的贸易壁垒不断上升，阻碍了要素的跨境流动。因此，贸易便利化具有相当大的研究意义。其次，世界各国都高度重视“贸易的非效率”问题，使得贸易便利化的研究具有前瞻性。孙林、倪卡卡（2013）认为贸易便利化目的在于为国际贸易活动创造一种公平、透明的制度环境，这种制度环境的建设应该以国际认可的标准来制定和执行，涉及海关的报关手续、贸易的硬件和软件设施的建设、贸易法律和法规制度的建设和完善等。同时，孙林、倪卡卡认为东盟国家的贸易便利化正在不断提高，东盟国家的互联网以及数据处理能力都在不断地改善和提高，即使是菲律宾和越南等国互联网的普及率也在上升。

那么，什么是贸易便利化？贸易便利化是一国际贸易用语，其基本精神是简化和协调贸易程序，加速要素跨境的流通。贸易便利化是对国际贸易制度和手续的简化与协调。通过程序和手续的简化、适用法律和规定的协调、基础设施的标准化和改善，为国际贸易交易创造一个协调的、透明的、可预见的环境。它是以国际公认的标准和做法为基础的。简而言之，贸易便利化就是对国际贸易制度和手续的简化与协调④。

贸易便利化一词在各种文献中已屡见不鲜，但迄今在世界范围内尚无一个被普遍接受的统一定义。WTO（1998 年）和 UNCTAD（2001 年）都认为，贸易便利化是指国际贸易程序（包括国际货物贸易流动所需要的收集、提供、沟通及处理数据的活动、做法和手续）的简化和协调。OECD（2001 年）对贸易便利化的表述是：国际货物从卖方流动到买方并向另一方支付所需要的程序及相关信息流动的简化和标准化。UN/ECE（2002 年）将贸易便利化定义为：用全面的和一体化的方法减少贸易交易过程的复杂性和成本，在国际可接受的规范、准则及最佳做法的基础上，保证所有贸易活动在有效、透明和可预见的方式下进行。亚太经合组织（2002 年）关于贸易便利化的定义是：贸易便利化一般是指使用新技术和其他措施，简化和协调与贸易有关的程序和行政障碍，降低成本，推动货物和服务更好地流通。

尽管各自的表述有所不同，但基本精神是一致的，即简化和协调贸易程序，加速要素跨境的流通。近年来，人们更多地从广义的范围（即影响贸易交易的整个环境）来考虑贸易便利化问题。在实践中，各种促进贸易便利化的措施大都体现在通过贸易程序和手续的简化、适用法律

---

④ http：//baike. baidu. com/link? url = 0m9Jg _ YOPkJf2wDGmaUppsQ5oIT3qGNGKI5I − KGdAx _ NccJNFfZJKYTaHvgkXIZYv4mgORM9HWmeNuB55qn−o _

和规定的协调、基础设施的标准化和改善等，为国际贸易活动创造一个简化的、协调的、透明的、可预见的环境。因此，贸易便利化涉及的内容十分广泛，几乎包括了贸易过程的所有环节，其中海关与跨境制度是问题的核心，此外还包括运输、许可、检疫、电子数据传输、支付、保险及其他金融要求、企业信息等诸方面。

随着多边、区域、双边和单边的协作及努力，影响国际贸易活动的障碍或壁垒正逐渐减少或被约束，各国的贸易制度日趋开放。而随着国际贸易规模的扩大和各国及地区贸易联系的加强，“贸易的非效率”作为一种“隐形”的市场准入壁垒日益受到众多国际组织、各国政府和贸易界的普遍关注，促使人们开始高度重视各种贸易管理程序的合理化。数十年来，许多政府间和非政府组织（如联合国贸发大会 UNCTAD、联合国欧洲经济委员会 UN/ECE、世界海关组织 WCO、国际商会 ICC、经济合作与发展组织 OECD、国际货币基金组织 IMF 和世界银行等）一直在向实现更简便、更协调的国际贸易程序这一目标而努力，有关进一步减少和消除阻碍要素跨境流动的障碍、减低交易成本、建立高效的贸易便利体系等内容已成为多边、区域、双边经贸合作的重要内容。世界贸易组织（WTO）自 1995 年成立以来也开始了对贸易便利化问题的全面考虑和专门分析，经过数年的酝酿和极富建设性的争论，各成员最终就将贸易便利化作为“新加坡议题”中的唯一议题纳入“多哈发展议程”谈判并达成了共识。⑤

二、相关研究现状

虽然目前世界各国关于贸易便利化概念尚没有清晰和明确的标准定义，但是相关文献还是对此有所涉及。谢娟娟、岳静（2011）把贸易便利化界定为采用 4 个指标来衡量贸易便利化问题，分别是口岸效率、海

⑤ http://baike.baidu.com/link?url=0m9Jg_YOPkJf2wDGmaUppsQ5oIT3qGNGKI5I－KGdAx_NccJNFfZJKYTaHvgkXIZYv4mgORM9HWmeNuB55qn—o_

关环境、规制环境以及电子商务。John Raven（2001）认为贸易便利化主要有以下几个方面：海关的廉洁、口岸的通关时间、政策导向、支付便利化程度、信息服务等。Otsuk、Wilson、Man（2003）将贸易便利化分为4个指标：海关效率、港口效率、国内法规以及配套服务。

1. 有关贸易便利化收益的研究现状

贸易便利化带来的收益是巨大的，Peter Walken horst（2004）认为经过研究，贸易便利化可以直接降低国家贸易的交易成本，发展中国家因此获得的收益会远远超过发达国家。Kinoshita、Campos（2004）研究表明，一国政府推行贸易便利化，可以直接或间接降低交易成本，促使跨国公司直接投资。Jesus Felipe、Utsav Kumar（2010）通过运用引力模型来评估贸易便利化和贸易双方的贸易量的关系，研究发现，在贸易便利化的要素中，基础设施水平高低对总体双方贸易量影响最为显著。Fink、Neagu（2002）研究发现，贸易便利化要素中，如果通讯成本降低10%，双边贸易量将会提升8%。Hummels（2001）认为贸易便利化要素中通关效率提高等同于降低关税。Maria Persson（2011）回顾了贸易便利化对欧盟一体化的影响，认为贸易便利化对欧盟一体化的影响远远大于贸易税收优惠。王玉婧、张宏武（2007）认为贸易便利化会对国际贸易以及经济增长产生明显的促进作用。而且从长远来看，贸易便利化的实际收益远远大于贸易便利化所损失的关税。孙林、徐旭霏（2011）认为贸易便利化要素中基础设施的完善，有助于提高出口量，并举了一个例子，东盟机场的基础设施质量每提升1个百分点，制造业出口量将增加1.48个百分点，如果忽略贸易便利化中的要素，将恶化出口，通过对比，孙林、徐旭霏认为，贸易便利化可以显著地提高该国的制造业产品出口。段景辉、黄丙志（2011）利用相关评估数据，对发展中国家、最不发达国家和发达国家进行分类研究，对四个影响贸易便利化的指标进行控制实验，得出发达国家需要在贸易政策改善方面对贸易便利化作出贡献，降低过于苛刻的产品检验检疫程序，由此将带来贸易便利化的最大收益，而最不发达国家和发展中国家需要在基础设施建设方面为贸易便利化作出贡献。沈铭辉（2009）通过对相关文献整理回顾，得出一

些贸易便利化的基本现象，通过对贸易便利化福利相关文献的研究，研究结论显示出各国的贸易便利化程度与每个国家的人均 GDP 高度相关，在东亚国家内，新加坡的贸易便利化程度是最高的，由此其享受贸易便利化带来的收益也是最大的。

2. 有关贸易便利化政策的研究现状

匡增杰（2013）把发达国家贸易便利化的相关文献和政府相关政策进行研究发现，我国海关的贸易便利化的程度堪忧。一方面，我们在和国际发达国家进行贸易时，海关推行的相关政策和国际主流政策无法完全对接，在海关的国际组织中，缺乏相应的话语权和发言权。因此，他建议我国有关贸易便利化的政策必须和国际海关组织推行的政策接轨，营造一个简单高效的贸易通关环境。

王丹丹、陆克斌（2012）认为我国目前贸易便利化存在严重的问题，首先是我国贸易便利化的相关政策是不透明的，海关和多个政府部门间缺乏沟通和合作，有关贸易便利化的政策无法落实到具体相关部门。赵世路（2010）认为，欧盟的《海关法案》中关于贸易便利化的内容应该对中国有所启示，中国应该借鉴相关经验，加强海关的通商服务能力，使海关能够清楚地了解服务对象的具体需要，从而制定出更加具有针对性和便利性的海关条例。

通过文献综述可以了解到，国家的“一带一路”战略具有明确重大的战略意义，21 世纪海上丝绸之路更是重要的战略组成部分，历史经验不断告诉我们，面向海洋而兴旺，背向海洋而衰落。所以，新海上丝绸之路具有重大的政治和经济意义。贸易便利化是世界各国普遍研究的一个前沿问题，在关税已经大幅度削减的情况下，如何使贸易便利化促进贸易双方的经济发展，这是一个具有实际意义的研究领域。本书的创新之处在于和以往的文献不同，不是把两者割裂来看，而是把两者融合到一起，从贸易便利化的角度来研究海上丝绸之路贸易发展。由于受制于数据的可获得性和研究的实际可操作性，我们将研究对象的范围定位于中国与东盟国家间，暂不考虑中国与南亚国家和中国与海湾国家。其原因有：首先，新海上丝绸之路的核心位于东盟，中国与东盟的经贸关系发展迅猛，早在2001年11月，中国就正式提出组建CAFTA的战略构想，同意先行减免关税。2002年又与东盟签署了《全面经济合作框架协议》。其次，数据来源可靠、信息内容较多。中国与东盟国家签署了较多的合作协议，涵盖内容广泛。例如，中国与菲律宾共同签署了《促进和保护投资协定》《避免双重征税和防止偷漏税协定》《经济合作和促进贸易与投资谅解备忘录》《关于扩大和深化双边经济贸易的框架协定》等文件，2011年又鉴署了《经贸合作五年发展规划》。最后，中国倡导与东盟国家共建21世纪海上丝绸之路是中国新一届领导人奉行“亲、诚、惠、融”的外交新理念。

第二节　海上丝绸之路贸易便利化影响因素分析

由前文的文献综述得知，大多数学者用许多指标来衡量贸易便利化，大体许多指标可以归纳为如下几类：①口岸的效率；②海关环境；③法规和制度环境；④电子信息和网络化程度；⑤运输效率。

本章根据上述五大类指标来研究中国与东盟之间贸易便利化的程度，我们对这五大类指标进行数据化处理，赋予其数值，数字越大，表明该指标对贸易便利化影响程度越大。

一、口岸的效率

所谓的口岸效率就是指港口、机场等基础设施运转工作的效率，如果该指标的数值越高，代表机场、港口的货物吞吐量以及货物的装卸、搬运、仓储的效率越高。具体包括港口设施（P1）和机场设施（P2）。

二、海关的环境

海关的环境是指通关所需花费的费用及时间以及海关法律和法规明确的条件下，寻租空间的大小。具体内容如下：

（1）非常规的支付（C1）。该指标是衡量为了取得相关的进出口许可证是否对海关人员进行寻租而由此发生的费用或者是企业非计划内的支

出。数值 1 表示经常进行非常规的支付，数值 8 表示从未发生过非常规的支付现象。

（2）腐败程度（C2）。该指标指的是相关领域的人士对某国海关腐败程度的评价，数值的取值范围波动代表不同的含义。0 分表示非常严重的腐败，10 分表示根本没有腐败，非常廉洁。

（3）海关报关手续（C3）。海关报关手续的繁琐程度是不一样的。1 分表示海关手续极其繁琐，8 分表示报关手续简洁、高效。

（4）海关服务评价（C4）。该指标衡量一国海关整体服务能力，分值越高代表服务能力越强，最高分为 12 分。

三、法规和制度环境

如果一国法规和制度越透明，寻租空间越小，进出口商便可以在一个更加透明的法治社会来进行国际贸易往来。

（1）法规和制度的透明度（R1）。分值越高代表该国的法律规定的透明度越高。最高分为 8 分。

（2）法规和制度执行的连贯性（R2）。分值越高代表该国法规被严格执行。1 分表示该国没有执行相关法规。

四、电子商务的应用（DZ）

众所周知，大数据时代的来临，改变了人们的生活方式。同样，企业在利用大数据时，可以更加方便地与消费者、供应商、海关保持密切联系，降低信息不对称所导致的风险。

五、运输效率

运输效率是衡量出口企业物流能力的指标，或者是该国物流部门的运输能力。具体包括以下两个指标：

（1）运输费用（A1）。分值越高，运输费用越低。

（2）运输时间（A2）。分值越高，运输时间越短。

综上，贸易便利化的衡量指标如表 4 - 1 所示。

表 4-1 贸易便利化的衡量指标

一级指标	二级指标	取值范围
口岸的效率（KA）	港口设施（P1）	1～8
	机场设施（P2）	1～8
海关的环境（TE）	非常规的支付（C1）	1～8
	腐败程度（C2）	0～10
	海关的报关手续（C3）	1～8
	海关的服务评价（C4）	0～12
法规和制度环境（LE）	法规和制度的透明度（R1）	1～8
	法规和制度执行的连贯性（R2）	1～8
电子商务（DZ）	电子平台和大数据应用的广泛程度（DZ）	1～8
运输能力（TC）	运输费用（A1）	1～8
	运输时间（A2）	1～8

注：数据来源于 2011 年《全球竞争力报告》的整理和汇编。

第三节 海上丝绸之路贸易便利化影响因素实证

一、基本模型构建

在这里引入研究国际贸易的标准模型——引力模型。引力模型我们设定为自然对数线性的形式，基本模型设定如下：

$$\ln Trade_{ij} = c_0 + c_1 \ln GDP_i + c_2 \ln GDP_j + c_3\, lnPGDP_i + c_4\, lnPGDP_j + c_5\, lnJL_{ij} + u_{ij} \qquad (4-1)$$

本章研究中国与东盟国家间的贸易情况，选取的数据为 2012 年的截面数据，根据我们的研究目的，采用修正的引力模型：

$$\ln Trade_j = c_0 + c_1 \ln GDP_j + c_2 \ln PGDP_j + c_3 \ln JL_{ij} + \alpha \ln CC_j + c_4 \ln TAR_j + c_5 POLICY_{ij} + c_6 BOR_{ij} + u_{ij} \qquad (4-2)$$

和（4-1）式对比，可以发现有如下的不同：首先，我们考察的是

中国与他国的贸易，因此中国的数据为常量，对回归模型结果没有影响，变量的系数为 0，可以从模型中剔除。其次，把贸易便利化的综合指标 CC_j 引入模型，$POLICY_{ij}$ 表示双边贸易环境，如果成员国是中国与东盟自由贸易区成员，该变量值取 1，否则取 0，因此，该变量是离散变量。最后，原 TAR_j 表示 j 国的平均关税，即所有贸易商品关税税率的平均值。BOR_{ij} 是虚拟变量，当其取值为 1 的时候，表明 j 伙伴国与中国领土接壤，若取值为 0，表明与中国领土不接壤。相关变量的具体含义如表 4－2所示。

表 4－2　模型变量含义

变量	含义
$Trade_{ij}$	表示 i 国和 j 国间的贸易量
GDP_i	表示 i 国的国内生产总值
GDP_j	表示 j 国的国内生产总值
$PGDP_i$	表示 i 国的人均国内生产总值
$PGDP_j$	表示 j 国的人均国内生产总值
JL_{ij}	表示 i 国和 j 之间的距离

为了获得更好的计量结果，扩大样本容量，本章原始数据来源于联合国 COMTRADE 数据库，并且选取了 2012 年中国与 50 个贸易伙伴国的横截面数据。从这些伙伴国中剔除缅甸和老挝，包括 8 个东盟成员国、中国香港以及其他 41 个国家，这 50 个贸易伙伴国与中国的贸易量加起来占中国贸易总量的 80％以上，由于数据较多，受制于篇幅限制，这里只列出相关的计算结果。

二、数据的标准化处理

因为上述衡量贸易便利化的指标是在时间范围不统一的情况下截取的，获得的数据不具有可比性。因此，需要对数据加工处理，获得标准化数据后，才能加以运用，具体采用如下做法：任取一个二级指标记为

Y_i，Y_i 代表最初的原始数据，Y_{max} 代表该指标所能够取得的最大值，令$=\frac{Y_i}{Y_{max}}=Z_i$，Z_i 即是标准化处理后的数据，最后将各类二级标准化指标加权平均后得到一级指标。

口岸的效率（KA）＝（港口设施 P1＋机场设施 P2）/2

海关的环境（TE）＝（非常规的支付 C1＋腐败程度 C2＋海关的报关手续 C3＋海关的服务评价 C4）/4

法规和制度环境（LE）＝（法规和制度的透明度 R1＋法规和制度执行的连贯性 R2）/2

运输能力（TC）＝（运输费用 A1＋运输时间 A2）/2

贸易便利化的综合指标（CC）＝（KA＋ TE＋ LE＋ DZ＋ TC）/5

通过下文的数据计算得知，东盟国家内贸易便利化的水平层次不齐，例如新加坡贸易便利化的综合得分远远高于东盟内其他国家。

三、基本模型回归及结果

采用最小二乘法，运用 Stata 12.0 软件对基本模型进行回归，回归结果见表 4－3。

表 4－3　模型变量回归结果

自变量	回归系数	t 统计量
C	21.21240	11.21649
lnGDP	0.725489	8.111247
lnPGDP	－0.061862	－0.726391
lnJL	－0.692475	－3.391721

基本模型的可决系数为 0.624761；调整后的可决系数为 0.613941，DW 统计量为 2.03。通过可决系数发现，模型的解释能力还是可以的。解释变量 GDP 和 JL 前的回归系数绝对值较大，说明解释变量的影响力较大，而且通过 t 值判断，这些变量都是显著的。

四、引入贸易便利化综合指数的回归及结果

把贸易便利化的综合指数 CC 引入到模型中进行回归，如表 4－4 所示。

表 4－4　修正的模型回归结果

自变量	回归系数	t 统计量
C	20.71825	9.333968
lnGDP	0.705217	8.911511
lnPGDP	−0.354714	−2.544985
lnJL	−0.243588	−1.164317
lnCC	1.532851	1.927749
lnTAR	−0.119321	−2.614766
POLICY	0.452439	1.873769
BOR	0.389789	0.963111

可决系数为 0.750118，调整后的可决系数为 0.708592，DW 的统计量为 2.145331。通过对比表 4－3 和表 4－4，引入贸易便利化的指标后，不论是可决系数还是调整后的可决系数都在提升，说明模型的解释能力比以前有所提高，而且对解释变量分析后，发现 GDP 仍是影响贸易的关键变量，但是贸易便利化 CC 的系数是 1.532851，说明贸易便利化指标每提升 1 个百分点，贸易量将增加 1.532851 倍，可以观察，关税前系数是负的，降低关税能够促进贸易量，但是效果远远不及贸易便利化带来的效果。

对上述回归结果，若进一步将样本分为两组，一组是关税较高的国家和地区，另一组是关税较低的国家和地区，对修正的引力模型进行回归可发现，关税较低的样本模型中，贸易便利化指标的系数较大。说明当关税税率已经很低的时候或者无法削减关税的情况下，贸易便利化的研究价值更大。21 世纪海上丝绸之路相关国家和中国签署了大量的贸易协议，在相关文献中都可以查阅到。尤其是东盟自由贸易区成员国关税税率已经非常低，所以贸易便利化的研究具有非常重大的意义。

五、引入贸易便利化分指标的回归及结果

为了分析不同贸易便利化的分指标对贸易量的影响有何异同，以便提出更加具有针对性的政策建议，我们对修正的引力模型分别加入 5 个贸易便利化的分指标。

$$\ln Trade_{ij} = c_0 + c_1 \ln GDP_j + c_2 \ln PGDP_j + c_3 \ln JL_{ij} + \alpha_1 \ln KA_j + c_4 \ln TAR_j + c_5 POLICY_{ij} + c_6 BOR_{ij} + u_{ij} \quad (4-3)$$

$$\ln Trade_{ij} = c_0 + c_1 \ln GDP_j + c_2 \ln PGDP_j + c_3 \ln JL_{ij} + \alpha_2 \ln TE_j + c_4 \ln TAR_j + c_5 POLICY_{ij} + c_6 BOR_{ij} + u_{ij} \quad (4-4)$$

$$\ln Trade_{ij} = c_0 + c_1 \ln GDP_j + c_2 \ln PGDP_j + c_3 \ln JL_{ij} + \alpha_3 \ln LE_j + c_4 \ln TAR_j + c_5 POLICY_{ij} + c_6 BOR_{ij} + u_{ij} \quad (4-5)$$

$$\ln Trade_{ij} = c_0 + c_1 \ln GDP_j + c_2 \ln PGDP_j + c_3 \ln JL_{ij} + \alpha_4 \ln DZ_j + c_4 \ln TAR_j + c_5 POLICY_{ij} + c_6 BOR_{ij} + u_{ij} \quad (4-6)$$

$$\ln Trade_{ij} = c_0 + c_1 \ln GDP_j + c_2 \ln PGDP_j + c_3 \ln JL_{ij} + \alpha_5 \ln TC_j + c_4 \ln TAR_j + c_5 POLICY_{ij} + c_6 BOR_{ij} + u_{ij} \quad (4-7)$$

引致的口岸的效率（KA）＝原口岸的效率 KA＋（1－原口岸的效率 KA）×50％ (4－8)

引致的海关的环境（TE）＝原海关的效率 TE ＋（1－原海关的效率 TE）×50％ (4－9)

引致的法规和制度环境（LE）＝原法规和制度环境 LE＋（1－原法规和制度环境 LE）×50％ (4－10)

引致的电子商务（DZ）＝原电子商务 DZ＋（1－原电子商务 DZ）×50％ (4－11)

引致的运输能力（TC）＝原运输能力 TC＋（1－原运输能力 TC）×50％ (4－12)

如果 5 个贸易便利化的分指标分别提高 50％，贸易增长的百分比经过相关计算见表 4－5。

表 4-5　实施贸易便利化后的贸易增长预测

经济体	KA	TE	LE	DZ	TC
新加坡	11.85%	5.69%	8.82%	17.81%	9.56%
文莱	30.79%	108.98%	29.79%	40.58%	15.61%
马来西亚	10.11%	45.98%	21.17%	29.09%	13.67%
泰国	4.45%	62.69%	35.32%	41.63%	51.28%
印度尼西亚	20.16%	99.82%	67.41%	50.49%	48.67%
菲律宾	2.41%	96.71%	46.82%	50.37%	33.61%
越南	7.82%	141.51%	50.32%	68.91%	41.21%
柬埔寨	3.65%	148.23%	55.44%	75.67%	8.82%

注：根据公式（4-8）—（4-12）测算出东盟国家的贸易增长。

结果表明，新加坡贸易便利化程度最高，提高的空间不大，菲律宾、越南、柬埔寨则可以把资源优先投放在海关的环境和电子商务的应用上面，这样做可以提高这些国家的贸易量。

第四节　研究结论与对策建议

一、主要结论

本章主要关注的是21世纪海上丝绸之路的核心区域——东盟国家，通过对其贸易便利化及其影响因素的研究发现，当关税已经降到很低的程度时，贸易便利化的价值是不断提升的。

在实证部分，我们引入贸易便利化综合指标后，模型的解释能力是不断增强的，并且贸易便利化综合指标的系数是较大的，并且是非常显著的。这说明，贸易便利化的综合指标对贸易量的影响是较大的。本章最后对贸易便利化的分指标进行计算，得出东盟国家菲律宾、越南、柬埔寨应该加强海关的环境和电子商务的应用，这样便可以大幅度提高本国的贸易量。

二、对策建议

我们的建议是，在本国资源允许的范围内大幅度提高贸易便利化的5个分指标，如果资源有限，则应该根据相关计算，判断出是哪一个贸易便利化的分指标贡献大，优先把资源用在具有较大影响力的贸易便利化的分指标上。

具体来看，各国政府要加大对贸易便利化的基础设施的投入，不仅包括硬件设施的建设，也包括软件设施的投入。其次，加大电子商务的发展，目前海上丝绸之路的相关国家，尤其是东盟国家，在通讯网络以及大数据处理方面是严重的短板，极大制约了双方的贸易量。例如，广西、云南与东盟国家边境贸易量较大，如果引入电子商务和大数据处理平台，预计贸易量将大幅度上升，通关时间以及交易成本都会大幅度下降。而且东盟自贸区成员国经济发展水平差别较大，信息化和数据处理能力也有较大的差别。新加坡的数据处理能力和网络化水平都是东盟成员国中最强的，其建立了贸易网络系统，所有的货物进出口报关和审批都是在网络上进行，而且该体系服务于所有参与贸易的企业。因此，东盟自贸区成员国应该根据本国的国情，大力发展互联网建设，推行政府网络化、无纸化办公。必要时，中国政府可以为东盟成员国提供相应的技术和资金的支持。最后，一定要完善海关的政策法规，加强信息的透明度以及海关的总体服务能力。在2012年的全球竞争力报告中，得到国际认可的东盟国家中只有新加坡和马来西亚，这两个国家海关服务的总体能力较强，但是东盟其他国家得分较差，在海关服务方面亟待加强。

贸易便利化是发达国家最早提出和进行相关研究的，21世纪海上丝绸之路战略应该研究、利用相关知识，推动"一带一路"的经贸发展，并且阐述我们对贸易便利化的理解以及它对经贸所起的促进作用，增强相关国家的信心。根据有关的国际贸易理论，如果能够完成贸易便利化的指标要求，贸易创造将会给中国—东盟自贸区带来更多的贸易量，不仅如此，21世纪海上丝绸之路以外的国家也会因此受益良多。

第五章 中国与中亚石油能源合作评价及合作的经济效应

第一节 引言

2013 年 9 月 7 日，习近平总书记在哈萨克斯的坦纳扎尔巴耶夫大学发表演讲时提出希望亚欧各国能够齐心协力共同建设“丝绸之路经济带”，这一想法一经提出便引起了相关国家尤其是中亚各国的高度重视和积极响应。中亚国家有着得天独厚的自然资源和丰富的文化背景，在能源储备中的石油储量非常丰富。中国是能源消费大国，2013 年我国的石油对外依存度达到 58%，其中有 90%以上来自中东地区。由于丝路能源运输道路受限，所以能源通道的建设逐步上升为国家战略，能源合作及其效应、路径、机制成为学者们研究的焦点。

国内外很多学者已经在国际能源合作等诸多方面展开了研究。卡夫特（Kraft，1978）第一次研究了能源消耗和收入的关系。通过运用 1947—1974 年的美国数据资料，证明了从收入到能源消耗的单方向的因果关系。斯登（Stern，1993）运用加权的方法把全部能源消耗用能源质量指数取而代之，然后用自向量回归模型（VAR）检验后发现由于使用不同的能源测量方法得到的美国能源使用过程和 GDP 之间的联系也不同。马西赫（Masih，1996）研究了亚洲六个国家在实际收入与能源消耗之间的关系。奥兹图克等人（Ozturk et al，2010）使用了 51 个国家 1971—2005 年的能源消耗和经济增长的面板数据，研究结果显示对于所研究的 51 个国家不存在显著因果关系。

国内也有大量的学者研究丝路经济带下国家之间的合作问题。何伦志等（2008）在考察了大国和地区组织在中亚地区的能源运作模式的基础上，提出了中国与中亚国家在能源发展方面的对策，并构建了能够让中亚—新疆能源大通道实施的相应的政策和战略体系。李琪（2014）提出中国与中亚是古“丝绸之路”的核心路段，是“丝绸之路经济带”的战略支点。以“五通”为指标系统检验以往的实践，可以针对所存在的问题与难点采取相应措施。白永秀等（2014）提出在区域合作不断加强的今天，亚欧各国的合作也变得日益密切，在这样的背景下能否建立亚欧大陆带状经济合作问题。文章从空间范围上将经济合作带划分为核心区、扩展区和辐射区三个层次。建设丝绸之路经济带，对于加强国家间的区域经济合作、促进全世界经济的发展、保障各个国家战略安全、推动国内经济重心向西偏移、优化东西部城市和人口布局具有重大意义。樊秀峰等（2015）以物流绩效指数（ LPI）为切入点，针对海上丝绸之路沿线的主要国家进行了定性描述的分析，同时把拓展的引力模型用来实证研究物流绩效对于中国进出口贸易的影响。汪应洛等（2015）对于丝路经济带能源通道建设以及争夺中亚能源的实际控制权提出想法。尹勇晚等（2011）、王玉（2013）、刘文革等（2015）、刘明辉（2015）等学者还分别对中韩、中俄、中日以及中哈的能源合作的实证效应进行了分析。但就目前的研究来看，对于中国与中亚五国的能源合作实证研究还相对较少。

本章通过实证的方法结合能源合作指数以及 VAR 模型对中国与中亚国家在石油能源产业合作与经济增长方面做出分析和研究。本章的创新之处在于把中亚五国按照开放程度分为开放程度相对较高的中亚 1 组国家和开放程度相对较低的中亚 2 组国家来对石油能源进行研究，这样更能够接近具体情况，针对实际问题提出一些有效的意见。

第二节　中国与中亚国家石油能源禀赋及合作现状

一、中国与中亚国家石油能源禀赋

1. 中国的石油能源禀赋

中国目前已经跃居成为世界第一大能源生产国和能源消费国，近年中国石油的消费量呈现出上升的趋势（见图 5－1）。

单位：百万吨油当量

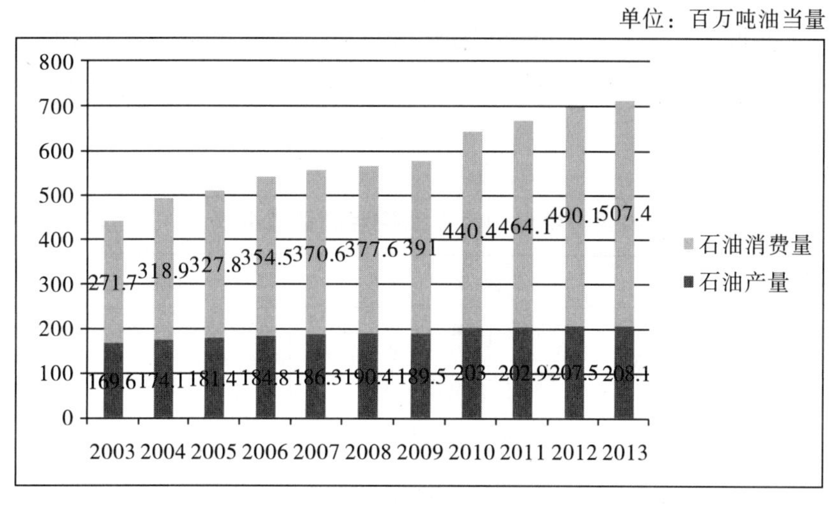

图 5－1　2003—2013 中国石油产量与消费数据图

数据来源：http//www. BP. com/statistical review 2014.

从 2003—2013 年中国石油的消费量呈现出逐年上升的趋势，但是和产量相比，产能只出现了小幅度的上升。所以，中国的石油消费量和产量就出现了较大的缺口，这样就需要大量进口石油以及石油产品来满足国内的需求。可见，引进石油资源将成为中国未来长期的战略选择。

2. 中亚五国的石油能源禀赋

在新时代的背景下，各国共建“丝绸之路经济带”的意愿表明中国与中亚国家在利益上是相互依存，在经济发展战略上是有共同目标的。

中亚国家都把发展市场经济作为未来经济发展的方向，不但建立了基本的市场经济组织机构，而且在逐步私有化和自由化方面都取得了明显的进展。根据各国国家统计委员会的相关资料显示，2010 年在中亚五国中私有化资产占比分布的情况是：哈萨克斯坦 85%，吉尔吉斯斯坦 70%，乌兹别克斯坦 61%，塔吉克斯坦 44%，土库曼斯坦 36%。所以，本章就按照开放程度将中亚五国分为两部分，第一部分为开放程度在 70%及之上的哈萨克斯坦和吉尔吉斯斯坦两国，由这两国组成本章中的中亚 1 组国家，第二部分为开放程度相对较低的乌兹别克斯坦、塔吉克斯坦和土库曼斯坦，它们组成本章中的中亚 2 组国家。在后面的实证检验中，将对中亚 1 组国家和中亚 2 组国家分别进行模型检验。

由于中亚国家的石油储量都比较可观（见表 5－1）。总体而言，中国石油生产与消费总量的缺口大，而中亚国家的石油生产量过剩，所以互利互补性较强。

表 5－1　中国与中亚国家石油探明储量数据表（2014 年）

	国家	石油（亿吨）
	中国	25
中亚 1 组	哈萨克斯坦	59
	吉尔吉斯斯坦	13.17
中亚 2 组	乌兹别克斯坦	1
	土库曼斯坦	1
	塔吉克斯坦	1.2

数据来源：http//www.BP.com/statistical review 2014.

二、中国与中亚国家石油能源合作现状[①]

1. 与哈萨克斯坦的石油合作关系

1997 年 6 月 4 日，中国石油天然气集团公司（以下简称中石油 ）旗下的中国石油天然气勘探开发公司中标获得哈国阿克纠宾油气股份公司 60.3%的股份（占持票股份的 66.67%），同年又取得了对哈萨克斯坦乌津油田的开采权，自此拉开了中哈两国能源合作的序幕。此后，中国石油天然气集团公司、中国长城钻井有限责任公司、中国石油化工股份有限公司、中国中信集团等又陆续通过组建合资公司、控股、收购等方式扩大了与哈萨克斯坦的油气合作。

为了降低由铁路和汽车运输石油带来的成本和各种风险，中国与哈萨克斯坦间的石油管道项目于 20 世纪 90 年代就已提出。1997—1999 年，中哈双方完成 了管道建设的可行性研究报告。但是，后来基于修建管道的成本过高和哈萨克斯坦当时的石油供应量不足等原因，该项目曾被搁置起来。

2003 年 6 月，胡锦涛同志对哈萨克斯坦进行国事访问，6 月 3 日，与哈萨克斯坦总统努·纳尔巴扎耶夫在阿斯塔纳签署的《中哈联合声明》指出："双方认为，中哈能源领域合作具有战略意义，双方将加强在石油天然气领域的合作，确保现有合作项目的顺利实施，并继续就中哈石油管道项目和相应的油田开发项目，以及建设由哈萨克斯坦至中国的天然气管道的可行性进行研究。哈萨克斯坦支持中方参加哈里海大陆架油田的勘探和开发。"这为推进输油管道建设奠定了坚实的基础。

2006 年，阿拉木图时间 5 月 25 日凌晨 4 时，中哈管道原油油头抵达阿拉山口末站而进入中国。这是中国石油史上首次实现了通过管道长期稳定进口原油的战略目标，它正式开启了我国多元进口石油的新时代，也为我国进入"十一五"后的能源安全格局布下了一枚意义深远的棋子。

---

① 秦鹏．中国中亚石油合作［EB/OL］http：//www.morningwhistle.com/website/news/1/30941.html.

同时，这也是中哈两国经济互补双赢之举，有力地推动了哈萨克斯坦石油出口的多元化，提升了该国石油管道出口的经济效益与安全系数 。

中哈间的石油合作在中亚地区不仅是开始时间最早的，也是合作领域最为广泛 、合作规模最大的 ，这种合作目前已经给双方带来了明显的经济和社会效益，形成了双赢的局面，并在持续发展着 。

2. 与土库曼斯坦的油气合作关系

中国与土库曼斯坦之间在能源领域的合作起步较早 ，但在 2000 年之前 ，主要是由中石油向对方提供油井修复、深层钻探等技术服务项目。2000 年中石油开始筹划铺设连接中国与土库曼斯坦的天然气管道项目。

2006 年 4 月，土库曼斯坦前总统尼亚佐夫访华期间，中国政府与土库曼斯坦政府签署了《中华人民共和国政府和土库曼斯坦政府关于实施中土天然气管道项目和土库曼斯坦向中国出售天然气的总协议》，约定在 2008 年年底前建成对华天然气供应管道。

土库曼斯坦从 2009 年 1 月 1 日起开始对中国市场供应天然气，每年 300 亿立方米，为期 30 年，出口基地是土库曼斯坦阿姆河右岸巨型天然气田。自 2007—2012 年，两国政府、相关企业陆续签订了油气田产量分成协议、天然气合作框架协议、采购天然气协议、增供天然气协议等，并于 2011 年 9 月和 2012 年 7 月分别在阿什哈巴德和北京召开了第一、二次中国—土库曼斯坦能源合作分委员会会议，就扩大天然气合作、项目开发、劳务签证、标准互认、磋商机制、人才培训等方面达成了新的共识。中国与土库曼斯坦间的合作主要集中在天然气领域 。

3. 与乌兹别克斯坦的油气合作关系

1997 年，中国石油技术开发公司作为中国第一家公司与乌兹别克石油天然气公司进行了合作，2002 年中国石油技术开发公司在乌兹别克斯坦的卡克杜马拉克油田钻探的水平井还第一次完成了交钥匙工程。此外，中国石油技术开发公司 2003 年还与乌兹别克石油天然气公司签署了 10 台钻机设备更新及在卡克杜马拉克油田钻探 5 口水平井的合同。

当时，吐哈油田也与乌兹别克斯坦有关部门合作，着手进行卡兹利油田石油增产计划，双方还曾就计划中的技术设备和资金问题进行了商

讨。2003 年与乌兹别克斯坦石油界合作的还有中国石油天然气股份有限公司等具有很强实力的中国石油公司。

2004 年 6 月 15 日，胡锦涛同志在塔什干与乌兹别克斯坦总统卡里莫夫举行会谈，作为会谈的具体成果，双方的油气公司签署了两国公司在石油天然气领域开展互惠合作的协议等文件，这个协议主要包括的内容是：在石油勘探开发领域里要寻找机会，扩大合作；在工程技术服务方面，进一步发展合作关系；中国继续向乌兹别克斯坦出口石油钻采设备作为落实上述协议的后续工作。

2006 年 6 月 8 日，中国石油天然气勘探开发公司与乌兹别克斯坦国家油气公司在北京签署了油气勘探协议。该项目的合同区包括乌兹别克斯坦境内 5 个陆上勘探区块 ，总面积为 3.4 万平方千米。

2006 年 8 月 23 日，乌兹别克斯坦总统卡里莫夫签署了针对上述 5 个区块勘探项目的总统指令，标志着中国石油集团 2006 年 6 月 8 日与乌兹别克国家油气公司在北京签署的第一个油气勘探协议正式生效 。8 月 30 日，中石油与乌兹别克斯坦国有石油天然气公司、俄罗斯卢克石油公司、马来西亚国家石油公司及韩国国家石油公司共同组成的咸海财团（5 家公司各自持有该项目 20%的股份），在塔什干与乌兹别克斯坦政府正式签署咸海水域油气勘探开发项目产品分成协议。这是中国石油集团在乌兹别克斯坦获得的又一个油气合作项目。这两个项目的获得，拉开了中国石油集团成规模进入乌兹别克斯坦的序幕 。2008 年 10 月 15 日，中石油与该国油气公司在塔什干正式签署合资开发明格布拉克油田的协议，该油田位于乌兹别克斯坦费尔干纳盆地北缘 ，油气埋藏深度超过 5000 米，可采储量超过 3000 万吨，预计可建成年 200 万吨的生产能力 。

此后，中国与乌兹别克斯坦又达成多项合作协议，推动了两国在油气勘探开发和化工、电力和新能源、铀矿、管道建设与管理等领域的合作，使中乌能源合作再上新台阶 。

4. 与吉尔吉斯斯坦的石油合作关系

1999 年，中国胜利油田下属公司和江汉油田管理局曾以承包方式在吉尔吉斯斯坦为其石油企业进行老油井修复和资源勘探开发作业。

2002年6至8月间，中石化工集团公司获得了吉尔吉斯斯坦马利苏四一依兹巴斯肯特油田开发126平方千米勘探转开发许可证和阿拉伊盆地6000平方千米的勘探许可证，两个项目总投资约5700万美元。2004年中石化集团公司从吉尔吉斯斯坦油田开发项目中获得权益油2.4万吨。

此外，吉尔吉斯斯坦石油天然气有限责任公司和中石油签订了关于在吉国境内勘探和开采石油的协议，并已在吉国内的北部和南部勘探到储量约为1.68亿吨石油的矿区。中石油计划在第一阶段先向石油开采领域投1.3亿美元，而接下来逐步将投资额扩大到3亿美元。

2011年4月，陕西延长石油集团有限责任公司（以下简称延长石油）取得了吉尔吉斯斯坦勘探开发区块许可证，面积达1.1万平方千米。2012年4月12日，该集团所属吉尔吉斯斯坦区块一口探井试油，获得日产原油0.84方；4月28日，该区块另一口探井试油求产，日产原油3.3方。此外，延长石油旗下的国际勘探开发工程有限公司于2013年1月10日以吉尔吉斯斯坦巴特肯州三个区块内的6口油气井石油作业为项目向社会招标，并于同年2月4日公布了中标结果。

5. 与塔吉克斯坦的石油合作关系

2012年8月之前，塔吉克斯坦的探明石油储量约为8760万吨，主要分布于费尔干纳盆地西部和塔吉克盆地。由于该国石油开采能力较低、产量小，其国内消费石油的95%以上依靠进口，故其被戴上了"中亚最缺油气国家"的帽子。但如前所述，克能石油公司在塔吉克斯坦的油气勘探和开发活动极有可能使该国甩掉贫油国帽子，提升其油气资源国际或地区地位并促使其调整资源开发政策。

2012年6月4日，应邀请，塔吉克斯坦总统埃莫马利·拉赫蒙抵达北京参加上海合作组织峰会 。4日下午，在拉赫蒙总统和范先荣大使的见证下 ，中石油代表与塔国能源和工业部部长谢拉里·古尔签署了首份《中国石油与塔吉克斯坦共和国能源和工业部合作备忘录 》。该备忘录签署半年之后，中石油即于2012年年底获得了在该国的首个油气项目权益，此次交易的伯格达地区项目位于阿姆达林盆地东部3.5万平方千米的区域 ，该地区约有无风险可恢复的油气资源37.52亿吨（275亿桶油）

当量，其中以天然气为主。

2013 年 5 月 19 日，塔吉克斯坦总统埃莫马利·拉赫蒙抵达北京对中国进行为期两天的国事访问。5 月 20 日，在拉赫蒙总统和中国驻塔吉克斯坦大使范先荣的见证下，中石油代表与塔能源和工业部部长谢拉里·古尔签署《中国石油天然气集团公司与塔吉克斯坦共和国能源和工业部进一步深化油气合作的框架协议》。根据协议，双方将全面加强在塔国境内油气勘探和开发等领域的合作。

2013 年 6 月 18 日，中石油与塔吉克斯坦能源工业部、法国道达尔公司、加拿大克能石油公司在杜尚别共同签署塔吉克斯坦伯格达区块项目油气合作交割协议，完成项目交割，这标志着中国与塔吉克斯坦油气合作进入实质阶段。据多方初步评估，塔吉克斯坦油气资源潜力相当可观，天然气勘探前景良好。这一项目的顺利交割为中国石油海外油气合作增添了一个新的资源国，为建设中亚油气合作示范区拓展了新领域。

第三节　中国与中亚国家石油能源合作指数评价

在各国进行能源合作开发问题上，合作的前提条件是双方要有共同的利益目标，如果出现任何不公平的或者只满足单方面利益的情况，合作都无法长时间地持续下去。为了将上述提到的利益问题能够量化，本章借鉴了相关文献中构建能源合作评价指数的方法，通过分别测量中国与中亚 1 组国家以及中国与中亚 2 组国家的石油能源产业的产业内贸易指数来代表可见利益。产业内贸易指数由 Grybel－Lloyd 指数发展而来，主要用于评价国家之间产业内贸易联系的程度。被测量国家的人均收入、市场规模以及要素禀赋会随着产业内贸易指数的变化会发生同向的变化，同时还可得出产业内贸易指数越高的国家，其跨国公司经营管理的水平也相应越高。产业内贸易指数的高低也能从某种程度上说明该国该产业的市场规模的大小，如果产业内贸易指数较高，说明该国该产业与国际市场接触频繁，市场上所涉及的商品种类也就繁多。在面向国内外市场时的供给量和需求量也就会随之增加，因此在进行国际贸易时就更具有比较优势。产业内贸易指数高的国家也就越有可能在相应的产业上与其他国家之间开展经贸合作，从对外贸易中获得的利益也将会越大。产业内贸易指数（IIT）的计算方法如下式所示：

$$IIT=1-\frac{\sum_{1}|X_i-M_i|}{\sum_{1}|X_i+M_i|} \qquad (5-1)$$

本章将在中国和中亚国家间选取能源消耗最大的石油行业运用式5-1进行产业内贸易指数的测算，测算出的石油能源的产业内贸易指数的取值范围在［0，1］之间，数值取0时代表两国不存在石油能源产业内贸易，数值取1时代表两国石油能源贸易属于完全产业内贸易。通过中国与中亚国家1994—2013年的石油进出口数据计算得出，中国与中亚1组国家的石油产业内贸易指数为0.01698，中国与中亚2组国家的石油产业内贸易指数为0.22127。

本章借鉴刘文革等（2012）的能源效率指标，该指标在反映国家的潜在利益时是通过对比一国与世界单位GDP能耗来实现。中亚国家通过与我国进行能源合作可以加快本国能源开采技术的进步以及经济建设和发展。反映一国能源效率的指标如下式所示：

$$RECG_i=\frac{ECG_i}{ECG_w} \qquad (2-1)$$

（5-2）式中的ECG_i、ECG_w和$RECG_i$分别代表该国单位GDP能耗、世界单位GDP能耗以及该国单位能耗在世界单位GDP能耗中所占比重，具体如图5-2所示。

由于本章把中亚五国按照对外开放程度不同分为了中亚1组国家和中亚2组国家，所以在计算能源效率指标（$RECG$）时也是通过加权平均的方法，把中亚五国分为两组来计算。通过计算就能够得出各国的能源效率指标值趋势（见图5-2）。图2为1994—2013年中亚国家、中国与世界的相对能耗比，如果比值越接近于1，则说明该国单位GDP能耗水平与世界单位GDP能耗越接近。如果比值越小，说明该国单位GDP能耗低于世界单位GDP能耗水平，通过能源合作降低该国单位GDP能耗水平的潜力越小；比值越大，说明该国具有较低的能源使用效率，通过

国家之间的能源合作降低该国单位 GDP 能耗水平的潜力越大。

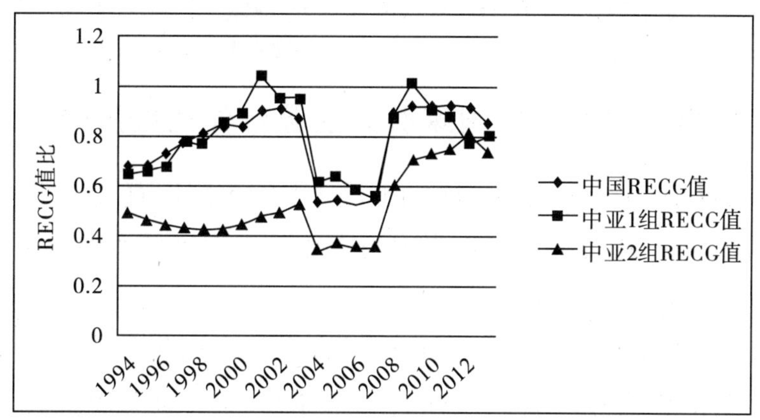

图 5-2　1994—2013 年中国和中亚国家能耗世界比（*RECG*）趋势

数据来源：根据世界银行数据库计算得到

图 5-2 显示的值表明，在中国、中亚国家，中国的数值从 1994 年开始到 2013 年普遍高于中亚 2 组国家。同时，中国在 1994—1998 年以及 2010—2013 年中的值也高于中亚 1 组国家。这说明中国的能源效率较低，通过能源合作能够提升的潜力较大。

基于上述指标的计算，构建能源合作评价指标（ECI_i）。中国和中亚国家石油能源产业合作的合作评价指数与中国与中亚 1 组国家和中亚 2 组国家石油能源产业的产业内贸易指数（*IIT*）正相关，同时也与中国与中亚 1 组国家和中国与中亚 2 组国家与世界能耗比（*RECG*）正相关。所以，可以分别构建中国和中亚 1 组国家之间的石油能源产业合作的评价指数以及中国和中亚 2 组国家之间的石油能源产业合作的评价指数。具体公式如公式下所示：

$$ECI_i = IIT \times RECG_i \tag{5-3}$$

将计算结果代入（5-3）式，分别得到中国和中亚 1 组国家及中亚 2 组国家的石油能源产业合作的合作评价指数。

第四节　中国与中亚国家石油能源合作经济效应

一、中国与中亚1组国家石油能源合作的经济效应

本章选取1994—2013期间的ECI、GDP和国际能源价格等相关数据，通过建立VAR模型来分析中国与中亚1组国家的石油能源产业合作效应。

将中国和中亚五国中开放程度较高的哈萨克斯坦和吉尔吉斯斯坦作为中亚1组来进行下列实证研究。在模型中以石油能源合作评价指数（ECI_O）与中国和中亚1组的GDP作为内生变量，构建向量自回归（VAR）模型。由于中国和中亚1组在一定程度上无法决定国际石油价格，所以模型中的外生变量为国际能源价格，在能源价格的选取中采用了布伦特原油价格进行计算。

在进行计量分析时会出现由于计量单位的不同或者选取变量的数值差异过大而最终影响模型测量结果的情况，为了避免这样的结果出现，文中采用对变量取对数的方法将中国和中亚1组国家的GDP数据以及国际石油价格进行适当的处理，得到中国GDP对数值（GDPC）、中亚1组国家GDP对数值（GDPA1）和布伦特油价对数值（PRICO）后，再进行计量检验。

通过ADF单根检验结果显示，所有数据都存在一阶单整，即Ⅰ(1)过程，在序列平稳性检验之后，分别用得到的一阶差分数据构建VAR模型。以GDPC、GDPA1、$ECIC1_O$和$ECIA1_O$作为内生变量，以PRICO作为外生变量，然后进行滞后阶数检验后建立VAR（2）模型。接下来根据中国和中亚1组国家的AR根的检验，通过检验表明在单位圆内包含了所有特征根的倒数，由此说明模型VAR（2）是平稳的。这样的结果有利于下文中要进行的脉冲反应分析和方差分解分析。

对变量$ECIC1_O$和$ECIA1_O$分别给予一个标准差的冲击，我们可以得到对中国和中亚1组国际GDP的脉冲响应图（见图5－3）。图5－3中的

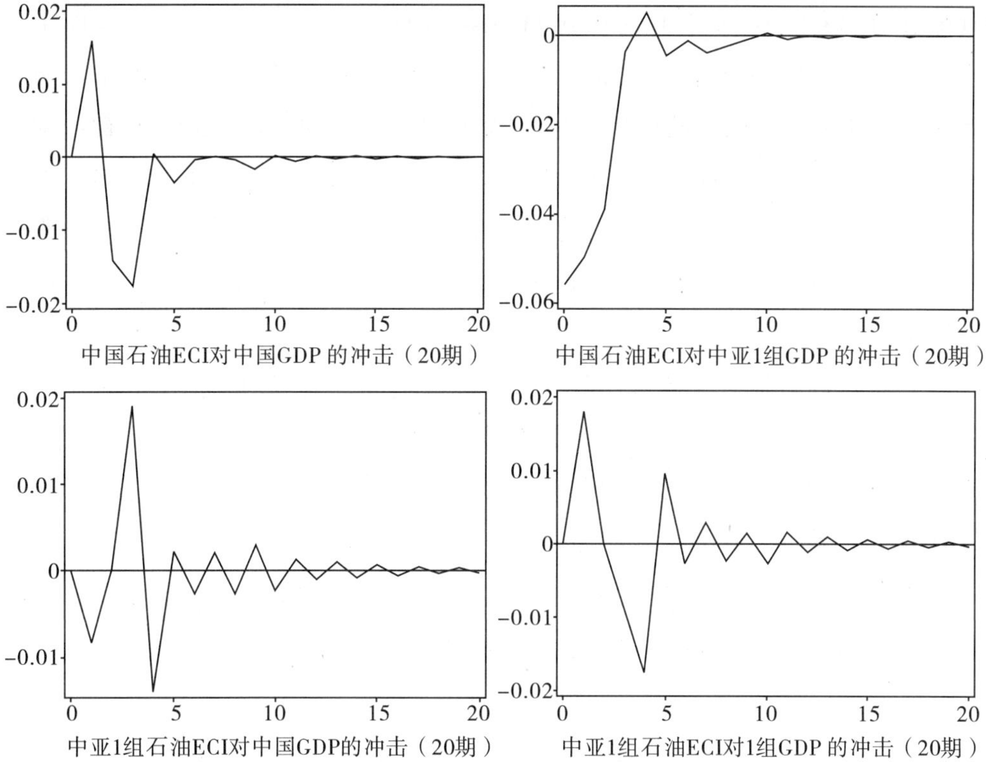

中国石油ECI对中国GDP 的冲击（20期）

中国石油ECI对中亚1组GDP 的冲击（20期）

中亚1组石油ECI对中国GDP的冲击（20期）

中亚1组石油ECI对1组GDP 的冲击（20期）

图 5－3　中国和中亚 1 组国家相关变量的脉冲响应图

水平轴表示在给予一个标准差的冲击之后脉冲反应的滞后时期（单位为年）能维持多久，纵轴显示了提高 $ECIC1_O$ 和 $ECIA1_O$ 之后个别变量的脉冲反应值的大小。如果给 $ECIC1_O$ 一个正的冲击，中国的 GDP 开始为正，随后出现大幅震荡，总的效应为负，约为－0.021801，这说明如果中国出口较多的石油能源到中亚 1 组国家，这将减少本国石油的使用，也就会影响到本国和石油相关产业的发展。中亚 1 组国家的 GDP 总效应也为负，约为－0.157212，由于中亚 1 组国家能源丰富，能源的出口对于国家 GDP 的增加有很大的促进作用，如果中国增加对于中亚 1 组国家能源产品的出口，中亚国家的石油能源产业将会受到很大影响。另一方面，给 $ECIA1_O$ 一个正的冲击，中国的 GDP 开始出现震荡，正效应显著增加。这说明中亚 1 组国家增加与中国的石油能源贸易能够缓解中国能源紧缺的问题，对于中国 GDP 的增加有一定的帮助。同时，中亚 1 组国家的

GDP 由于 $ECIA1_O$的冲击开始出现大幅震荡，随后趋于稳定。总体上看对于中亚国家的冲击效应负值已经非常小，又由于合作的不断深入可能会出现较多新的因素对贸易以及 GDP 产生影响，所以从数值上看，对于中亚 1 组国家 GDP 的增加不是很显著。但是从图 5－3 中可以看出，在短期内通过中国和中亚 1 组国家的石油能源合作对于双方的 GDP 增加都是显著的。所以，中亚 1 组国家还是能从石油能源合作中获得了一定的经济利益。

下面我们将利用方差分解的方法来分析每个变量对中国和中亚 1 组国家 GDP 的贡献度。这里我们依然是预测 20 期，从长期来看中国和中亚 1 组的 GDP 除了 GDP 的相互影响之外，很大程度上依靠能源合作的潜力进行获利。

脉冲响应后进行方差分解分析。对模型中的 GDPC 进行方差分解，得到结果为 $ECIA1_O$对 GDPC 的第 20 期的贡献程度为 7.8576%，方差分解后得到的结果见图 5－4。

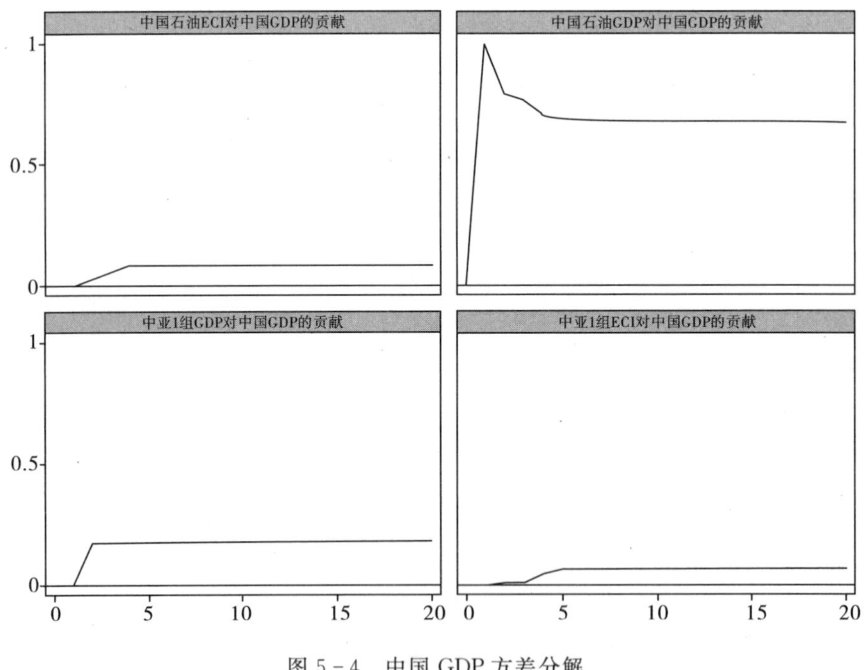

图 5－4　中国 GDP 方差分解

在中国 GDP 增长中，中国和中亚 1 组国家石油能源产业合作评价指数的贡献最大达到 7.8576%，由于中亚 1 组国家 GDP 以及贸易额相对于中国的 GDP 和贸易总量而言较小，所以对于 7.8576%的数值足以说明中国和中亚 1 组的石油能源产业合作对中国 GDP 的变化具有显著影响作用。同时，中亚 1 组国家的 GDP 在第 20 期对中国 GDP 的贡献程度达到了 18.0936%，同样说明，中国和中亚国家随着合作的加深对中国 GDP 的影响程度变得越来越不可忽视。

对模型中的 GDPA1 进行方差分解，得到结果为 $ECIC1_O$ 对 GDPA1 的第 20 期的贡献程度为 33.7017%，方差分解的变化趋势见图 5-5。

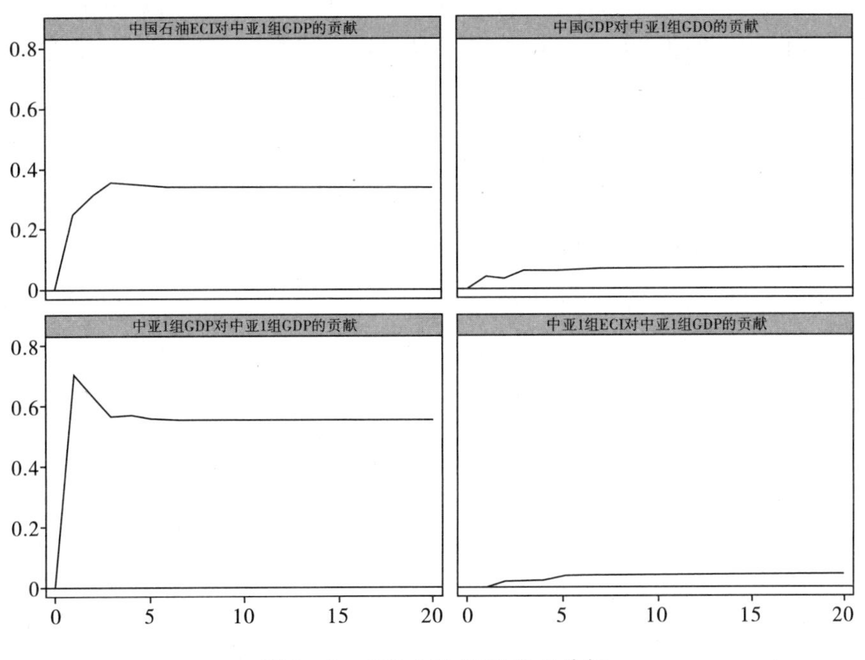

图 5-5　中亚 1 组 GDP 方差分解

在模型的方差分解中，$ECIC1_O$ 对于中国 GDPA1 的最大贡献达到 33.7017%。说明中国通过与中亚 1 组国家进行石油能源产业合作能够比较显著影响中亚 1 组国家的 GDP 变化。

二、中国和中亚2组国家石油能源合作的经济效应

首先对中国和中亚2组国家的GDP数据以选取的价格外生变量布伦特石油价格取对数，得到数据分别表示为（GDPC）中国GDP对数值（GDPC）、（GDPA2）中亚2组国家GDP对数值（GDPA2）和布伦特油价对数值（PRICO），然后再进行计量检验。

对时间序列数据进行平稳性检验后结果显示，所有数据都出现了一阶单整，即Ⅰ（1）过程，然后对模型进行滞后阶数检验的结果。LR、AIC和HQ检验值都建议选择2阶滞后，所以建立VAR（2）模型。根据中国和中亚2组国家AR根的图形检验单位圆内包含了所有特征根的倒数。这样的结果说明，得到的VAR（2）模型是平稳的。平稳的模型能够提高脉冲反应分析和方差分解分析的显著性。

给$ECIC2_O$和$ECIA2_O$分别施加一个标准差冲击，可以得到中国GDP的脉冲响应图（见图5-6）。图5-6中的水平轴表示在施加一个标准差冲击的脉冲反应滞后时期为20期（单位为年）的效果，纵轴显示了提高$ECIC2_O$和$ECIA2_O$之后个别变量的脉冲反应值。图5-6中显示，如果给$ECIC2_O$一个正的冲击，中国的GDP开始为正，随后出现震荡，总的效应为正，约为0.0446699，中亚2组国家的GDP总效应也为正，约为0.057364，表明在中国与中亚2组国家的石油能源合作具有巨大的潜力，能积极促进双方GDP的增加。另一方面，给$ECIA2_O$一个正的冲击，中亚2组国家的GDP始终是正的响应，总的效应值约为0.177389。同时，给$ECIA2_O$一个正的冲击后，中国GDP的效应开始出现下降，总的效应为0.0209996。数据表明，中亚2组国家增加与中国石油能源的合作可以促进中亚2组国家GDP的增长。但对中国GDP的影响为正，因为随着中亚2组国家的贸易量变大，对于带动中国GDP的增长能起到一定的作用。所以中亚2组国家参与到中国的石油贸易后将会给中亚2组国家带来更多的市场和机会，从而带动中亚2组国家GDP的增长。所以，通过模型的预测，中亚2组国家从与中国的石油能源合作中获得了更大的经济利益。

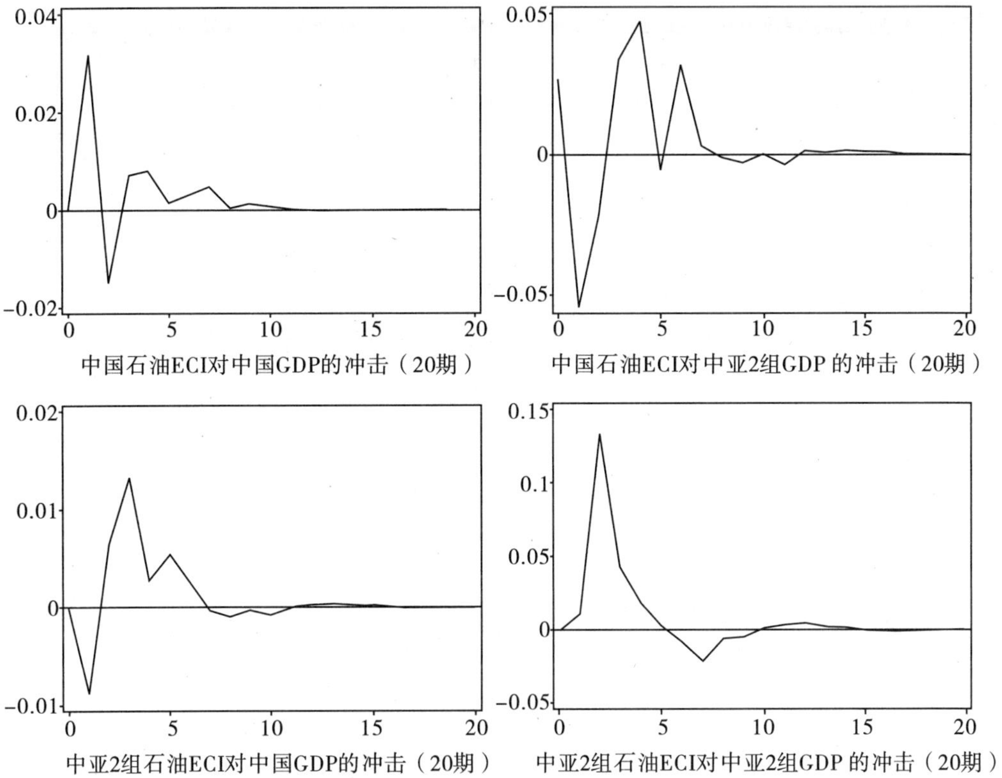

中国石油ECI对中国GDP的冲击（20期）

中国石油ECI对中亚2组GDP 的冲击（20期）

中亚2组石油ECI对中国GDP的冲击（20期）

中亚2组石油ECI对中亚2组GDP 的冲击（20期）

图 5－6　中国和中亚 2 组国家相关变量的脉冲响应图

下面我们将利用方差分解的方法来分析每个变量对中国和中亚 2 组 GDP 的贡献度。这里我们依然是预测 20 期，从长期来看，中国和中亚 2 组的 GDP 除了双方 GDP 的相互影响之外，很大程度上依靠能源合作的潜力进行获利。

脉冲响应后进行方差分解分析，对模型中的 GDPC 进行方差分解，得到结果为 $ECIC2_O$对 GDPC 的第 20 期的贡献程度为 13.2136％。方差分解的变化见图 5－7。说明中国 GDP 贡献中最多有 13.2136％的波动能够被中国和中亚 2 组的石油能源合作来解释，即中国与中亚 2 组石油能源合作对于中国经济增长的变化具有一定的影响。

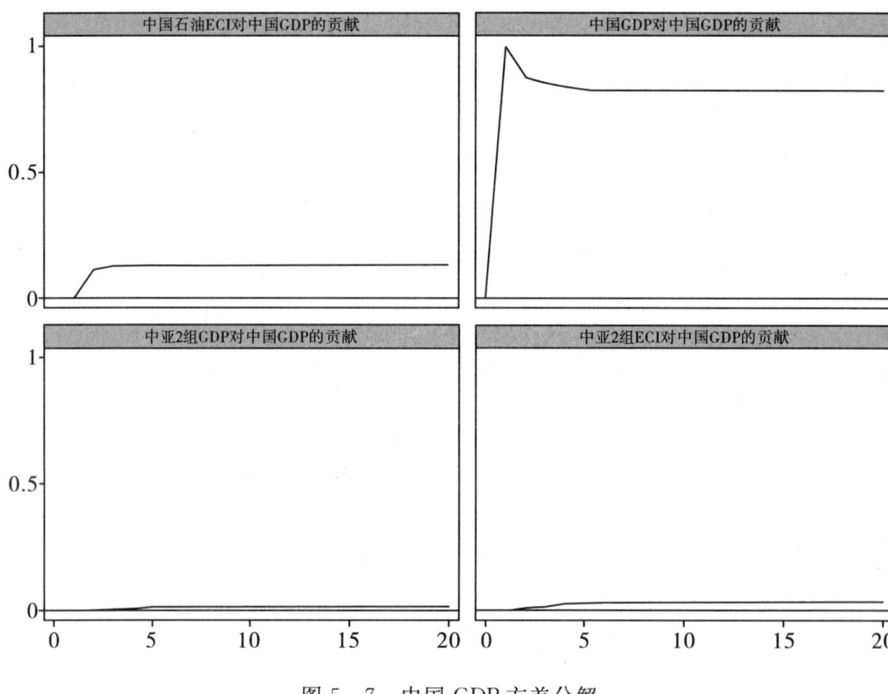

图 5－7　中国 GDP 方差分解

对模型中的 GDPA2 进行方差分解，得到结果为 GDPC 对 GDPA2 的第 20 期的贡献程度为 22.5125％，ECIA2O 对 GDPA2 的解释程度为 17.1595％，方差分解图见图 5－8。也就是说中亚 2 组国家的 GDP 中由中国和中亚 2 组的石油能源产业合作评价指数的贡献程度最大达到 17.1595％，说明中国和中亚 2 组国家的石油能源产业合作最大能够解释 17.1595％中亚 2 组 GDP 的波动。同时，GDPC 对 GDPA2 的贡献程度达到了 22.5125％，说明中国 GDP 的增长能够对中亚 2 组国家 GDP 的增长有带动作用。所以，中亚 2 组国家与中国的石油贸易产业合作对于中亚 2 组国家的 GDP 增长有相当大的推动作用。

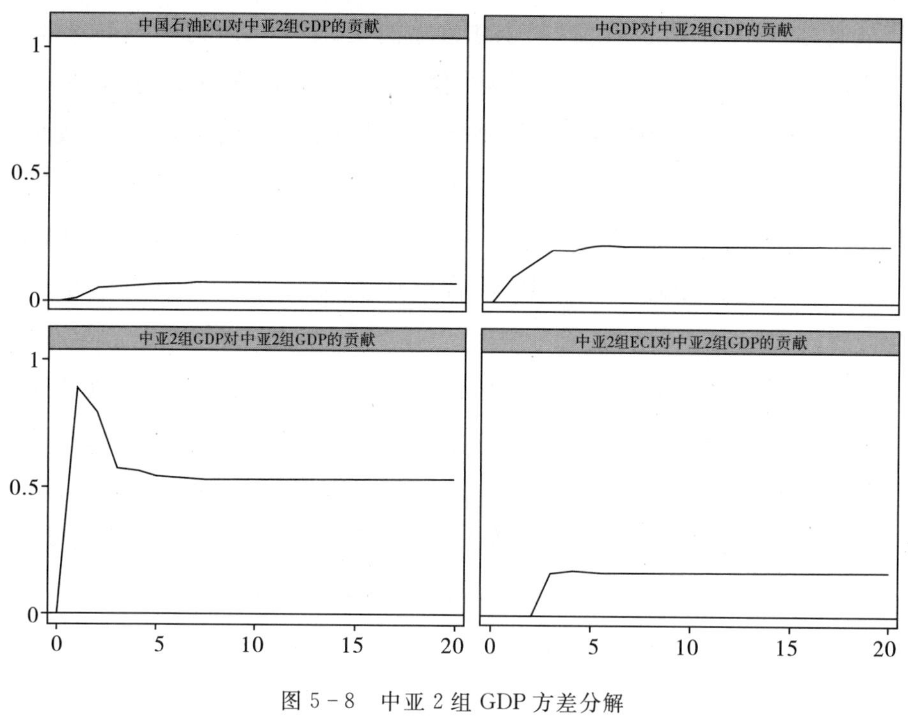

图 5-8　中亚 2 组 GDP 方差分解

第五节　研究结论与对策建议

一、研究结论

综上研究可见，中国和中亚国家能源合作既有其自然资源禀赋的客观依据，也符合双方的经济利益诉求，因此，在“一带一路”框架下，中国与中亚国家石油能源合作将具有非常广阔的发展潜力。

（1）中国与中亚国家石油能源合作具有资源禀赋互补的客观基础。总体而言，中国石油生产与消费总量的缺口大，而中亚国家的石油生产量过剩，所以石油能源产业之间具有合作互利共同发展的客观资源基础。

（2）在双方合作共赢中，中国与中亚国家可以获得双赢收益，只不过具体内容有差异而已。

从中国方面来说，可从与中亚国家石油能源合作中有效降低单位

GDP能耗水平，有利于改变我国的能源消费结构。因为通过能源效率比较可见，从1994—2013年，中国的能源效率不仅普遍高于中亚2组国家，同时，也大多高于中亚1组国家，这说明中国的能源效率较低，通过与中亚国家之间的能源合作能够显著提升中国的能源效率。同时，由于我国目前主要能源消费是煤炭，煤炭消费是造成环镜污染问题的重要原因之一，因此，通过与中亚国家的石油能源合作，也可有效地改善我国的能源消费结构。

从中亚国家来说，将在与中国的石油能源产业合作中有效地带动其经济增长。通过上文的模型检验中可见，中国和中亚2组国家通过石油能源合作后的经济效应要大于和中亚1组合作产生的效应。这也就是说，中亚2组在与中国的石油能源合作过程中对其经济带动的效应要更大些。但不论是中亚1组还是中亚2组，都显示出，中亚国家与中国的石油能源合作是有利于其经济增长的。

(3) 应加大力度促进中国与中亚国家石油能源产业的合作共赢平台机制与平台的建设。

(二) 对策建议

基于以上研究结论，我们认为，为了进一步推进中国与中亚国家之间的能源合作，应采取以下措施：

(1) 发挥中国政府在处理国际事务中的引导和协调能力，鼓励中国和中亚国家开展能源产业之间的各种论坛合作，对中国和中亚国家现有的能源进行优化整合。目前，中亚国家的优势依然是能源产业，中国的优势则是能源开发和能源加工。通过把中亚国家，尤其是乌兹别克斯坦、塔吉克斯坦以及土库曼斯坦的石油能源储量优势和中国石油开采技术结合起来，使双方建立更加深入的能源合作关系。

(2) 中国长期持续的经济增长都将依靠提高能源的消费效率来实现。通过中国和中亚国家能源产业合作指数能够显著地解释中国和中亚国家GDP的波动。模型中的中亚2组国家的GDP的脉冲响应总效应大于中国，这说明能源贸易对于中亚2组国家的经济增长效果更显著。中亚2

组国家把大量的能源出口到中国从而获得了大量的贸易收入，使得中亚 2 组国家的经济持续的增长。因此，改善中国和中亚 2 组国家之间的能源贸易合作的条件，增加能源贸易商品种类，扩大能源贸易规模，都是未来中国和中亚能源合作的重点。

（3）能源合作的投资开发具有周期长、投入高、风险大的特点，融资渠道缺乏也是制约两国合作的一大难题。中国政府应在政治上对中亚国家互信互利，在经济上给予中亚国家更多的资助，同时加大对中亚国家能源市场的直接投资的力度。如建立专项能源合作促进基金，对于中国与中亚合作的一些重大项目，可以通过国家补贴和引进人才的形式给予支持。通过现代化网络技术建立中国和中亚国家间的能源信息共享平台，为双方能源市场提供各种政策和信息。同时，为国内企业向中亚国家进行投融资提供一定的担保，对能源开发过程中需求量较大的技术型人才进行专业化的培训，对一些重大能源合作项目进行风险评估等。

（4）逐步建立联合石油储备制度。大国对中亚国家的能源争夺激烈，而且中亚一些国家国内政局也不太稳定。虽然与中亚国家进行能源合作时面临着各种风险，但是从长远看来，还是要加强双边能源合作及构建多边能源合作机制，同时必须逐步构建中国和中亚国家的联合石油储备制度。

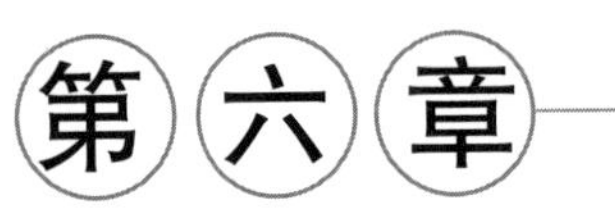

第六章 中国与东盟货物贸易现状与影响因素

第一节 引言

一、研究背景和意义

中国与东盟作为亚洲发展中国家中影响力较大的国家和地区，在拉动亚洲地区的经济发展和提升亚洲国际地位上作出了重要贡献。近年来，中国和东盟提出"打造中国—东盟自由贸易区升级版"，加之中国政府倡议共建"海上丝绸之路"，为中国同东盟国家加强海上合作，发展海洋合作伙伴关系，营造中国今后和平发展的良好周边环境，也为双方的经贸发展营造了良好的平台和外围环境，也使双方的合作共赢具备了坚实的基础和广阔的前景。

中国与东盟国家历来关系紧密。1992 年，双方货物贸易额为 90.81 亿美元，多年来一直稳步发展，随着 2010 年 1 月 1 日中国—东盟自贸区的正式建立，中国对东盟的平均关税，从 9.8%降至 0.1%，东盟老六国对中国的平均关税也从 12.8%降至 0.6%。中国与东盟的货物贸易急剧增长，2013 年双方贸易额为 4436.11 亿美元。2002 年中国的贸易伙伴国中东盟排名第五，至 2013 年东盟排名第三，仅位居欧盟和美国之后，而中国在 2000 年东盟的贸易伙伴国中排名第六，2012 年开始连续几年一直位居第一位。但是，中国与东盟在货物贸易上也存在诸多问题。中国和东盟货物的出口结构比较相似，又都依赖欧美等发达国家市场，双方在出口商品上竞争激烈。自中国—东盟自贸区建立以来，双方国家经贸关

系虽然得到了很大的发展，但双方出口商品的互补性较弱。我国对东盟出口的增长使东盟某些国家担忧冲击其国内相关产业发展，这些隐性的贸易壁垒在一定程度上成为相关国家带有贸易保护性质的非关税壁垒措施。同样，我国劳动力密集型产品上的区域竞争力正在逐步减弱，东盟国家中的印尼、泰国、越南等国凭借着廉价劳动力资源与我国在传统工业领域形成了较强的竞争，争夺了一部分国际市场。中国正处在由“中国制造”转变为“中国创造”的时期，急需探索出一条适合中国发展的道路，需要在货物贸易、相互投资、合作共赢方面与东盟进一步加深合作和交流。

本章在前人的研究基础上，基于海关 BEC 商品分类法对中国与东盟的货物贸易进行了研究。首先是对中国与东盟货物贸易的总体状况进行了梳理，然后计算了中国与东盟国家的货物贸易之间的竞争和互补性，并对有潜力提高竞争性的几类产品进行进一步分析，利用贸易引力模型，寻求对货物贸易有影响的因素。最后针对这些影响因素，提出了发展我国货物贸易的对策建议。

二、国内外关于中国与东盟货物贸易的研究及述评

（一）国内关于中国与东盟货物贸易的研究

近年来国内学术界有关中国与东盟货物贸易的研究较为多样，大致可分为以下几个方面：

1. 关于中国与东盟货物贸易总体状况的研究

李红、方东莉（2015）研究了 2007—2014 年的中国与东盟货物贸易总量，分别从货物贸易的总量、贸易的增长速度、货物贸易的结构、货物贸易的国家构成等方面分析，同时也研究了我国部分省区对东盟的货物贸易情况，还横向对比了亚太货物贸易大国，即中、日、韩的货物贸易情况，每一份报告都提出了中国与东盟货物贸易所面临的问题。

郭丽娟（2005）从多个角度分析了中国与东盟货物贸易的情况，重点分析了中国与东盟建立的经济协议中有关货物贸易的内容，以及协议

制定带来的影响，指出关税降低后对农产品贸易的冲击，造成部分产品的竞争，非关税壁垒的增加。

2. 关于中国与东盟货物贸易竞争性与互补性的研究

薛芳（2007）使用显示比较优势指数（RCA 指数）和贸易互补性指数对中国与东盟之间的货物贸易情况进行了分析，指出中国与东盟在各类产品上的比较优势所在，并测算出中国与东盟国家之间整体的互补性。

庞卫东（2011）测算了 2002—2009 年中国与东盟货物贸易互补性与竞争性，从进出口额、进出口增长速度及进出口额占各国进出口总额的比重几个方面入手，发现双方贸易互补性逐渐增强。同时，通过测算双方自由贸易区之外的第三方市场上出口相似度指数，表明双方的出口结构越来越相似。

康蕾（2011）测度了 2010—2011 年上半年中国与东盟主要货物贸易指标，对比分析了中国与东盟国家进出口货物贸易的特征，在此基础上对中国与东盟国家优势产业间的竞争性进行了定量研究，并为中国与东盟的进一步经贸合作提出了建议。

郭柳、张应武（2015）对基于 BRCA 和 IRCA 二维分析框架分析中国与东盟货物贸易竞争力模式和水平的分布和变动情况进行了分析，结果显示中国与东盟货物贸易不利于提升中国对东盟的货物贸易竞争力，但显著提升了东盟对中国的货物贸易竞争力，自贸区增加了中国和东盟部分初级产品行业的互补性，但增加了更多制造品行业的竞争性。

3. 关于中国与东盟货物贸易效应的研究

苏阳（2010）从微观层次入手，对影响中国与东盟货物贸易的贸易边境效应进行了分析，运用改进后的贸易引力模型将中国与东盟的贸易边境效应与日、韩进行对比，得出中国与东盟的贸易边境效应介于中国与日本和中国与韩国之间。

查志强、李卉（2012）在系统梳理广西与东盟间贸易状况的基础上，依托单国模式引力模型就中国与东盟货物贸易对广西的贸易效应进行了实证分析，得出了贸易创造效应大于贸易转移效应。

程伟晶、冯帆（2014）以 1995—2011 年中国和东盟以及其他十个国

家为参考对象，通过面板数据分析中国和东盟的贸易效应得出，中国和东盟的自贸区的存在促进了中国与东盟的货物进出口贸易，贸易创造效应显著，然而对非自贸区成员国的进出口影响有限，没有明显的贸易转移效应。

郭洪川、肖丁山（2015）分析了中国与东盟的货物贸易发展史，实证分析引入滞后效应因素，认为应提倡中国与东盟应充分发挥政府的引导作用，形成自由贸易区内成员国间的良性互动和密切的合作。

蒋冠、霍强（2015）通过构建进口和出口贸易引力模型，运用2001—2012年中国与贸易对象国的面板数据，实证检验中国与东盟国家进出口贸易创造效应。十个东盟成员国以及其他三十多个非自贸区成员国，主要测算进出口贸易潜力，得出中国—东盟自由贸易区对中国与东盟的进口贸易创造效应不明显，出口贸易创造效应较为明显的结论。

4. 关于商品分类下的中国与东盟货物贸易影响因素研究

澳大利亚国立大学宋立刚和香港学者许心鹏（2002）依据联合国贸易数据库的相关数据，在SITC四位数的商品分类条件下，对东亚各国的出口相似度进行了测算，认为中国和东盟的贸易结构逐渐向日本模式收敛，总的来说中国和东盟在出口方面是一种竞争关系。

张银银、金莉芝（2010）依据BEC分类法，根据1998—2008年的贸易数据表明，中国与东盟中间产品贸易占总贸易额半数以上，影响中国与东盟中间产品贸易发展及流向的因素主要有要素禀赋、地理因素、中间产品跨境交易成本、跨国公司生产与投资区位选择。

贾伟、屈四喜（2012）从中国与东盟农产品贸易入手，应用改进后的贸易引力模型，对中国各个省份与东盟的农产品贸易增长的影响因素进行分析。结果显示，中国省份地区生产总值对中国各省份与东盟农产品贸易影响明显，东盟GDP影响并不明显，第三方GDP及其关税税率变化显著影响中国与东盟农产品贸易。

英美群（2013）对自贸区建设背景下分析中国与东盟贸易关系变化，采取按技术水平分组的产品分类方法，分析了中国与东盟主要国家整体、中国与东盟主要国家在各类产品上的竞争性与互补性。研究结果表明，中国与东盟贸易互补性与竞争性共存，但竞争性不断扩大。

韦倩青（2014）根据用联合国贸易数据库中的工业制成品数据，引用固定效应模型分析了价格和收入的贸易条件的影响因素是什么，得出主要影响因素有汇率、相对劳动生产率、中等技术密集型产品出口量、高技术密集型产品出口量。

（二）国外关于中国与东盟货物贸易的研究

Derosa（1995）和 Lewis&Robinson（1996）分别用模型对自中国—东盟自由贸易区建立以来的贸易效应进行了深入的研究，他们的研究结果都认为中国—东盟自由贸易区对东盟国家的贸易存在一定的贸易创造效应。

新加坡学者 Leu（1998）以 SITC 为商品分类标准对东盟十国在1980—1994 年出口到美国的商品为考察对象，计算出各出口商品的 RCA指数，以此来判断各国出口产品的竞争和互补关系。

耶鲁大学的学者 Bender&Li（2001）根据 UNIDO 的数据，比较了一些亚洲国家和拉美部分国家在 1981—1997 年的出口制成品的竞争力，认为新兴工业国家（NIES）面临东盟后起四国的竞争、而东盟后起四国则面临中国及一些拉丁美洲国家的竞争。

Yue（2001）根据 Statistics Canada's world Trade Database 计算了中国 1980—1997 年出口产品的比较优势，分析了 1997 年中国与美国、日本、西欧、亚洲四小龙、东盟后起四国的比较优势，认为中国与东盟后起四国在出口商品的结构上比较优势相似，存在竞争。

Jan & Ren（2003）测算了中国和东盟四国的出口竞争程度，结果显示，中国在美国市场上比东盟四国的出口更有竞争性，尤其体现在制造业上，而东盟四国在农业和第一产业的产品出口上有相对优势。

Holst & weiss（2004）站在决策者的角度考虑，通过贸易流量数据分析了东盟和中国的出口竞争状况和潜在的比较优势。研究发现，中国与东盟的出口竞争性和出口互补性均存在，短期来看，突出表现为中国和东盟国家在日本和美国等第三方市场上存在激烈的竞争。但是通过深

入的流量分析发现，如果各国能够按照地缘和经济优势进行分工协作，发挥各自国家的相对比较优势，积极调整自身国家的出口商品结构，中国和东盟国家的贸易都会实现共同的经济繁荣。

Tongzon（2005）分析了中国东盟自贸区的经济效应，以出口商品的竞争力入手，发现中国的出口商品和东盟各国出口商品存在竞争。

Chia Siow Yue（2005）指出中国的发展给东盟带来了商机和挑战，商机有中国市场庞大的商品进口量和中国对外大量的投资，挑战主要是双方出口的商品较为相似，不可避免地存在竞争。

Roberts（2004）分析了中国—东盟自由贸易区自建立后成员国和非成员国的货物贸易的影响因素，得出中国与东盟国家的GNI水平越相似，贸易量也就越大。

（三）对相关研究的述评

从上文可以看出，国内外学者对中国—东盟货物贸易的研究角度有一定的差异性。中国学者主要着眼于中国，探讨自贸区对双方的贸易效应，研究双方货物的竞争或互补程度，以及影响中国与东盟货物贸易的因素，并期望能对发展中国对东盟的货物出口提出更多的建议和对策。而国外学者的着眼点是高于中国与东盟这两个个体的，他们通过研究双方的贸易特点，期望发现两者的贸易存在的竞争性或互补性的状况，并会对第三方国家或世界贸易格局产生怎样的影响。所以，虽然研究对象都是中国东盟货物贸易，但因为研究视角的不同而有不同的研究方法和研究结论。

在研究的具体内容上，虽然有中国学者使用商品分类法对双方货物贸易的竞争性和互补性进行过分析，但或者是仅停留在初级产品、中间产品和最终产品的分类层面上，未对各大类下的具体产品类别具体分析和研究；或者是仅对某些重要国家的某类产品进行过研究，而未对东盟整体及各个国家的各类产品都进行分析，研究内容不够全面和深入。对东盟整体、东盟主要六国、并且分进出口方向的17类产品的贸易互补性和竞争性进行全方位深入研究，不仅可以加深研究的深度，并且能够为中国—东盟间货物贸易的发展提供更具体的对策建议。

三、主要研究方法及内容

（一）研究方法

1. 定性分析与定量分析相结合

本章针对所要研究的相关问题，利用统计学和计量学的相关分析工具，通过选择适当的指标和模型，结合搜集到的相关数据进行定量的经济学分析，保证有实证理论依据和分析的数据基础。

2. 理论与实证相结合

本章对中国和东盟货物贸易的分析建立在中国—东盟自由贸易区的相关理论的基础上，并且结合了自由贸易区发展状况进行了客观的现状分析。

3. 动态和静态分析相结合

本章在进行中国和东盟货物贸易分析的过程中既有静态的分析，也有以时间为变化的动态方面的分析，通过动静结合的方法使得整个分析过程显得全面和立体。

（二）研究内容及框架

本章以中国与东盟货物贸易为研究对象，采用理论分析与实证分析相结合的方法，分析中国与东盟国家商品贸易关系，基于 BEC 商品分类下，对中国与东盟货物贸易的竞争性、互补性以及中国与东盟货物贸易的影响因素进行分析，并在此基础上提出进一步发展中国与东盟货物贸易相应的对策建议。具体研究内容包括以下方面：

第一部分为引言，主要是本章的研究背景和意义，国内外关于中国与东盟货物贸易的研究和关于 HS 商品分类下的中国与东盟货物贸易研究相关的文献综述，以及本章的研究方法和内容。

第二部分为中国与东盟货物贸易发展总体状况，分为双方的货物贸易的发展历程和贸易的特点，其中贸易特点分别从货物贸易的总量、增长率、依存度和国别构成上进行分析。

第三部分为基于 BEC 商品分类下的中国与东盟货物贸易竞争性与互

补性分析。以HS商品分类为依据，从中国与东盟总体，分国家、分商品和分进出口方向的角度对中国和东盟货物贸易进行分析，以此探究我国与东盟国家货物贸易上有竞争的商品和产业内有互补的商品，以及商品的竞争程度、互补程度的状况，为以后我国与东盟货物贸易可持续发展做参考基础。

第四部分是建立基于BEC商品分类下的中国与东盟货物贸易的影响因素的模型，通过面板数据，从分商品的角度，借鉴贸易引力模型对被解释变量的影响程度进行测算。

第五部分是发展中国与东盟货物贸易的对策建议。将结合对前文的分析，主要从政府层面及企业层面提出有针对性的对策建议。

第六部分是本章的研究结论及展望。对全章的研究内容进行了整理和总结，并结合研究过程中的一些不足，对下一步研究方向作出展望。

四、小结

中国与东盟的货物贸易自20世纪90年代以来发展迅速。2002年开始建设并于2010年初正式运行的中国东盟自贸区更为双方的贸易扫除了障碍，双方的货物贸易进入井喷期。但现有的贸易依然存在低水平竞争、互补性较差、贸易状况不稳定等隐患。而“升级版自贸区”及“海上丝绸之路”的提出，均显示了中国与东盟货物贸易的重要性及政府对双方贸易的关注。本部分从研究背景入手，在对现有研究文献进行综述的基础上，指出在BEC分类法下，对双方货物贸易分商品、分国家、分进出口角度等进行全方位分析的必要性，并进而提出了本章研究的主要内容。

第二节　中国与东盟货物贸易发展状况

一、双方货物贸易的发展历程

（一）双方贸易关系概述

东南亚国家联盟（the Association of Southeast Asian Nations,

ASEAN），简称东盟。东盟早先只有印度尼西亚、马来西亚、泰国、新加坡和菲律宾五国。在此后，文莱、越南、缅甸、老挝加入，1999年柬埔寨正式加入东盟。中国与东盟国家同属亚洲，国家政治、经济、文化相互影响，彼此之间利益相关，历史上的"海上丝绸之路"就已经将中国的西南部地区和东南亚国家相连，双方有长期的经济和文化往来。

自1991年以来中国与东盟的货物贸易不断发展。2002年11月，我国首先与东盟的新加坡、马来西亚、印尼、菲律宾、泰国、文莱开通了自由货物贸易协议，在2005年7月，随着《货物贸易协议》的开始实施，双方近七千多种商品开始减税。2015年中国与柬埔寨、越南、老挝和缅甸也实现了货物贸易自由化。目前中国与东盟的贸易的增长率已经超过了中美和中日的贸易增长率，东盟作为由亚洲发展中国家组成的经济贸易组织，有可能超过美国和日本，改变中国的对外贸易格局，成为中国最大的贸易伙伴。

（二）自贸区建设前双方的贸易状况

近现代以来，中国与东南亚各国的贸易关系经历了一个漫长而又曲折的发展历程。在没有签署自由贸易协议前，中国与主要的东盟国家的贸易发展基本平稳，尤其是20世纪90年代中期以后，贸易往来发展迅速。中国与新加坡两国于1990年10月3日正式建交，1992年双边货物贸易总额为32.66亿美元，到1996年达到73.50亿美元，是1992年货物贸易额的两倍多。2003年，中新双边贸易额达193.52亿美元，2014年双边贸易额达797亿美元。从1992到1996年间，中国基本处于货物贸易顺差国的地位。1971年至1977年间，中国与马来西亚双边货物贸易额从2780万美元增加到1.99亿美元，增长了6.2倍。而从1978到1987的十年间，中马双方货物贸易额由2.79亿美元增加到447亿美元。从1990到1996年间，中国一直处于货物贸易逆差国的地位，年均逆差额约为5亿美元。1998—2006，贸易总额从42.7亿美元增加到371.1亿美元。2007—2014贸易总额从463.9亿美元增加到1020亿美元。中国与印度尼西亚的双边货物贸易总额由1985年的333.1万美元增加到1997年的

3747.3万美元，增长了11倍多。从1998年到2006年，贸易总额从36.3亿美元增加到190.6亿美元。2007—2014年，贸易总额从250亿美元增加到635.4亿美元。中国与菲律宾在1983年之后，双方的经贸关系一度萎缩停滞，从1993年开始，中菲的双边货物贸易进入了快速发展的阶段，1993年的双边贸易总额仅为4.93亿美元，到1996年便增至13.87亿美元，并且从1985年到1996年的十多年间，中国一直处于货物贸易顺差国的地位。2000年为31.4亿美元，2005年为175.6亿美元，2010年为277.6亿美元，2014年为444.6亿美元。中泰两国的货物贸易发展大致分为三个时期，1974年到1982年的高速增长时期，从1983年到1986年双方的贸易额呈下降趋势，1987年到1996年，中国与泰国之间的双边货物贸易高速增长，1996年，货物贸易总额突破30亿美元。2000年中泰双边贸易总额为66.2亿美元，2014年已达726亿美元，增加近10倍。如今中国已成为泰国最大贸易伙伴。

（三）自贸区建设以来双方的贸易状况

中国在2001年12月加入世界贸易组织，经济得以迅速增长，对外货物贸易也进入高速发展的时期。2002年11月，中国领导人与东盟各国领导人签署了《中国—东盟全面经济合作框架协议》，决定于10年内建成中国—东盟自由贸易区，中国—东盟自由贸易区的建设进程全面启动。2002年11月，中国与新加坡、菲律宾、马来西亚、印尼、泰国、文莱签订货物贸易协议，2004年11月29日，在老挝万象召开的第八次中国—东盟领导人会议上，双方成功签署了《货物贸易协议》和《争端解决机制协议》。从2005年7月20日开始，中国—东盟开始全面实施货物贸易降税，涉及7000多种产品，中国—东盟自由贸易区进入实质降税阶段。自此，中国与东盟各国的货物贸易关系得到前所未有的高速发展，中国与东盟的货物贸易额年均增长达到30.8%，2001年中新货物贸易总额同比增长1.1%，而2002年中新货物贸易总额同比增长达25.3%，当年的货物贸易总额达156亿美元之多，到了2010年，中国与新加坡货物贸易总额达到了687亿美元。在2000年时，马来西亚已成为中国的第十大贸易伙伴，两国之间的货物贸易总额达到 80.5 亿美元。2001 到 2010 十年间，中马双边货物贸易总额增长率约为 26.78%，到 2010 年为 266.3 亿美元。进入 21 世纪，中国与印度尼西亚的经贸关系进入了历史最好时期，在 1999 年，双边货物贸易总额仅为 48 亿美元，而在东盟自贸区成立后，即在 2003 年中印双边货物贸易额突破了 100 亿美元的大关。而从 2001 至 2010 年十年间，中印货物双边贸易增长率到达 23.87%。新世纪以来中菲双边货物贸易总额增长率达到年均 29.38%，且在最初的三年内，即从 2000 年至 2002 年，增长率达到 33%。并且，在 2002 年，中国在历史上首次成为菲律宾的十大贸易伙伴国之一，中国在与菲律宾的货物贸易中，一直扮演着贸易逆差国的角色，并且逆差额在 2002 年中国—东盟自贸区成立以后逐年扩大，从 2001 年的 3.26 亿美元增加到 2007 年的 155.9 亿美元。新世纪以来，随着中国—东盟自贸区的建立，中泰经贸关系也进入自由化时期。中泰两国的双边货物贸易总额在 2001 年仅仅为 70.5 亿美元，到 2010 年，增加了 7.5 倍之多，达到了 529.3 亿美元。与中国与菲律宾的双边货物贸易相类似，在中国与泰国的双边货物贸易中，中国也是一直扮演着货物贸易逆差国的角色，并且逆差额逐年扩大。

二、双方货物贸易的现状

（一）贸易总量稳定增长

由图 6－1 可知，除了 1998 年和 2009 年，中国与东盟每年的货物贸易总额都在增加。1992 年双边货物贸易总额为 90.81 亿美元，自 2002 年自贸区建设开始，双边货物贸易额突增到了 547.66 亿美元，2004 年双方货物贸易总额达到 1058.80 亿美元。受 2008 年美国次贷危机的影响，2009 年双边货物贸易总额有所下降，但仍然保持 2000 亿美元的高位。2013 年双边货物贸易额已达 4436.11 亿美元，创历史新高。2014 年，中国与东盟贸易额达 4804 亿美元，占中国对外贸易总额的 11.16%，高于 2013 年的 10.66%的占比，同比增长 8.3%，比中国对外贸易额的平均增幅 3.4%快了一倍多。

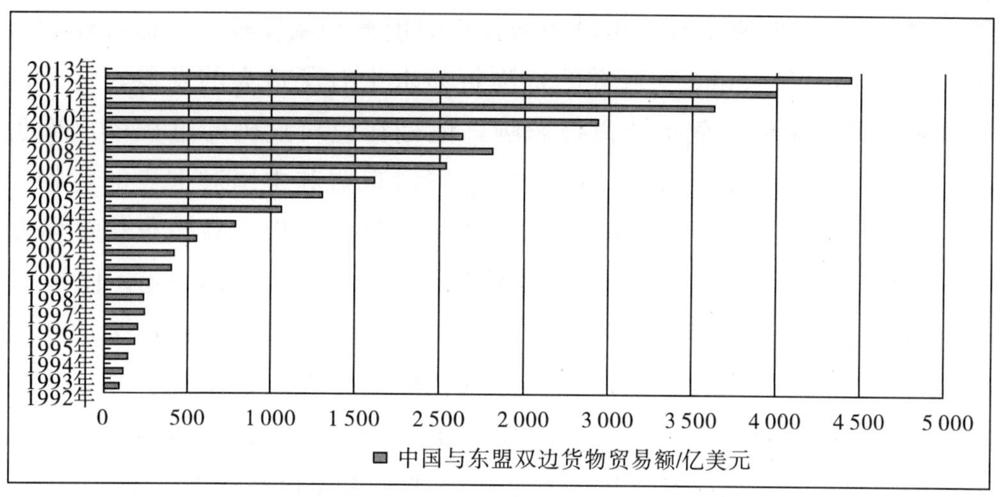

图 6-1 1992—2013 年中国与东盟十国双边货物贸易总量

受到全球经济放缓的影响，2015 年东盟国家经济增速近 4.3%，明显低于 2011—2014 年阶段的 5%。因此东盟各国积极调整宏观经济政策，实施经济转型和结构调整，加快国内基础设施建设，推进区域经济一体化建设。2015 年底，东盟正式宣布建成东盟经济共同体，这标志着东盟经济跨入共同体时代。除此之外，中国和东盟各方签署的自贸协议升级《协定书》于 2015 年底正式生效，进一步提高了双方的贸易便利化水平。而中国与东盟十国的区域全面经济伙伴关系计划（RCEP）预计于 2017 年完成谈判。同时 2015 年作为中国—东盟海洋合作年，双边贸易规模不断扩大。到 2015 年底双边贸易额达到 4721.6 亿美元，比 1991 年的 79.6 亿美元增加近 60 倍，年均增长 18.5%。

（二）贸易增长率波动较大

货物贸易增长率是反映一定时期贸易发展水平变化程度的动态指标。图 6-2 显示的是中国与世界、中国与东盟自 1993 年以来的货物贸易增长率。由图 6-2 可以看出，中国与世界、中国与东盟的货物贸易增长率的变动趋势基本一致，但中国与东盟的货物贸易增长率普遍高于中国与世界的货物贸易增长率数值。

1993—1996 年这个时期中国与东盟货物贸易总量的年平均增长率达

到了22.64%。即便是有些年份的增长率数值波动幅度较大，但总体趋势是正增长。1997—2000年双方的货物贸易水平有了极大的发展，这个时期即使有东南亚金融危机的消极影响，但是在应对危机的过程中反而促进了中国与东盟的相互合作。1998年中国对东盟和中国对世界的货物贸易额都有所下降的，但在危机之后中国与东盟的货物贸易额很快就恢复到危机前的水平，2000年时货物贸易额达到了395.22亿美元，比1992年的货物贸易额增长了近4倍多。中国在东南亚的经济危机中采取积极有效的救市措施，使得人民币在经济危机中基本保持稳定的汇率，中国和东盟国家相互合作共渡难关，这次危机由于中国的积极表现给中国树立了良好的形象，为今后中国与东盟国家进一步深化合作创造了可能。

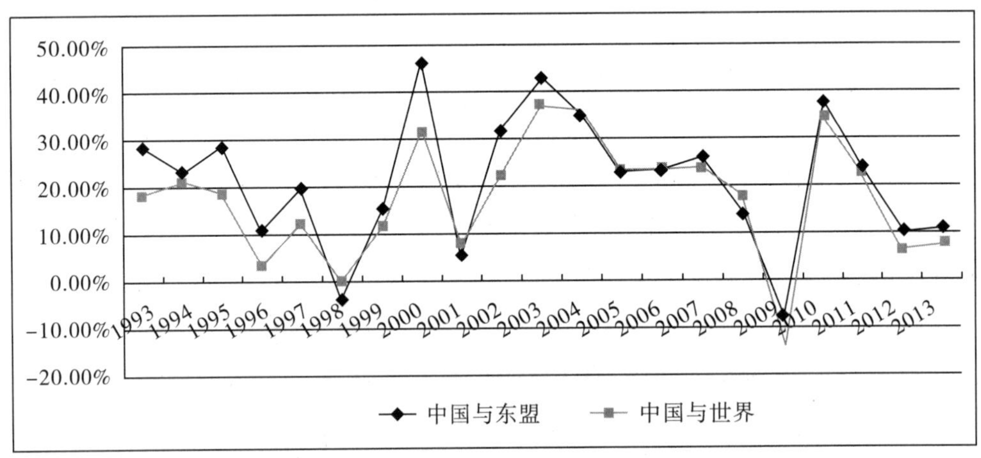

图6-2 1993—2013年中国与东盟、中国与世界贸易增长率

（三）贸易依存度平稳提升

贸易依存度表示一国对外贸易的依赖程度，亦可以表示一国经济的开放程度。一般用一国（或地区）在一段时间内对外贸易总值与该国国民生产总值（GDP）的比来表示，其计算公式为：

$$T=\frac{X+M}{GDP}\times 100\% \tag{6-1}$$

其中，X和M分别表示一国的出口和进口总额。

对外贸易依存度又可以细分为出口贸易依存度以及进口贸易依存度，即分别用一国出口总额或者进口总额与 GDP 的比值来表示。为了分析中国与东盟贸易在各国经济中所占的比重，本章以中国与东盟货物贸易额来计算中国与东盟国家货物贸易的依存度，即中国对东盟和东盟对中国的货物贸易依存度。由图 6－3 可以看出，无论是中国对东盟还是东盟对中国的贸易依存度都呈现了递增的趋势。2008 年之前，双边的贸易依存度增长较快，尤其是 2002 年随着中国—东盟自由贸易区工作的推进，中国对东盟和东盟对中国的贸易依存度增长非常快。中国对东盟的货物贸易的依存度从 1992 年的 2.15％扩大到了 2007 年的 5.80％，东盟对中国的货物贸易的依存度从 1992 年的 2.13％扩大到了 2007 年的 15.50％。虽然 2008 年的次贷危机对中国对东盟的贸易依存度起到了消极作用，贸易依存度稍微有所下降，但此后，东盟对中国的货物贸易依存度在 2013 年时又达到 18.44％，创下历史新高。据此可以判断中国与东盟的双边货物贸易总额在东盟国家的 GDP 中所占的比重日益提高。

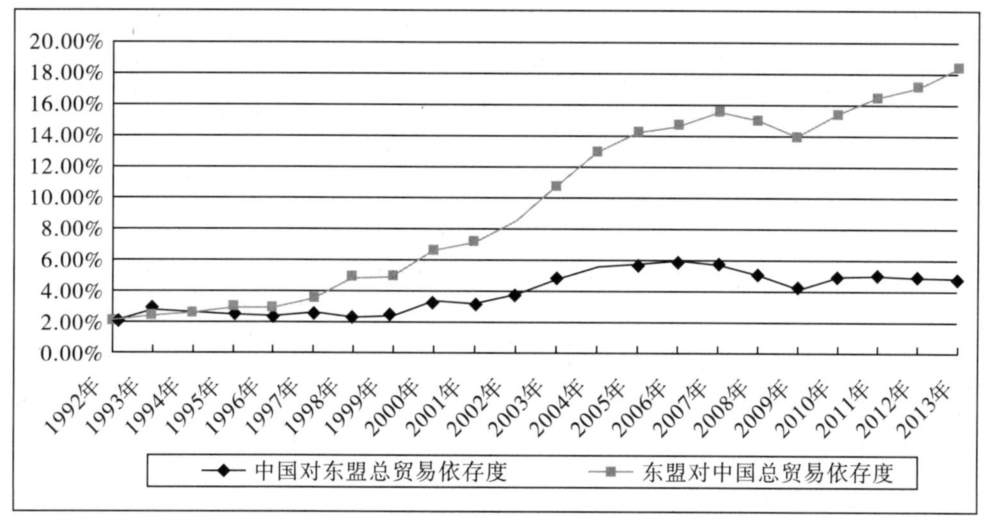

图 6－3　1992—2013 年中国对东盟、东盟对中国的贸易依存度趋势图

其次，从中国对东盟和东盟对中国的进口货物的贸易依存度和出口货物的贸易依存度来考察，东盟对中国的 T 值都大于中国对东盟的 T 值（见

图 6－4）。其中东盟对中国的出口的贸易依存度值最高，其次是以东盟进口为衡量标准的东盟对中国的货物贸易依存度低于中国对东盟的货物贸易依存度，以中国进口为衡量标准的中国对东盟的贸易依存度高于中国对东盟的贸易依存度。中国的消费市场庞大，能够为东盟国家的商品提供销路，随着中国—东盟自由贸易区的良好运行，双方的进出口货物的贸易依存度均有一个快速的发展的趋势。2013 年东盟是继欧美、日韩外中国的第五大出口市场，相信中国与东盟双边的货物贸易量还有很大的增长空间。

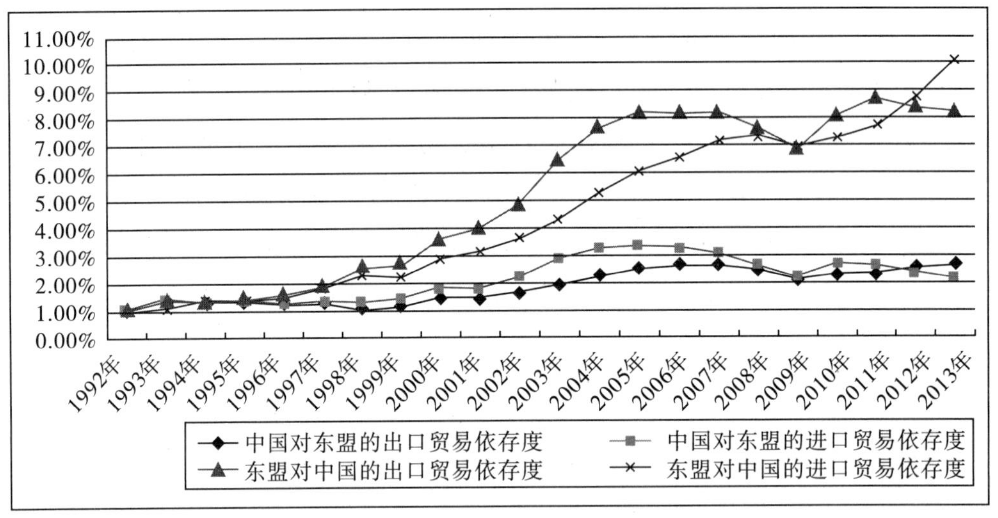

图 6－4 1992—2013 年中国对东盟进出口、东盟对中国进出口的贸易依存度趋势图

（四）贸易国别差异变化明显

东盟由十个经济发展程度各异的国家组成。从中国与东盟的国别贸易图 6－5 和 6－6 中可以看出，中国与东盟各国双边贸易占比逐渐变化。20 世纪 90 年代初，中国与新加坡双边贸易总额占中国与东盟贸易总额的 36.0％，此后呈逐步下降趋势。其次我们可以看到，中国与东盟各国的双边贸易量在经济发展程度较高的国家相对集中。中国与新加坡、印尼、马来西亚、泰国四国的贸易额占贸易总额 89.1％，其余六国占 10.9％，其中，缅甸占 4.30％，菲律宾占 4.02％，而文莱、老挝、柬埔寨这三个国家与中国的贸易份额均低于 0.4％。

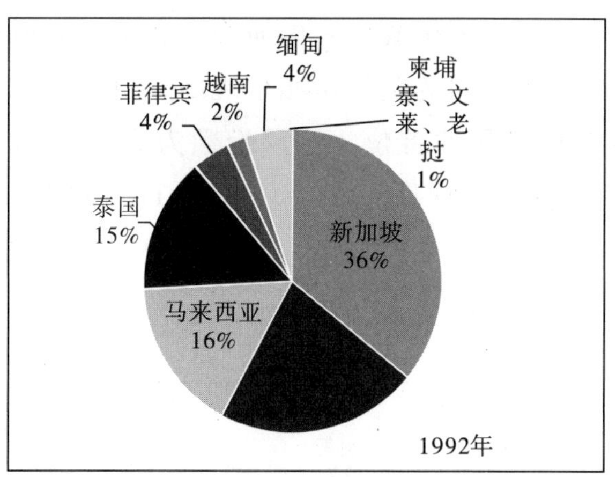

图 6-5 1992 年东盟十国与中国双边贸易占比

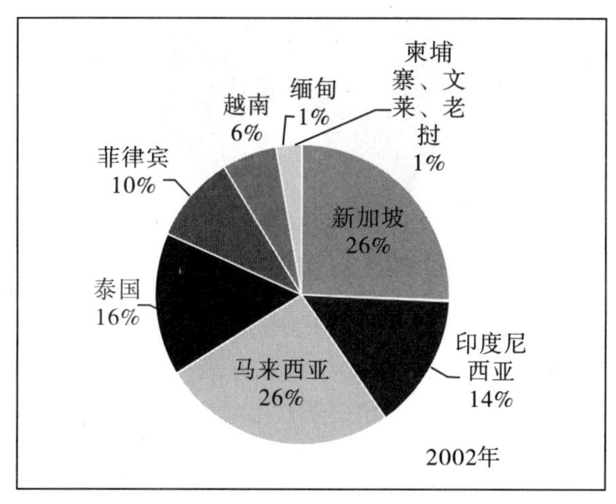

图 6-6 2002 年东盟十国与中国双边贸易占比

到 21 世纪初，如图 6-6 所示，马来西亚、菲律宾、越南、泰国等国家挤占了新加坡的一部分市场份额。2002 年之前，新加坡在对华贸易中保持优势地位，但其份额一直处于下降的状态。2002 年马来西亚的对华贸易占比（26.06%）首次超过新加坡，成为最大的对华贸易国。泰国的对华贸易份额比较稳定，印度尼西亚的对华贸易份额出现了收缩，越南与菲律宾的对华贸易份额则快速上升。越南虽然加入东盟较晚，但对华贸易份额增长较快，2002 年比 1992 年增长了 2 倍多，是贸易额和贸易份额增长最快的国家。

如图 6－7 所示，2013 年缅甸、柬埔寨、文莱、老挝四国的对华贸易份额仍不足 4％，其他六国的贸易份额呈现出了更加均衡分布的趋势。马来西亚继续保持对华贸易的首位，贸易份额为 23.91％，泰国、新加坡、印尼位于对华贸易的第二梯队，贸易份额为 17％左右。值得注意的是，越南的对华贸易份额达到了 14.76％，已经超过菲律宾成为中国在东盟的第五大贸易伙伴。

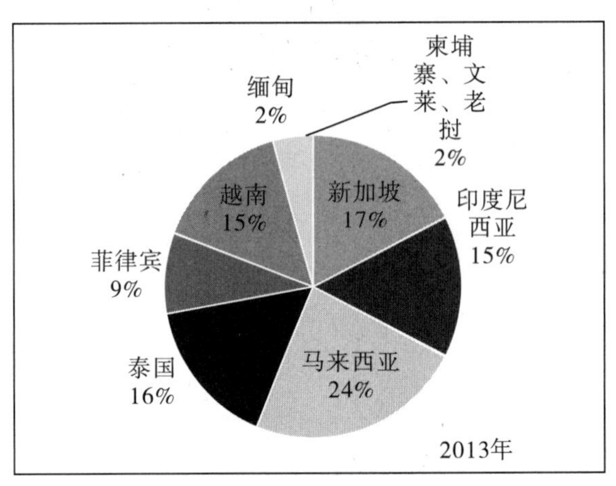

图 6－7　2013 年东盟十国与中国双边贸易占比

三、小结

本部分对中国与东盟间的货物贸易历史及现状进行了总括的概括和总结。从各个角度的分析可以看出，中国与东盟间的货物贸易发展整体势头良好，双方的贸易依存度普遍上升。但因为中国的 GDP 基数比较大，中国对东盟的贸易依存度低于东盟对中国的贸易依存度。从东盟内部各国的贸易表现来看，由于各个国家的经济发展水平差异，在与中国的贸易中，东盟内部各国分化为三个层次，马来西亚与中国的贸易关系最为密切，其次是新加坡、泰国和印度尼西亚以及越南，这五个国家与中国贸易份额占到东盟与中国贸易份额的 85％以上，其他五个国家占比较小。

第三节　基于BEC商品分类下的中国与东盟货物贸易竞争性与互补性分析

由前文的分析可知，中国与东盟的整体货物贸易表现出了良性的发展趋势，但这只能看出双边贸易总体的变化趋势，为进一步分析中国与东盟货物贸易关系及其货物贸易结构的变化，本节通过选择BEC的商品分类标准，从商品层面对中国与东盟双边货物贸易的竞争性与互补性的动态演进进行分析。

一、BEC商品分类标准

（一）商品分类依据

BEC是海关按出口商品大类分类的一种方法，英文全称为“classification by broad economic caregories”，缩写为BEC，它是由联合国制订并颁布。BEC是按照贸易商品的主要用途分类，把《国际贸易标准分类》(SITC)的基本项目标号重新组合编排而成。按最终用途划分为三个基本货物门类：初级产品、中间产品、最终产品。本节借助贸易竞争力指数和互补性指数的研究以及结合BEC分类法，综合分析中国与东盟货物贸易竞争性与互补性的关系。通过BEC商品分类，解释中国与东盟国家在以上各类商品的贸易竞争力指数和贸易互补性指数，时间跨度为1998年至2013年，从时间和空间两个方面分析中国与东盟十国的贸易竞争性与互补性。由于中国与东盟在统计口径上存在差异，双方的统计数据存在着较大的差别，但反映出来的贸易发展趋势是一致的，为了保证可比性，本章均选取的是UN Comtrade Database内的数据。

（二）BEC商品分类图

本节借鉴孙婧（2012）《中国与东盟贸易的竞争性和互补性研究》文章中的分类法，并将该方法扩展到中国与东盟的各个国家间，使用不同的表示竞争性和互补性的指标来测量中国与东盟的货物贸易状况。BEC

分类是将商品按照商品的加工程度分为三阶段，即初级产品、中间产品和最终产品。三阶段再细分又可分为五个阶段，依次为初级产品、半成品、零部件、资本品和消费品。之后在五阶段的基础上又划分为 17 类产品，各小类产品分类见表 6－1。

表 6－1　BEC 商品分类表

三阶段	五阶段	BEC 代码	BEC 商品种类
初级产品		111	工业用的初级食品和饮料
		21	初级工业供给品
		31	初级燃料和润滑油
中间产品	半成品	121	主要为工业用的加工过的食品和饮料
		22	加工过的工业供给品
		32	加工过的燃料和润滑油
	零部件	42	除了运输设备外的资本品的零部件
		53	运输设备零附件
最终产品	资本品	41	除了运输设备外的资本品
		52	其他工业运输设备
	消费品	112	主要家庭用的初级食品和饮料
		122	主要为家庭消费用的加工过的食品和饮料
		51	运输设备、客车
		522	其他非工业用运输设备
		61	耐用消费品
		62	半耐用消费品
		63	非耐用消费品

注：此分类方法包括了除 BEC Code7（其他商品）外的所有贸易商品。此外，BEC 代码 53 "运输设备零附件" 可以同时出现在零部件和消费品中，导致重复计算，因而去掉了消费品中的该代码。

资料来源：UN Comtrade Database。

二、竞争性分析

（一）竞争性指标选取

总结前人分析经验，在研究贸易竞争性时，通常从相对竞争优势角度入手，较常采用的指标是竞争优势指数（trade competitiveness index，TC）与显示性比较优势指数（revealed comparative advantage index，RCA）。相较于TC指数，RCA指数不但涵盖了一国贸易量的影响，还涵盖了该类产品的全球贸易比重对比较优势的影响，在反映竞争力变化上更为全面、客观。该指数在1965年由Balassa首先提出，计算公式如下：

$$RCA_{ik} = \frac{X_{ik}}{X_i} \times \frac{X_{wk}}{X_w} \quad (6-2)$$

式中：其中，RCA_{ik}表示i国k产品的显示性比较优势，X_{ik}表示i国k产品的出口额，X_i表示i国的出口总额，X_{wk}为全球k产品的出口额；X_w为世界的总出口额。该指数的取值范围为［0，+∞），若RCA大于1，则表示该国的该产品在世界上具有比较优势，若RCA小于1，则为比较劣势。

RCA指数具有一般性，但针对性不强，它反映的是一国在全球贸易中的比较优势，而不是反映该国与某个国家或者某区域集团相比的竞争优势。比如，中国的日用品在全球市场上具有比较优势，这主要体现在与非劳动力密集国家如美国的比较中。相比劳动力资源日趋丰富的越南，中国优势全无。所以，用区域显示性比较优势指数（regional revealed comparative advantage index，RRCA）能更为全面、客观地分析中国与东盟各国在各类产品出口中的竞争关系。国家i的k产品在区域r的$RRCA$公式为：

$$RRCA_{ik} = \frac{X_{ik}}{X_i} \div \frac{X_{rk}}{X_r} \quad (6-3)$$

式中：$RRCA_{ik}$表示中国-东盟自贸区内i国k产品的区域显示性比较优势，X_{ik}表示i国k产品的出口额，X_i表示i国的出口总额，X_{ik}表示自贸区产品k的出口额，X_r为自贸区内所有产品的出口总额。

此外，由于UN Comtrade Database数据库关于缅甸、老挝、柬埔寨、文莱这些国家的数据大部分缺失或是统计不准确，造成了最终数据的不准确，加之这四个国家一直以来在我国与东盟自贸区的贸易中占据非常小的比重，四国贸易总量占东盟与我国贸易总量的2%左右，即便是2013年也才占到了4%左右，所以，在之后的数据中忽略掉了这四个国家，只研究中国与新加坡、马来西亚、印度尼西亚、泰国、菲律宾、越南这六个国家的数据。由于数据处理工作繁重和本人能力有限，本节和下节在年份方面也只选取了1998年、2002年、2005年、2009年和2013年这五年的数据，希望能从这些数据中以管窥豹。

（二）双方总体竞争性分析

本节运用公式（6-3）测算了中国出口东盟十国整体按BEC产品分类的各类产品的区域显性比较优势。由于仅将中国—东盟自由贸易区划分成中国与东盟两个部分，双方的区域显性比较优势指数呈现出了一定的"此消彼长"现象。

首先，根据RRCA指数大小来看，我国有8类产品具有相对比较优势。由表6-2可知，我国在22、41、52、112、522、61、62、63类产品上RRCA指数均大于1；具有相对稳定的区域显性比较优势，特别是41、522、62产品上具有明显的区域显性比较优势。在其余类别的产品上，RRCA指数在1左右或下方波动，没有明显的相对比较优劣势可言。由此可以看出，与东盟这六个国家相比，我国在最终产品上具有显性比较优势，而在初级产品和中间产品上区域显性比较优势较弱。

表6-2　中国出口东盟六国RRCA指数

产品分类		BEC指标	1998	2002	2005	2009	2013
初级产品		111	0.42	0.96	0.67	0.43	0.39
		21	1.83	1.43	0.32	0.24	0.18
		31	0.55	0.45	0.44	0.10	0.02

续表 6-2

产品分类		BEC 指标	1998	2002	2005	2009	2013
中间产品	半成品	121	0.21	0.13	0.12	0.11	0.13
		22	1.37	1.15	1.31	1.17	1.23
		32	0.57	0.90	0.64	0.55	0.37
	零部件	42	0.49	0.68	0.74	0.70	0.71
		53	0.90	1.20	0.95	0.74	0.89
最终产品	资本品	41	1.23	1.32	1.44	1.63	1.49
		52	4.75	3.58	2.54	2.63	2.01
	消费品	112	1.26	1.54	1.66	1.62	1.28
		122	2.31	0.93	0.82	0.62	0.78
		51	0.16	0.02	0.03	0.06	0.04
		522	0.64	4.14	2.99	1.84	1.37
		61	0.80	1.88	1.36	1.65	1.52
		62	2.52	2.84	2.14	2.07	2.26
		63	1.72	1.28	1.26	1.05	1.13

然后，由表 6-3 可知在 21、31、121、42、112 产品上 RRCA 指数均大于 1，具有相对稳定的区域显性比较优势。特别是 21、121、112 产品上具有明显的区域显性比较优势，其中 21 类产品在 2013 年 RRCA 数值达到 2.52，121 类产品一直都在 1.5 以上波动，1998 年为 2.87，2013 年有所下降，但也达到 1.81，112 类产品的 RRCA 指数在 1998 年低于 1，2002 年便高于 1，在 2013 年该类产品数值达到了 1.57。在其余类别的产品上，东盟六国的 RRCA 指数在 1 左右或下方波动，没有明显的相对比较优劣势可言。可以看出，东盟这六个国家与我国相比在初级产品和零部件类产品上具有显性比较优势，而在资本品和消费品类上区域显性比较优势较弱。

表 6-3　东盟六国出口中国 RRCA 指数

分类		代码	1998	2002	2005	2009	2013
初级产品		111	0.76	0.16	0.19	0.19	0.63
分类		代码	1998	2002	2005	2009	2013
初级产品		21	1.60	1.56	1.81	2.07	2.52
		31	1.88	1.75	1.08	1.40	1.30
中间产品	半成品	121	2.87	2.16	2.04	2.12	1.81
		22	1.71	1.34	0.96	0.85	0.88
		32	1.48	0.72	0.41	0.49	0.51
	零部件	42	0.72	1.01	1.24	1.27	1.34
		53	0.64	0.25	0.18	0.17	0.28
最终产品	资本品	41	0.61	0.87	1.13	1.07	0.74
		52	0.04	0.01	0.01	0.00	0.01
	消费品	112	0.98	1.06	1.13	1.34	1.57
		122	0.36	0.35	0.34	0.41	0.64
		51	0.01	0.25	0.00	0.05	0.01
		522	0.01	0.00	0.00	0.02	0.03
		61	0.14	0.20	0.27	0.39	0.76
		62	0.31	0.22	0.55	0.71	0.61
		63	0.35	0.22	0.19	0.24	0.29

以上贸易格局表明，中国的产品在中国—东盟自由贸易区区域内较东盟的产品具有较强的比较优势，产品在技术水平上也高于东盟国家产品的总体水平。同时，双方各自具有不同的比较优势产品。在表 6-4 上就能清楚地看出，中国在资本品和消费品上具有相对比较优势，而东盟在资源密集型产品上的初级产品具有比较优势，双方在半成品类上有竞争性，但相互竞争激烈的半成品上又分属不同的小类。但由于比较对象划分限制还未细致到各种产品上，加之各类产品的比较优势体现得并不

明显，这个问题将在下一节通过分国别比较进行进一步分析。

表 6－4　中国与东盟产品竞争力简表

项目	初级产品			中间产品					最终产品								
				半成品			零部件		资本品				消费品				
代码	111	21	31	121	22	32	42	53	41	52	112	122	51	522	61	62	63
中国					√				√	√				√	√	√	√
东盟		√	√	√			√				√						

（三）分国家分商品竞争性分析

我们更进一步从国别层面测算东盟主要国家在各类产品上的区域显性比较优势指数，并与中国的 RRCA 指数进行对比后发现，各国在各类产品上都存在着不同程度的竞争关系。

1. 初级产品

初级产品有三类，分别为 111、21、31，这三类商品对应的产品是工业用的初级食品和饮料、初级工业供给品、初级燃料和润滑油。

从表 6－5 的数据可以看出，在初级产品上，中国一直处于相对比较劣势状态。111、21、31 这三类产品一直处于下降趋势，21 类产品的 RRCA 指数降幅最大，三类产品中国都不占据区域比较优势。同样，初级产品中最没有比较优势的是新加坡，这与该国的国土面积和经济类型有关。相反，印度尼西亚一直都占据着较强的区域贸易比较优势，并且初级产品的三类产品的 RRCA 指数均有逐年递增的趋势，说明印尼的初级产品贸易在自贸区内具有较强的比较优势。越南虽然在 1998 年时初级产品贸易竞争性都不是很明显，但是后来发展迅速，竞争力变强，成为该自贸区内初级产品贸易上竞争力排名第二的国家。马来西亚在 111 和 31 类产品上具有区域内贸易比较优势，但是优势不如印度尼西亚和越南明显。菲律宾和泰国在 21 类产品上的 RRCA 指数递增，开始有区域内贸易比较优势，但是不如印度尼西亚和越南。

表 6-5 中国与东盟各国初级产品 RRCA 指数表

代码	时间	中国	新加坡	印尼	马来	菲律宾	泰国	越南
111	1998	0.42	0.34	3.38	1.66	0.12	0.15	0.38
	2002	0.96	0.08	4.57	0.97	0.06	0.19	4.21
	2005	0.67	0.07	6.23	1.02	0.20	0.16	3.31
	2009	0.43	0.07	5.92	0.81	0.15	0.26	3.47
	2013	0.39	0.06	5.14	1.38	0.92	0.18	3.51
21	1998	1.83	0.31	1.70	0.56	0.63	2.23	1.54
	2002	1.43	0.29	1.66	0.51	0.37	2.40	2.76
	2005	0.32	0.27	2.54	1.03	0.68	2.67	3.28
	2009	0.24	0.24	2.59	0.75	1.36	2.82	3.64
	2013	0.18	0.20	3.16	0.82	2.68	2.66	3.18
31	1998	0.55	0.00	3.19	1.79	0.01	0.28	7.89
	2002	0.45	0.00	3.10	1.11	0.05	0.35	11.48
	2005	0.44	0.00	2.57	1.55	0.23	0.59	10.78
	2009	0.10	0.00	4.88	1.48	0.36	0.20	6.60
	2013	0.02	0.00	7.51	1.03	0.73	0.23	2.80

2. 中间产品

中间产品有两大类半成品和零部件，这两类又分为五小类，分别为半成品 121、22、32，零部件 42、53；对应产品名称为半成品为工业用的加工过的食品和饮料、加工过的工业供给品、加工过的燃料和润滑油，零部件为除了运输设备外的资本品的零部件、运输设备零附件。由表 6-6可以看出：

在 121 类工业用的加工过的食品和饮料类产品上，区域内比较优势最强的是印度尼西亚，其次是马来西亚；印度尼西亚和马来西亚在 121 类产品上优势比较明显，远远高于其他几个国家；相反，中国、新加坡、菲律宾、泰国、越南的 121 类产品的 RRCA 指数各年均不足 1，说明这

五个国家在121类产品上比较优势较弱。

在22类加工过的工业供给品产品上，有比较优势的有中国、泰国和印度尼西亚，中国和泰国的比较优势随时间累进不断增加；而印度尼西亚虽然也有优势，但优势有下降的趋势；相比，新加坡、马来西亚、菲律宾和越南在22类产品的出口贸易上比较优势相对较弱。

在32类加工过的燃料和润滑油产品上，有比较优势的是新加坡；马来西亚32类产品虽然竞争力不断增加，但还是远远不及新加坡的优势明显；其余国家的RRCA指数各年均不足1，说明比较优势较弱。

表6-6　中国与东盟国家半成品RRCA指数表

半成品	时间	中国	新加坡	印尼	马亚	菲律宾	泰国	越南
121	1998	0.21	0.17	1.55	2.58	0.85	0.74	0.19
	2002	0.13	0.14	2.69	2.36	0.61	0.90	0.16
	2005	0.12	0.17	4.02	2.59	0.42	0.90	0.16
	2009	0.11	0.09	4.38	2.75	0.24	0.57	0.17
	2013	0.13	0.22	3.82	3.02	0.83	0.90	0.34
22	1998	1.37	0.95	1.60	0.80	0.45	0.82	0.08
	2002	1.15	0.95	1.65	0.83	0.32	1.15	0.32
	2005	1.31	0.85	1.47	0.87	0.30	1.18	0.36
	2009	1.17	0.82	1.19	0.92	0.58	1.17	0.69
	2013	1.23	0.74	0.99	0.86	0.53	1.23	0.87
32	1998	0.57	1.88	0.36	0.51	0.19	0.93	0.58
	2002	0.90	1.56	0.71	0.75	0.54	0.84	0.17
	2005	0.64	1.59	0.87	0.80	0.32	0.79	0.05
	2009	0.55	1.94	0.54	0.74	0.28	0.89	0.16
	2013	0.37	2.08	0.34	1.43	0.39	0.93	0.08

从表6-7可以看出，在零部件产品上，42类除了运输设备外的资本品的零部件类产品上，有区内比较优势的有马来西亚、新加坡、菲律

宾，马来西亚和新加坡的比较优势随时间不断递增，而菲律宾的比较优势有所下降，但是菲律宾的比较优势还是比马来西亚和新加坡的优势明显。

在53类运输设备零附件类产品比较优势强弱排名依次是泰国、菲律宾、印度尼西亚；中国、新加坡、马来西亚、越南竞争力较弱。

表6－7　中国与东盟国家零部件产品RRCA指数表

零部件	时间	中国	新加坡	印尼	马来	菲律宾	泰国	越南
42	1998	0.49	1.23	0.20	1.20	2.03	1.03	0.00
	2002	0.68	1.21	0.44	1.21	1.92	0.77	0.21
	2005	0.74	1.32	0.42	1.14	1.97	0.57	0.21
	2009	0.70	1.47	0.24	1.45	1.87	0.62	0.21
	2013	0.71	1.61	0.24	1.43	1.89	0.54	0.61
53	1998	0.90	0.95	1.25	0.96	1.04	1.12	0.00
	2002	1.20	0.64	1.47	0.69	1.75	1.66	0.13
	2005	0.95	0.73	1.31	0.52	1.45	2.42	0.24
	2009	0.74	0.98	0.97	0.53	1.74	2.33	0.48
	2013	0.89	0.92	1.00	0.44	1.47	2.26	0.64

3. 最终产品

最终产品分为两大类资本品和消费品。资本品又分为两类，分别为编号41的"除了运输设备外的资本品"和编号52的"其他工业运输设备"；消费品又分为7小类，分别为编号112的"主要家庭用的初级食品和饮料"，编号122的主要为"家庭消费用的加工过的食品和饮料"，编号51的"运输设备、客车"，编号522的"其他非工业用运输设备"，编号61的"耐用消费品"，编号62的"半耐用消费品"，编号63的"非耐用消费品"。

从表6－8可以看出，就编号41类商品而言，最具有区域竞争优势的是中国，其次是新加坡和菲律宾，但都不如中国一直具有较强的比较优

势；在其他工业运输设备类商品中，RRCA 数据中最具有区域内比较优势的是中国，其次是泰国，但泰国的优势远不如中国。

表 6-8　中国与东盟国家资本品 RRCA 指数表

资本品	时间	中国	新加坡	印尼	马来	菲律宾	泰国	越南
41	1998	1.23	1.24	0.56	1.05	0.56	0.75	0.00
	2002	1.32	1.23	0.71	0.84	0.53	0.91	0.10
	2005	1.44	1.00	0.58	0.81	0.95	1.06	0.17
	2009	1.63	0.80	0.41	0.64	1.28	1.09	0.42
	2013	1.49	0.78	0.33	0.72	1.37	0.76	1.24
52	1998	4.75	0.26	0.41	0.78	0.10	0.76	0.11
	2002	3.58	0.23	0.92	0.26	0.08	1.21	0.41
	2005	2.54	0.55	0.76	0.15	0.93	1.22	0.50
	2009	2.63	0.21	0.89	0.28	0.01	0.59	0.13
	2013	2.01	0.17	0.60	0.12	0.13	1.49	0.76

消费品的种类较多，所以拆分为两个表，分别见表 6-9 和表 6-10。表 6-9 中有四类消费品，分别为 112、122、51 和 522，所对应的产品名称为家庭用的初级食品和饮料、家庭消费用的加工过的食品和饮料、运输设备及客车、其他非工业用运输设备。

在 112 类产品中区域比较优势最强的是越南，其次是泰国，然后是中国；122 类产品中区域比较优势表现最强的是越南，其次是泰国；在 51 类产品中区域比较优势最强的是泰国，其次是后来发展一直增强的印度尼西亚；在 522 类产品中区域比较优势最强的是随时间竞争力不断增强的越南，其次是泰国，然后是中国，中国在 522 类产品的竞争力上随时间有所下降，但还是有显性区域竞争力。

表 6-9 中国与东盟国家消费品 RRCA 指数表

消费品	时间	中国	新加坡	印尼	马来	菲律宾	泰国	越南
112	1998	1.26	0.33	1.64	0.59	0.75	1.88	10.98
	2002	1.54	0.19	1.37	0.67	0.53	1.35	7.11
	2005	1.66	0.14	1.16	0.69	0.52	1.85	4.81
	2009	1.62	0.09	0.62	0.52	0.45	1.71	4.79
	2013	1.28	0.08	0.82	0.44	1.30	2.01	3.70
122	1998	2.31	0.19	0.52	0.46	0.37	3.58	1.53
	2002	0.93	0.37	0.68	0.80	0.67	2.67	4.17
	2005	0.82	0.52	0.68	0.94	0.88	2.06	4.83
	2009	0.62	0.74	0.71	0.96	1.12	1.57	5.20
	2013	0.78	0.75	1.02	1.03	0.63	1.27	3.67
51	1998	0.16	1.77	0.33	0.50	0.04	1.79	0.00
	2002	0.02	0.96	0.91	0.22	4.05	2.81	0.34
	2005	0.03	0.12	1.37	0.09	2.75	5.73	0.97
	2009	0.06	0.10	1.43	0.25	2.29	6.07	0.00
	2013	0.04	0.28	2.58	0.53	0.37	5.40	0.00
522	1998	0.64	0.32	0.58	0.55	0.01	4.94	0.08
	2002	4.14	0.10	1.09	0.12	0.02	0.82	0.72
	2005	2.99	0.18	0.32	0.09	0.02	1.78	2.29
	2009	1.84	0.38	0.59	0.24	0.01	2.05	1.07
	2013	1.37	0.44	0.96	0.03	0.12	1.72	3.25

表 6-10 所列的是剩余的三类消费品，编号为 61、62、63，所对应的商品类别名称为耐用消费品、半耐用消费品和非耐用消费品。据表内的 RRCA 数据显示，中国在 61、62、63 类产品上均表现有较强的区域比较优势，优势较为明显，竞争对手在 61 类产品上没有，只有在 63 类产品上印度尼西亚有较强的比较优势。

表 6-10　中国与东盟国家消费品 RRCA 指数表

消费品		中国	新加坡	印尼	马来	菲律宾	泰国	越南
61	1998	0.80	0.27	4.01	0.92	0.21	0.65	0.03
	2002	1.88	0.64	0.97	1.16	0.08	0.92	0.40
	2005	1.36	0.80	0.77	1.46	0.14	0.98	0.20
	2009	1.65	0.66	0.79	0.76	0.14	1.12	0.43
	2013	1.52	0.65	0.51	0.90	0.27	1.12	0.37
62	1998	2.52	1.09	0.32	0.63	0.32	0.54	4.87
	2002	2.84	0.57	0.61	0.77	0.24	0.56	0.87
	2005	2.14	0.81	0.50	0.80	0.12	0.67	0.59
	2009	2.07	0.82	0.29	0.58	0.31	0.31	0.70
	2013	2.26	0.42	0.24	0.32	0.10	0.21	0.77
63	1998	1.72	1.38	0.60	0.67	0.28	0.60	0.39
	2002	1.28	0.97	1.35	0.77	0.32	1.11	1.00
	2005	1.26	0.88	1.34	0.82	0.68	1.06	0.94
	2009	1.05	0.90	1.23	1.00	0.81	1.07	0.77
	2013	1.13	0.91	1.22	0.77	1.24	0.92	0.83

我们按照商品类别分别分析了中国以及东盟六个主要国家的区域比较优势，将上述分析结果综合展示在表 6-11 中。从该表中能够很直观地看出，中国在初级产品上没有竞争力；在中间产品和最终产品上，与东盟国家存在一定的竞争性。在中国有优势的产品上，其中 112 和 522 类产品上中国与东盟国家竞争激烈；在 22、63 产品上，中国与东盟国家存在竞争；在 41、52、61、62 类产品上，中国的区域比较优势明显，东盟国家的竞争力稍弱些。

表 6-11 中国与东盟国家产品 RRCA 指数分布简表

		中国	新加坡	印度尼西亚	马来西亚	菲律宾	泰国	越南
初级产品	111			√				√
	21			√			√	√
	31			√	√			√
中间产品	半成品	121			√	√		
		22	√					√
		32		√				
	零部件	42		√		√	√	
		53			√		√	√
最终产品	资本品	41	√					
		52	√					
	消费品	112	√				√	√
		122					√	√
		51		√			√	
		522	√				√	√
		61	√					
		62	√					
		63	√				√	

三、互补性分析

1. 互补性指标选取

本节采用南京大学国际经济与贸易系博士生导师于津平（2003）提出的贸易互补性指数（trade complementary index，TCI）和综合贸易互补性指数为标杆来反应中国与东盟的贸易互补性以及综合贸易互补性在这 17 类产品中的动态变化情况。某种商品产业贸易互补性指数的计算公

式如下：

$$TCI_{ij}^{k} = RCA_{xi}^{k} \times RCA_{mj}^{k} \tag{6-4}$$

其中，

$$RCA_{mj}^{k} = \frac{M_{jk}}{M_{j}} \div \frac{M_{wk}}{M_{w}} \tag{6-5}$$

式中：RCA_{xi}^{k} 表示应用出口衡量的 i 国的 k 产品显示性比较优势，用式6－2计算；RCA_{mj}^{k} 中 j 表示用进口衡量的 j 国的 k 产品显示性比较优势；M_{jk} 表示 j 国 k 产品进口额；M_{j} 表示 j 国进口总额；M_{wk} 表示世界进口 k 产品贸易额；M_{w} 表示世界的进口总额。

计算综合贸易互补性指数的公式为：

$$TCI_{ij} = \sum_{k} TCI_{ij}^{k} \times \frac{T_{w}^{k}}{T_{w}} \tag{6-6}$$

式中：T_{w}^{k} 表示世界 k 产品贸易额；T_{w} 表示世界贸易的总额。此公式即以各类产品贸易额与世界货物贸易总额之比为加权系数，由此可计算该国的综合贸易互补性指数。若 $TCI_{ij} > 1$，表明两国双边贸易的互补性相对较强，该值越大则表明一国的出口总体水平与其伙伴国的进口的总体水平的契合程度越高，即表明有较大的贸易潜力。若 $TCI_{ij} < 1$ 则相反，数值越偏离1，表明互补性越弱。

（二）综合互补性分析

从表6－12所示的以中国出口的综合贸易互补性指数来看，中国与东盟的总体贸易互补性在逐步加强，但整体互补性水平不高。TCI指数从1998年的0.83上升到2013年的0.97，特别是2002年中国—东盟自由贸易区开始正式运营后，双边的互补性一直在上升。中国出口与马来西亚、越南进口的综合贸易互补性指数较高，与菲律宾和泰国的贸易互补性逐步增强，与印尼的互补性较差。总体来说，中国出口对东盟市场的依赖程度有所上升，但互补性指数总体水平不高，平缓上升。

从以中国进口衡量的综合贸易互补性指数来看（见表6－13），中国进口与东盟主要国家总体出口的贸易互补性较好，各年TCI指数均在1以上，1998年为1.09，2002年中国—东盟自由贸易区开始正式运营后互补性增强，2005年达到了1.25；中国进口与泰国出口的互补性最好，中国进口与新加坡、印尼、马来西亚、菲律宾的出口互补性也很好，TCL

指标基本都在1以上；只有越南的出口与中国的进口互补性较差，远远低于其他国家，1998年为0.07，即便是2013年也才达到0.47，但是中国与越南的互补性数值一直在缓慢上升。

表6-12　以中国出口衡量的综合贸易互补性指数

时间	东盟	新加坡	印尼	马来	菲律宾	泰国	越南
1998	0.83	0.91	0.77	0.75	0.76	0.85	0.83
2002	0.95	1.02	0.76	0.97	0.93	0.92	0.93
2005	0.97	1.03	0.74	1.03	0.94	0.95	0.92
2009	0.99	0.99	0.93	1.07	0.91	0.99	1.04
2013	0.97	0.96	0.88	1.03	0.91	0.98	1.09

表6-13　以中国进口衡量的综合贸易互补性指数

时间	东盟	新加坡	印尼	马来	菲律宾	泰国	越南
1998	1.09	1.22	0.90	1.20	1.20	5.40	0.07
2002	1.24	1.40	1.00	1.34	1.47	4.18	0.14
2005	1.25	1.41	1.03	1.34	1.55	3.51	0.21
2009	1.16	1.23	1.14	1.26	1.42	2.68	0.29
2013	1.01	1.04	1.06	1.06	1.27	1.56	0.47

由表6-13可以看出，除越南外，以中国进口东盟出口为衡量标准的综合贸易指数总体上大于以中国出口东盟进口为衡量标准的综合贸易互补性指数。在2002年中国—东盟自由贸易区开始推动之后，双方的贸易互补性指数总体上都呈现较快上升趋势。中国—东盟自由贸易区的成立使得中国与东盟具有互补性的产业的相互贸易程度得到了发展。这意味着东盟在与中国的货物贸易中，对中国的出口更为集中，相比中国，东盟国家的相关产业需要更多的发展机遇，对中国市场的依赖程度更多。在东盟内部，中国进口马来西亚、菲律宾、新加坡、泰国的商品的综合贸易互补性指数偏大并维持小幅度的波动，可以看出，中国与马、菲、

新、泰的货物贸易关系紧密。

（三）以中国出口衡量的分商品分国家互补性分析

首先，从表6-14可以看到以中国出口与东盟国家整体进口来衡量的分产品贸易互补性指数的变化趋势，中国出口与东盟进口在42、41、61和62这四类产品上的互补性较强，这四类产品的互补性指数大部分都在1以上，且基本呈现递增趋势；这四类产品分别为42代表“除了运输设备外的资本品的零部件”，属于中间产品；41代表“除了运输设备外的资本品”，属于最终产品；61代表了“耐用消费品”；62代表“半耐用消费品”，都属于最终产品。

表6-14　中国出口与东盟六国进口各类产品TCI指数

	1998	2002	2005	2009	2013
111	0.37	0.45	0.27	0.14	0.10
21	0.57	0.45	0.20	0.11	0.08
31	0.42	0.21	0.12	0.05	0.02
121	0.23	0.14	0.13	0.12	0.12
22	0.79	0.80	0.85	0.91	1.00
32	0.78	0.68	0.47	0.46	0.35
42	1.59	2.75	2.80	2.70	2.59
53	0.10	0.24	0.37	0.56	0.58
41	0.91	1.33	1.67	2.10	1.95
52	0.69	0.43	0.43	1.27	0.84
112	0.48	0.44	0.29	0.32	0.34
122	0.57	0.42	0.32	0.26	0.26
51	0.00	0.00	0.00	0.01	0.01
522	0.78	0.99	0.50	0.83	1.15
61	0.89	0.97	1.04	1.00	1.36
62	1.72	1.29	1.16	1.03	1.21
63	0.90	0.42	0.35	0.29	0.37

42类在2002年以后TCI指数基本都达到了2以上，与东盟国家互补性极强；其次，41类产品互补性也较好，TCI指数在2009年也达到了2.10；61和62类产品的互补性虽然不及前两种强，但也基本保持稳定，浮动较小，多年来与东盟国家的互补性也较好。

由此可见，中国出口东盟的产品的技术水平在不断提高，出口贸易技术结构与东盟国家整体有所差别，属于技术含量较高的产品，这对我国今后的发展有利，这也得益于中国—东盟自由贸易区的建立，同时因为东盟各国处于经济发展的早期阶段，经济发展速度快，需要大量基础设备及较高端机械设备以满足生产需要，这导致了高的贸易互补性产业逐渐向技术密集性制造业方面发展。

下面就中国出口与东盟进口互补性较好的四种产品依次进行分析，按国家进行分类，能更直观地看到优势体现在哪些方面。如表6-15所示，编号42的产品类是除了运输设备外的资本品的零部件，此类商品中国出口与新加坡、菲律宾、马来西亚和泰国的进口互补性较好；中国与印度尼西亚和越南的互补性在不断的增强，印尼在2009年TCI指数便已达到了1.29，越南的TCI指数递增的也很快，从1998年的0.00到2013年的2.75。这些都可较好地解释为东盟国家近年来发展较快，对资本品的需求旺盛，中国与它们正好互相迎合发展。

表6-15　以中国出口衡量的42号产品TCI指数

42	新加坡	印尼	马来	菲律宾	泰国	越南
1998	1.76	0.56	2.11	2.11	1.18	0.00
2002	3.11	0.59	3.60	4.37	1.75	0.51
2005	3.54	0.61	3.72	4.50	1.69	0.65
2009	3.35	1.29	3.72	4.00	2.08	0.87
2013	3.46	1.19	3.13	3.27	1.61	2.75

在编号为41的产品类中，如表6-16所示为除了运输设备外的资本品的TCI指数变化趋势。中国出口与新加坡、印尼、泰国和马来西亚的

贸易进口互补性一直都比较好，中国与越南和菲律宾的 TCI 指数基本呈现递增趋势。

表 6－16　以中国出口衡量的 41 号产品 TCI 指数

41	新加坡	印尼	马来	菲律宾	泰国	越南
1998	1.06	1.25	0.84	0.55	0.97	0.00
2002	1.45	1.19	1.31	0.55	1.67	1.39
2005	1.72	1.50	1.75	0.71	1.96	1.70
2009	1.93	2.27	2.18	0.95	2.19	2.94
2013	1.68	2.24	2.02	1.13	2.31	1.89

在编号为 61 的产品类中，如表 6－17 所示为耐用消费品的 TCI 指数变化趋势。中国出口与新加坡的进口互补比较好；中国与印尼、马来西亚、菲律宾、泰国和越南的 TCI 指数基本呈现递增趋势，其中马来西亚和越南在 2013 年的 TCI 指数均超过了 1，可以粗略地说明近年来我国与马来西亚及越南的耐用消费品进出口互补性较好。

表 6－17　以中国出口衡量的 61 号产品 TCI 指数

61	新加坡	印尼	马来	菲律宾	泰国	越南
1998	1.90	0.17	0.30	0.29	0.29	0.36
2002	1.83	0.40	0.62	0.29	0.62	0.72
2005	1.77	0.45	0.77	0.42	0.70	0.70
2009	1.51	0.58	0.79	0.51	0.83	0.79
2013	2.13	0.75	1.04	0.83	0.96	1.56

在编号为 62 的产品类中，如表 6－18 所示为半耐用消费品的 TCI 指数变化趋势。中国出口与新加坡和泰国的进口互补性比较好。2009 年我国出口与东盟六国的进口的 TCI 指数均有所下降，这是受到了 2008 年的美国次贷危机影响，从 2009—2013 年东盟六国的 TCI 指数均有所回升。

中国与印尼、马来西亚和菲律宾的 TCI 指数基本呈现递增趋势；中国与越南的 TCI 指数却一直在下降，说明在东盟内部，各个国家的经济发展水平和产业发展重点也有所差异。

表 6-18 以中国出口衡量的 62 号产品 TCI 指数

62	新加坡	印尼	马来	菲律宾	泰国	越南
1998	2.70	0.43	0.72	0.81	1.92	2.77
2002	2.02	0.52	0.87	0.51	1.28	1.52
2005	1.54	0.42	0.78	0.41	1.61	1.04
2009	1.16	0.56	0.79	0.55	1.62	0.79
2013	1.43	0.79	1.03	0.94	1.56	0.95

总体来说，以中国出口衡量的中国与东盟国家的贸易互补性较好的产品类型多集中在中间产品和最终产品上。其原因如下，中国历经 30 年的改革开放，借助廉价的劳动力成本优势抓住了国际产业转移的机会，在技术水平较低的工业制成品生产上得到了较好的发展。近年来随着我国劳动力成本优势逐渐丧失，使得中国低技术产品的显示性比较优势弱于东盟国家。东盟国家中工业发展较晚的国家，如印度尼西亚和越南等国家的工业体系不够完善，科技水平相对较低，需要进口相当多的高技术产品来满足国内经济生产的需求；而我国经过多年的发展建立了相对完善的工业体系，在工程机械产品生产上比东盟工业发展较晚的几个国家有优势，因而这些高技术含量的中间产品和最终产品的出口和对方的进口需求不谋而合，双方呈现出递增的互补态势。

（四）以中国进口衡量的分商品分国家互补性分析

首先，以中国进口东盟主要国家整体为衡量标准的 TCI 指数如表 6-19所示，中国在 21、121、42、41 以及 111 产品上的互补性比较好。中国在从东盟进口的加工过的工业供给品（即编号为 22 的商品）上贸易互补程度较高，而中国在工业用的初级食品和饮料（111）和除了运输设备外的资本品（41）的互补程度下降较大，其中，虽然 121 和 42 的 TCI

指数在一直波动，但整体的互补性还是很好。相反，其他类商品的贸易互补性较低。

表 6－19　中国进口与东盟六国出口各类产品 TCI 指数

代码	1998	2002	2005	2009	2013
111	0.57	0.62	1.04	1.13	0.92
21	1.42	1.81	2.80	3.29	2.96
31	0.43	0.44	0.50	0.68	0.67
121	4.13	3.09	3.23	4.13	3.56
22	1.02	0.96	0.83	0.85	0.67
32	2.62	1.29	0.89	0.78	0.62
42	3.37	4.70	5.04	4.44	3.67
53	0.11	0.17	0.26	0.50	0.38
41	1.37	1.69	1.49	1.14	0.89
52	0.20	0.10	0.11	0.17	0.31
112	0.29	0.33	0.23	0.25	0.37
122	0.19	0.23	0.18	0.25	0.35
51	0.00	0.01	0.02	0.07	0.14
522	0.01	0.01	0.01	0.02	0.09
61	0.15	0.14	0.22	0.24	0.44
62	0.20	0.18	0.20	0.19	0.21
63	0.19	0.10	0.07	0.10	0.16

中国虽然幅员辽阔，但经济的高速发展所带来的对自然资源的强劲需求，使中国对外部资源的需求旺盛。东盟的自然资源较丰富，在出口初级产品的工业用的初级食品和饮料、初级工业供给品和主要为工业用的加工过的食品和饮料方面都具有较强的竞争优势，东盟国家俨然成了中国的资源性商品主要的供应商。同时，由于经济学中的模仿和学习效

应，东盟国家中工业发展较快的国家，在零部件成品类中的"运输设备外的资本品"的生产上较早地获得了比较优势，成为中国从东盟进口较多的产品之一。

在编号为111的在产品类中，如表6-20所示为工业用的初级食品和饮料类商品的TCI指数变化趋势。中国进口与印尼出口互补性比较好，中国与越南的互补性随年份变化不断增强，这说明我国主要从印尼和越南两国进口初级工业用的食品和饮料；所研究的东盟这六个国家基本处在亚热带或热带地区，本身就盛产食物和水果，恰好满足我国这方面需求的增长要求。

表6-20　以中国进口衡量的111号产品TCI指数

111	新加坡	印尼	马来	菲律宾	泰国	越南
1998	0.13	2.29	0.34	0.31	2.10	0.10
2002	0.07	2.21	0.24	0.44	0.71	0.87
2005	0.08	3.54	0.29	0.90	1.27	2.05
2009	0.05	3.40	0.27	0.76	0.98	2.34
2013	0.03	2.22	0.33	0.80	0.35	2.42

在编号为21的在产品类中，如表6-21所示为初级工业供给品的TCI指数变化趋势。除了新加坡，中国与其余的国家互补性都比较好，尤其是印尼和泰国互补性更好。印尼与我国在2002年以后TCI指数都在4以上，2009年还达到了9.70；1998—2009年我国与泰国的TCI指数一直都超过10；我国从马来西亚、菲律宾、越南进口的该类商品的TCI指数也都基本大于1，说明双方的贸易互补性较好。

111和21均属于初级产品。中国从印尼、泰国、马来西亚和菲律宾以及越南进口初级产品的互补性较高。农业在印尼与越南的产业结构所占的比重是本章研究的东盟六个国家中最高的，近年来，印尼的农业产值占GDP比重约15%，越南的农业产值占GDP比重达22%左右，两国的农产品在国际市场上价格较低，竞争优势明显。

表 6-21 以中国进口衡量的 21 号产品 TCI 指数

21	新加坡	印尼	马来	菲律宾	泰国	越南
1998	0.44	3.51	1.22	0.72	12.34	0.24
2002	0.50	4.75	1.20	0.81	12.35	0.52
2005	0.60	8.13	1.99	1.58	15.56	1.00
2009	0.54	9.70	2.27	2.62	11.76	1.33
2013	0.55	7.56	1.88	4.71	7.37	1.71

在编号为121的在产品类中，如表6-22所示为主要为“工业用的加工过的食品和饮料”的TCI指数变化趋势。中国出口与印度尼西亚、马来西亚、菲律宾和泰国的进口互补性较吻合；吻合程度最高的是印度尼西亚，且发展趋势是递增的，TCI指数在所有的年份上均在4以上，2009年最高，为12.38；吻合程度居次位的是马来西亚，虽然趋势有所下降，但是数值均在6以上；然后是泰国和菲律宾。

表 6-22 以中国进口衡量的 121 号产品 TCI 指数

121	新加坡	印尼	马来	菲律宾	泰国	越南
1998	0.63	4.38	11.36	4.50	9.37	0.07
2002	0.45	6.77	6.69	1.68	4.90	0.14
2005	0.43	8.98	6.71	2.80	3.90	0.09
2009	0.43	12.38	9.22	2.20	2.82	0.10
2013	0.42	11.04	7.61	2.67	2.13	0.22

在编号为42的产品类中，如表6-23所示为“除了运输设备外的资本品的零部件”的TCI指数变化趋势。中国出口与新加坡、泰国和菲律宾的进口互补性比较好；吻合程度最高的是新加坡，其次是泰国，然后是菲律宾。印尼、泰国富含资源性制成品，但在开采技术和炼化工的工艺上落后于新加坡，因此中国从印尼、泰国进口零部件商品的数量要小于新加坡。新加坡的炼油技术很成熟，有众多的大型炼油厂，大量的原

油都是先进入新加坡经过加工出口到其他国家，这是中国与新加坡该类商品的贸易互补性最好的原因之一。

表 6－23　以中国进口衡量的 42 号产品 TCI 指数

42	新加坡	印尼	马来	菲律宾	泰国	越南
1998	4.12	0.32	1.38	0.98	5.45	0.00
2002	6.23	0.83	1.96	1.76	5.43	0.06
2005	7.33	0.61	1.97	1.77	5.06	0.10
2009	7.11	0.52	1.38	2.13	3.68	0.24
2013	6.08	0.28	0.86	1.13	1.74	0.99

（五）竞争性与互补性国家分布简表

表 6－24 总结了中国与东盟六国在基于 BEC 商品分类下货物贸易上的竞争性与互补性。首先，从竞争性角度看，表中打对勾的表示具有区域竞争性的商品，可以看出中国与东盟在一些产品上存在竞争性。在中国有优势的产品上，其中 112 和 522 类产品上中国与东盟国家竞争激烈，在 22、63 产品上中国与东盟国家存在竞争，在 41、52、61、62 类产品上中国的区域竞争优势明显，东盟国家的竞争力稍弱些。然后，从互补性角度看，表中以中国出口东盟进口衡量的中国与东盟国家的贸易互补性用黑色实心大圆点表示。我们看到，互补性较好的产品类型多集中在中间产品和最终产品上。我国拥有较完善的工业体系，在生产工程机械产品方面具有较强的比较优势，生产的中间产品和最终产品也越来越符合东盟国家中工业发展较早的国家的需求。另一方面，在中国进口商品方面，互补性程度用黑色实心五角星表示。中国人口众多，自然资源紧缺，对资源品需求强烈，东盟国家较多处于热带地区，自然资源相对较多，在工业用的初级食品和饮料、初级工业供给品和主要为工业用的加工过的食品和饮料方面都具有较强的优势，和中国的互补性非常明显。

表 6-24　中国与东盟商品竞争性与互补性国家分布简表

			中国	新加坡	印尼	马来	菲律宾	泰国	越南
初级产品		111	★		√★				√★
		21	★		√★	★	★	√★	√★
		31			√	√			√
中间产品	半成品	121			√★	√★	★	★	
		22	√					√	
		32		√					
	零部件	42	●	√★●	●	√●	√●	●	●
		53			√		√	√	
最终产品	资本品	41	√●	●	●	●		●	●
		52	√						
	消费品	112	√					√	√
		122						√	√
		51			√			√	
		522	√					√	√
		61	√●		●	●			●
		62	√●	●		●		●	
		63	√●					√	

√表示前文分析的竞争性指数为 1 以上；★表示以中国进口东盟出口衡量的双边货物贸易互补性指数为 1 以上；●表示以中国出口东盟国家进口为衡量的双边货物贸易互补性指数为 1 以上。

从表 6-24 中可以看出，在初级产品领域，东盟具有的区域优势普遍强于中国。111 类产品，中国及东盟某些国家均具有一定的区域比较优势，中国进口、对方出口产品的互补性较好。而 21、31（分别为“初级燃料供给品”“初级燃料和润滑油”）类产品领域，中国产品的区域竞争力缺乏，尤其是需要对 31 产品加以关注。因为在 21 类产品领域，我国在进口时，与对方尚有一定的互补性，而 31 类产品领域，对方则保持着绝对的竞争优势。

中间产品上，我们的竞争优势并不明显。121 和 53 号分别是资源密集型和劳动力密集型产品，而且中国进口 121 类商品时与对方的互补性较好，更进一步显示了我国在资源密集型产品上优势的缺乏。而 53 号产品竞争力的缺乏显示了我国的劳动力密集型产品优势，在和东盟相竞争时，已经处于劣势。22 和 42 产品我国已经占有较高的市场份额。而 32 号产品（"加工过的燃料和润滑油"）则无论在进口还是出口方面都缺乏竞争力。

在最终产品上，中国具有的竞争优势比较明显。41、52、112、61、62 和 63 已经具有较强的竞争优势，而 122 和 51 类产品（分别为"家庭消费用的加工过的食品和饮料""运输设备、客车"）相较于东盟国家而言竞争力有待提高。

四、小结

本节利用 BEC 产品分类法，从不同角度分析了中国和东盟各国在 17 类商品上的区域竞争程度以及双方贸易时的互补程度。

为了研究中国进一步发展与东盟货物贸易的具体领域，我们选取中间产品的 32，最终产品的 51 和 522 作为进一步研究的对象。其中 32 代表目前在中间产品领域进出口方面都缺少竞争力的产品，51 代表在最终产品领域进出口都缺乏竞争力的产品，而 522 代表目前看起来具有一定的竞争力，但竞争力优势正在被其他东盟国家挑战的产品，并期望以该分析为起点，对中国发展对东盟贸易的不同产品类型，提出分类的具体建议。

表 6 - 25 是 32、51 和 522 商品的 RRCA 指数表，32 和 51 号产品中新加坡和泰国的该商品的竞争性最强，基本上呈现一家独大的格局，522 号产品具有竞争优势的有中国、泰国和越南，但是根据该表的指数来看，越南的发展很快而且竞争力明显。在下一节的实证部分着重分析 32、51 和 522 号产品。

表 6-25 中国与东盟 32、51 和 522 商品竞争性指数

商品编号	年份	中国	新加坡	印尼	马来	菲律宾	泰国	越南
32	1998	0.57	1.88	0.36	0.51	0.19	0.93	0.58
	2002	0.90	1.56	0.71	0.75	0.54	0.84	0.17
	2005	0.64	1.59	0.87	0.80	0.32	0.79	0.05
	2009	0.55	1.94	0.54	0.74	0.28	0.89	0.16
	2013	0.37	2.08	0.34	1.43	0.39	0.93	0.08
51	1998	0.16	1.77	0.33	0.50	0.04	1.79	0.00
	2002	0.02	0.96	0.91	0.22	4.05	2.81	0.34
	2005	0.03	0.12	1.37	0.09	2.75	5.73	0.97
	2009	0.06	0.10	1.43	0.25	2.29	6.07	0.00
	2013	0.04	0.28	2.58	0.53	0.37	5.40	0.00
522	1998	0.64	0.32	0.58	0.55	0.01	4.94	0.08
	2002	4.14	0.10	1.09	0.12	0.02	0.82	0.72
	2005	2.99	0.18	0.32	0.09	0.02	1.78	2.29
	2009	1.84	0.38	0.59	0.24	0.01	2.05	1.07
	2013	1.37	0.44	0.96	0.03	0.12	1.72	3.25

第四节 基于 BEC 商品分类下的中国与东盟货物贸易影响因素分析

一、变量的选择

本节的贸易引力模型中的被解释变量是选择中国与其他国家的双边贸易总额 T_{cjt}，中国出口到其他国家的加工过的燃料和润滑油的出口额 X_{cjt32}，中国出口到其他国家的运输设备、客车的出口额 X_{cjt51}，中国出口到其他国家的其他工业运输设备 X_{cjt522}，本节的解释变量选择 $GDP_{ct}GDP_{jt}$

（即 t 时期中国与 j 国的国内生产总值之积）、$DPGNI_{cjt}$（t 期中国人均国民收入与 j 国人均国民收入的差值的绝对值），D_{cj}（中国与 j 国两国间距离），虚拟变量 $DMCAFTA_{cjt}$（指的是否为中国 — 东盟自由贸易内成员国）。

其中，$DPGNI_{cjt}$ 如果较小，则表示两国的收入差距相对较小，那么两个国家的消费者的偏好也较为相似，由此可知两国的双边产业内贸易水平较高。根据相关的贸易理论，$DPGNI_{cjt}$ 值越大，则两国间的消费者的消费偏好相差越大，产业间贸易占主要方面；反之，$DPGNI_{cjt}$ 值越小，则中国与 j 国的以产业内贸易占主要方面。本节中的 $DPGNI_{cjt}$ 是一种程度的表示，用来比较这些国家与中国产业内贸易水平的高低程度。

解释变量的含义如表 6－26 所示。

表 6－26　解释变量的含义归纳

被解释变量	含义	经济学意义
$GDP_{ct}GDP_{jt}$	t 时期中国与 j 国的国内生产总值的乘积	反映贸易双方的经济规模总量、潜在贸易能力、双边贸易流量
$DPGNI_{cjt}$	t 期中国的人均国民收入值与 j 国人均国民收入值的差值的绝对值	反映中国与 j 国的产业内贸易程度
$DMCAFTA_{cjt}$	是否在中国 — 东盟自由贸易区范围内	反映自贸区对双边贸易的影响程度
D_{cj}	j 国与中国两国间的物理空间直线距离	描述双边的贸易流量的障碍因素

其中：$GDP_{ct}GDP_{jt}$ 值越大，表明中国与 j 国的市场规模相对越大，贸易潜越大，预期系数值的符号为正；

$DPGNI_{cjt}t$ 值越大，即差别越大，则中国与 j 国产业间贸易更盛行；值越小，则中国与 j 国主要为产业内贸易；

D_{cj} 用来描述运输成本。距离成本越低，双方的贸易量越大；

$DMCAFTA_{cjt}$ 为虚拟变量，当 j 国在 t 时期是中国 — 东盟自由贸易区的成员国时，$DMCAFTA_{cjt}$ 值取 1，否则取 0。

当选择的截面数据仅是中国和东盟自由贸易区的国家时，对贸易引力模型进行最小二乘方法进行回归时，$DMCAFTA_{cjt}$ 变量会导致严重的内生性问题。所以本节选取了2002—2013年占中国对外贸易总量前70%的国家，这些国家或地区有23个，在这里选取了中国与这23个贸易伙伴国家或地区的面板数据，其中也包含东盟十个贸易国家，即荷兰、俄罗斯、越南、美国、菲律宾、缅甸、加拿大、新加坡、英国、德国、法国、意大利、印度尼西亚、马来西亚、柬埔寨、老挝、中国香港、日本、泰国、文莱、韩国、澳大利亚以及印度。在选取的数据中，中国和东盟十国以及其他13个国家或地区的GDP及 $DPGNI_{cjt}$ 都来自世界银行的数据库，D_{cj} 来自中国上海与各国首都之间的航空飞行距离。

二、模型的建立

本节将选取Tinbergen的贸易引力模型，被解释变量中选择 t 期中国与其他国家的双边贸易总额 T_{cjt}，上节BEC商品分类下的中国出口给 j 国的32、51和522号产品的贸易量，即 X_{cjt32}、X_{cjt51}、X_{cjt522}。选择32、51和522号产品的原因如下：我国资源匮乏，东盟国家在初级产品方面的竞争优势不易打破；中间产品的121和53号分别是资源密集型和劳动力密集型产品，相比于东盟我国的竞争优势不明显，22和42产品我国已将占有较高的市场份额；在最终产品上，41、52、112、61、62和63已经具有较强的竞争优势。所以，32、51和522产品(分别为加工过的燃料和润滑油，运输设备、客车，其他非工业运输设备)相较于东盟国家而言竞争力有待提高，发展这三类产品也符合我国当下的基本国情。

解释变量引入 $GDP_{ct}GDP_{jt}$(t 期中国与 j 国的国内生产总值的乘积)、$DPGNI_{cjt}$(t 期中国人均国民收入与 j 国人均国民收入之差值绝对值)、D_{cj}(j 国首都与中国上海间的距离)以及虚拟变量 $DMCAFTA_{cjt}$(是否为中国一东盟自由贸易区成员国)。建立如下模型：

$$InT_{cjt} = \alpha_0 + \alpha_1 In(GDP_{ct}GDP_{jt}) + \alpha_2 lnDPGNI_{cjt} + \alpha_3 InD_{cj} + \alpha_4 DNCAFTA_{cjt} + \mu_{cjt} \quad (6-7)$$

$$InX_{cjt32} = \beta_0 + \beta_1 In(GDP_{ct}GDP_{jt}) + \beta_2 lnDPGNI_{cjt} + \beta_3 InD_{cj} + \beta_4 DNCAFTA_{cjt} + \delta_{cjt} \quad (6-8)$$

$$InX_{cjt51} = \gamma_0 + \gamma_1 In(GDP_{ct}GDP_{jt}) + \gamma_2 lnDPGNI_{cjt} + \gamma_3 InD_{cj} + \gamma_4 DNCAFTA_{cjt} + \sigma_{cjt} \quad (6-9)$$

$$InX_{cjt522} = \lambda_0 + \lambda_1 In(GDP_{ct}GDP_{jt}) + \lambda_2 lnDPGNI_{cjt} + \lambda_3 InD_{cj} + \lambda_4 DNCAFTA_{cjt} + \upsilon_{cjt} \quad (6-10)$$

式中：α_0、β_0、γ_0、λ_0 为常数项；α_i，β_i，γ_i，$\lambda_i(i=1,2,3,4)$ 是待估参数；μ_{cjt}、δ_{cjt}、σ_{cjt}、υ_{cjt} 为随机扰动项。

三、模型的检验和回归

实证部分全部采用 eviews6.0 作出，首先对各个自变量序列进行单位根检验和面板的协整检验。单位根的检验目的主要是为了避免伪回归问题。下表分别为 T_{cjt}、X_{cjt32}、X_{cjt51}、X_{cjt522}、$GDP_{ct}GDP_{jt}$、$DPGNI_{cjt}$ 的单位根检验结果，如表 6－27 所示。

表 6－27　变量平稳性检测结果表

Prob.	Levin, Lin&Chut	ADF－Fish Chi－square	PP－fisher Chi－square
T_{cjt}	0.00	0.00	0.00
X_{cjt32}	0.00	0.00	0.00
X_{cjt51}	0.00	0.00	0.00
X_{cjt522}	0.00	0.00	0.00
$GDP_{ct}GDP_{jt}$	0.00	0.08	0.00
$DPGNI_{cjt}$	0.00	0.01	0.00

从表 6－27 可以看出，T_{cjt}、X_{cjt32}、X_{cjt51}、X_{cjt522}、$GDP_{ct}GDP_{jt}$、$DPGNI_{cjt}$ 的检验结果都较好，3 种单位根检验的 P 值均小于 0.05，认为均不存在单位根，说明 T_{cjt}、X_{cjt32}、X_{cjt51}、X_{cjt522}、$GDP_{ct}GDP_{jt}$、$DPGNI_{cjt}$ 时间序列数据均是平稳的，对此时间序列数据进行回归是有意义的。在进行单位根检验之后，采用 OLS 的不变参数模型进行回归，结果如表 6－28 所示。

表 6-28　变量回归结果

被解释变量	T_{cjt}		X_{cjt32}		X_{cjt51}		X_{cjt522}	
	系数值	P 值	系数值	P 值	系数值	P 值	系数值	P 值
C	−24.96	0.00	−40.81	0.00	−24.89	0.00	−19.74	0.00
$GDP_{ct}GDP_{jt}$	1.02	0.04	1.28	0.00	0.70	0.00	0.76	0.00
$DPGNI_{cjt}$	0.06	0.00	−0.04	0.64	0.22	0.03	−0.19	0.00
D_{cj}	−0.98	0.00	−1.44	0.00	−0.21	0.32	−0.37	0.00
$DMCAFTA_{cjt}$	0.88	0.00	1.80	0.00	1.27	0.01	0.30	0.29

四、模型回归结果分析

通过本节模型回归的结果来看，T_{cjt}、X_{cjt32}、X_{cjt51}、X_{cjt522}、$GDP_{ct}GDP_{jt}$、$DPGNI_{cjt}$ 都通过了单位根的平稳性检验。其中，就中国与 j 国的双边货物贸易总量即 T_{cjt} 来看，$GDP_{ct}GDP_{jt}$ 变动 1%，中国与另一国家的贸易总量 T 就同方向增加 1.02%；$DPGNI_{cjt}$ 每变动 1%，中国与另一国家的贸易总量就同向变动 0.06%；D_{cj} 每变动 1%，中国与另一国家的贸易总量就减少变动 0.98%；$DMCAFTA_{cjt}$ 每变动 1%，中国与另一国家的总体贸易量就同向增加 0.88%。

中国向其他国家出口加工过的燃料和润滑油类(32) 的货物贸易中，$GDP_{ct}GDP_{jt}$ 每变动 1%，中国向另一国家的出口该类商品量就增加 1.28%；$DPGNI_{cjt}$ 每变动 1%，中国向另一国家的出口该类商品量减少 0.04%；D_{cj} 每变动 1%，中国向另一国家的出口该类商品量就反方向变动 1.44%；$DMCAFTA_{cjt}$ 当每变动 1%，中国向另一国家的出口该类商品量就增加 1.80%。

中国向其他国家出口运输设备、客车(51) 的货物贸易中，$GDP_{ct}GDP_{jt}$ 每变动 1%，中国向另一国家的出口该类商品量就同向增加 0.7%；$DPGNI_{cjt}$ 每变动 1%，中国向另一国家的出口该类商品量就同向变动 0.22%；D_{cj} 每变动 1%，中国向另一国家的出口该类商品量就减少 0.21%；$DMCAFTA_{cjt}$ 每变动 1%，中国向另一国家的出口该类商品量就增加 1.27%。

中国向其他国家出口其他非工业运输设备(522)的货物贸易中，$GDP_{ct}GDP_{jt}$ 每变动1%，中国向另一国家的出口该类商品量就增加0.76%；$DPGNI_{cjt}$ 每变动1%，中国向另一国家的出口该类商品量就反方向变动0.19%；D_{cj} 每变动1%，中国向另一国家的出口该类商品量就反方向变动0.37%；$DMCAFTA_{cjt}$ 每变动1%，中国向另一国家的出口该类商品量就增加0.3%。

GDP影响程度最大的是总量和加工过的燃料和润滑油类(32)的出口量，*DPGNI* 影响程度最大的是中国向其他国家出口运输设备、客车(51)和其他非工业运输设备(522)的量，一个是正效应，一个是负效应。距离影响最大的是总量和加工过的燃料和润滑油类(32)的出口量。自贸区这个因素对双边总量贸易、中国向其他国家出口32和51的商品的正效应都很大。

从本章贸易伙伴的贸易关系的数据可以看到，中国如果想增加与东盟国家的总体的货物贸易量，扩大双边的贸易潜力，可以从提高自身国内GDP入手。同时根据相关的经济规律判断，在一国因为国内生产总值的提高带动该国与其他国家双边货物贸易总额增加的同时，该国与另一国家也会因为该国与其贸易额的增加带动自身经济发展，为该国的国内经济发展、就业和社会稳定作出贡献。

两国间的地理距离是贸易引力模型中常见的要素。距离一般在经济学意义中被用于描述为运输成本的，属于阻碍两国间双边贸易的因素。在过去的贸易引力模型的相关的参考文献中得出的普遍结论是两国间距离越近，则表示双方进行贸易的运输成本越低，从而双边的贸易流量会增大。所以，本节的实证分析则进一步验证了这个普遍结论。

$DPGNI_{cjt}$ 表示两国人均国民收入值的绝对差。$DPGNI_{cjt}$ 值越大，则表明两国的人均收入水平差距越大，那么可以认为两国国民的需求偏好有所不同，两国的产业间贸易更易盛行；$DPGNI_{cjt}$ 值越小则相反。贸易引力模型的作用是对中国与东盟自贸区双边总体的产业贸易效应的验证。两国间的双边贸易总额受影响于双方的市场规模，即经济效应正相关。若两国间收入水平差距小，那么两国间的国民需求偏好则相似，则产业内贸易相对

更容易占据主导位置。且产业内贸易占主导的两国的双边贸易额必然相对少，而产业间贸易为主的两国双边贸易额必然相对较大。根据贸易理论，产业间贸易的发展可以带动贸易效应的增长，$DPGNI_{cjt}$ 与两国间的贸易量成正相关的关系正好可以说明这一点。就单项产品出口而言，我们可以看到，当 $DPGNI_{cjt}$ 增加时，表明两国的人均收入水平差距加大，这时中国 32 和 522 类产品的出口减少，而 51 类产品的出口增加。这就提示我们需要针对东盟内部不同经济发展水平的国家，有针对性地发展出口市场，增强我们产品的竞争力。

解释变量中 $DMCAFTA_{cjt}$ 为虚拟变量，本节实证结果显示，处于中国—东盟自由贸易区的两国较没有处于自贸区的两国，双边贸易总额相对较高。查看 2005 年以前的一些相关研究的引力模型，在文章的估计结果中，东盟自贸区的虚拟变量的回归结果均为负值，说明中国在对东盟国家的双边贸易总额相比对非中国—东盟自由贸易区的国家却不占优，这也与前几年的实际情况相符。但是，从本节面板数据估计的结果来看，说明 2002—2013 年中国东盟自由贸易区的贸易效应得到了极大的发展。对中国来说，东盟自由贸易区内的国家在与我国的双边贸易中发挥着越来越重要的作用，东盟自贸区的效应为正。

五、小结

本节利用贸易引力模型，对上一节分析认为需要进一步关注的产品的贸易影响变量进行了定量核算。研究发现，一些经典的贸易影响因素，例如 GDP、两国间距离等，对贸易的影响结果依然保持传统效应。而“自贸区”因素，对区域内国家产品的贸易具有明显的正效应。“人均国民收入值的绝对差”变量，则提示我们虽然东盟的整体贸易政策是一致的，由于但各自经济发展水平的差异状况，使得我们需要对东盟内不同国家、贸易的不同产品进行区别对待。

第五节　推动中国与东盟货物贸易发展的对策建议

一、国家层面

（一）深化区域经济合作

从前文的分析中可明显看到，从中国—东盟自贸区开始建立到正式运行，中国与东盟的贸易往来持续增长和推进。自贸区对单项货物或整体贸易的影响效应均为正效应。所以，为了进一步推进双方的经贸合作，中国提出的打造中国—东盟自由贸易区的升级版的建议正逢其时。

关于中国—东盟自由贸易区升级版的内容，中国国务院总理李克强于 2013 年 9 月召开的第十届中国—东盟博览会的致辞中已经明确地提出，具体内容有：中国愿意本着互利共赢、共同发展的原则，更新和扩充中国—东盟自由贸易区协定的内容与范围。双方可以考虑深入讨论进一步降低关税，削减非关税措施，积极开展新一批服务贸易承诺谈判，从准入条件、人员往来等方面推动投资领域的实质性开放，提升贸易和投资自由化便利化水平。

打造中国—东盟自由贸易区升级版至少要做到以下三个条件：其一是提升双方货物贸易的水平。目前，双方都是对方重要的贸易伙伴。但由于双方均属于发展中国家，在许多产品的外部贸易对象上存在互相之间的低水平竞争，会对双方均造成不利影响。而发展经济，提升国内生产总值会对双方的贸易水平有更多的推动作用。升级版要有利于促进中国和东盟整个区域的经济发展，双方彻底取消货物贸易壁垒和非关税壁垒，在开放包容的环境下取得互利共赢。其二是提升双方投资和服务领域的开放水平，可以考虑按“负面清单”和“准入前国民待遇”原则进行开放安排，考虑到经济发展的水平和承受能力，在安排上可以增加灵活性。其三是深化中国与东盟经济合作，利用中国提出“海上丝绸之路”

的政策契机，把重点转向互联互通建设的合作，制定10年规划，利用好丝路投资基金和亚洲基础设施投资银行融资机制，建成顺畅的基础设施网络，从而将双方的经济联系从货物或服务贸易转向全面的经济合作，反过来进一步推动贸易的发展。

（二）完善贸易便利化的配套措施

自CAFTA建立后，极大地促进了中国与东盟货物贸易领域的发展，但并不能完全满足双边货物贸易快速发展的需要，要推动中国与东盟货物贸易发展，各项促进贸易便利化的配套措施的跟进就显得更为重要。

首先，在基础建设领域。基础设施的硬件方面有公路和铁路建设、航运和空运；软件方面有互联网联通、信息共享、海关检查等相关的领域的建设。目前东盟国家之间在海运和航空运输方面发展较好，但是陆上运输，如铁路和公路的基础建设滞后，阻碍了中国云南和广西等西部地区与东盟陆上国家，如越南、柬埔寨、老挝等国的商品贸易。我国在陆上基础建设的工程承包方面经验丰富，具有成本和技术优势，我国可以开拓东盟市场，加快在东盟国家的基础建设方面的投资。

其次，在金融领域合作领域。中国的人民币境外结算多发生在我国与东盟国家的贸易往来项目上，我国也与东盟国家在金融领域多次交流合作，双方希望能够构建良好的金融服务和投融资环境，降低因货币差异带来的贸易成本。目前，中国与东盟双边贸易结算以美元为主，而使用本币结算的范围较小，美元汇率波动所带来的影响无法消除。中国—东盟自由贸易区今后的发展要继续扩大货物贸易领域，还要不断开放金融服务和投融资领域，从而有效促进贸易和投资的便利、自由，深化中国与东盟国家间本币的互换合作，真正发挥中国和东盟银联体的效用。

（三）增加双边贸易投资

与产业内贸易相对的产品，大多是高技术投入、高加工程度的产品，这些产品与国内其他部门的联系程度要远远大于原材料、劳动力密集型部门的投入，并且对一国经济增长的拉动作用比较明显。因此，加大双边投资力度将会更进一步促进产业内贸易的发展，缓解区内贸易竞争态势。

首先，需要增加高技术制成品领域的相互投资。东盟国家在中间产品上具有极强的竞争优势，吸引了较多国外投资，以技术优势形成了产业集群，如马来西亚的槟城工业园区，菲律宾的内湖、宿雾等地。我国目前的产业创新能力较弱，中国一方面要加大对这些地方的投资，获取区域内的先进技术；另一方面，可引导东盟对华的 FDI 到制造业发展较弱的地区，如我国的陕西、云南等中西部地区，形成资金随技术的国际流动和转移，提高中间产品和制成品领域的竞争力。

其次，我国要增加对东盟的自然资源性商品生产领域的投资。东盟在农产品加工领域上具有很强的优势且加工能力和技术较为成熟，同为亚洲国家出口的产品较为符合中国消费者的需求；同时，中国国内资源有限，而东南亚国家具有较丰富的矿产、能源资源，是我国进口的主要来源地。因此，中国应该进一步加强与相关国家之间的双边合作。如在充分利用现有的关税优惠条件的基础上，加大对东盟国家资源性产品产业的生产技术和生产设备升级投资，加大资源性产品货物运输产业投资，加快货物流通速度，从而缓解资源短缺的竞争劣势和不足，通过对外投资来缓解贸易方面的竞争压力。

二、企业层面

（一）实施市场多元化战略

由于历史因素及地理位置因素，中国和东盟国家出口的产品较为类似、有所重复，故其比较优势相近，同时高度依赖发达国家市场，所以双方在第三国市场上存在较强竞争。因此我国企业要在实施产品差异化战略的同时努力实现市场多元化，这样才能尽可能地减少甚至有效避免双方在出口市场上的竞争。要想实施市场多元化的战略，就需要鼓励各企业以各种有效方式努力开拓世界市场，以多元化为导向积极参与到竞争中，有步骤、有选择地开拓新兴市场。只有积极改变我国出口产业高度集中的现状，合理、有层次地在全球布置多元化格局，才能有效减少中国与东盟在国际市场上的竞争和摩擦。市场多元化战略不仅适用于国

际市场，同样适用于自贸区内。东盟国家内部经济发展水平差异较大，优势产品也有所不同。例如，与中国的人均收入水平差异越大，我国51类产品的出口增加，而32和522类产品的出口则减少。所以，应对不同的产品设计不同的市场拓展方向。

（二）充分利用好相关行业协会的作用

企业参与行业协会能够获得众多便利。在中国政府从宏观政策层面上推动区域经济合作时，各行业协会应发挥更多的协调和组织作用，通过其广泛的联络渠道与东盟国家的不同社会阶层建立联系。例如中国—东盟商务理事会，在这个行业协会的引导下，我国与东盟国家的咖啡、服装、食品、物流、橡胶等双边贸易行业合作委员会相继在昆明成立。因此，我国外贸易企业可以充分利用好相关行业协会的优势，与东盟国家深化合作，扬长避短，达到双赢。企业要利用赴东盟考察的机会，建立和发展商务关系，结合区域经济新形势和自身优势，积极开展与东盟企业的贸易、投资合作。这将有利于利用双方经济结构互补性，由企业单一合作发展为企业合作与行业间配套合作相结合，打造区域内优势互补的产业链，提高本区域生产力以及在国际市场上的竞争力。

（三）巩固既有产品竞争优势

在目前的产品竞争态势中，我国的中间产品和最终产品从总体上看具有普遍的竞争优势。尤其是中间产品的22类产品、最终产品的41、52、112、522、61、62及63类产品，均具有一定的竞争优势。那么，我们需要在现有政策框架下，继续发挥这些产品的竞争优势并继续保持行业领先地位。因为除了41、61、62类产品我国的竞争优势非常明显，中国出口与对方进口形成较强的互补关系以外，其他的各类产品，要么受到泰国、越南等国家的激烈竞争，要么在出口市场上并未形成绝对的互补型出口关系，竞争优势并非牢不可破。所以，相关产品领域的企业，必须对市场进行认真分析和甄别，通过优化生产模式和技术创新，开发不同种类的新产品，通过产品多样化和差异化创新，使竞争性产业转变为对方特别需求的互补性产业，促进产品出口，增强市场竞争力。

（四）重塑新的竞争优势

在和东盟的货物贸易中，我们缺少竞争优势的产品包括两类：一类是初级产品，另一类是中间产品领域的劳动力密集型产品。由于我们和东盟国家均属发展中国家，经济发展水平接近，许多东盟国家在初级资源拥有量上比我们的人均资源为高，所以，在111、21和31类产品，尤其是前两类产品上，我们不仅没有竞争优势，而且在进口方面已经与对方的出口形成了较强的互补关系，比较依赖对方的出口。而在31类产品初级燃料和润滑油上，我们缺乏竞争优势，但同时，对对方的市场也没有太多的依赖。这意味着我们需要在更广大的国际市场上寻求更优质廉价的能源，以弥补该领域的资源先天不足的状况，同时，提高资源的利用效率，为经济的后续良好发展奠定基础。

劳动力密集型产品曾经是我国的竞争优势，但随着泰国、菲律宾、印度尼西亚等国的经济发展和国际竞争的加剧，我们在和东盟贸易时已经失去了该类产品的竞争优势。所以，一方面我们需要在人力成本提升的背景下提高劳动生产率；另一方面，也需要在技术革新、新市场拓展方面做更多的工作，避免与东盟国家之间进行低水平竞争，这样才会有重塑竞争优势的更多空间和可能。

三、小结

在前文分析的基础上，我们从国家层面和企业层面分别提出了进一步发展中国东盟货物贸易的对策建议。国家层面上的对策主要强调"升级版中国—东盟自贸区"的进一步细化和实施，推动基础设施建设，深化双方的区域经济合作程度。而在企业层面上，我们认为只有强化行业协会的引导和协调、提高劳动生产率、推动分工协作的程度，才能实现互利共赢和长远发展。

第六节　研究结论与研究展望

一、主要结论

通过前文的分析，本章得出如下结论：

（1）中国—东盟自由贸易区建设明显促进了中国与东盟国家双边贸易额和贸易依存度的增长。东盟对中国的进出口贸易依存度都大于中国对东盟的进出口贸易依存度，中国巨大的国内消费市场正在为东盟的出口提供机遇。

（2）就区域显示性竞争优势而言，与东盟国家相比较，我国的初级产品类的比较优势不足，而中间产品和最终产品比较优势在增强。本章分析的各类产品都存在着不同程度的竞争关系。首先，就初级产品而言，中国一直处于相对比较劣势状态，印度尼西亚和越南占据着较强的区域贸易竞争优势；其次，中间产品上，新加坡和菲律宾优势明显；另外，最终产品上，中国区域内竞争优势比较明显。自贸区内的产品分工开始慢慢体现，中国的产品类型在自贸区内属于较高技术含量的。

（3）就中国与东盟自由贸易区内主要国家的贸易互补性而言，除越南外，中国进口与东盟各国出口的贸易互补指数普遍大于中国出口与东盟各国进口的贸易互补性指数。除个别国家外，在2002年中国—东盟自由贸易区开始建设之后，双向的贸易互补性指数都经历了一个整体上升过程，中国—东盟自由贸易区的建设使得中国与东盟优势互补产业的贸易潜力得到了一定程度的发挥，促进了中国与东盟各国的贸易往来。特别是对于东盟国家的发展，中国起到了非常重要的作用。中国进口与马来西亚、菲律宾、新加坡、泰国出口的综合贸易互补性指数较高并保持小幅震荡，表明中国与这些国家的贸易紧密程度较高且较稳定，这体现了在中国—东盟自由贸易区中中国地位的重要性。

（4）就引力模型的实证结果来看，自贸区建设对双方的贸易都会带来正效应，地理距离越近，对开展贸易越有利。国内生产总值规模对中国与东盟国家贸易总量影响还是很大的，人均国民生产总值差异越大，两国间越容易进行产业间贸易，而差异越小，两国间的产业内贸易则越容易发展。

二、研究展望

（1）本章研究对象可以进一步扩充。受到数据的可得性的限制，本章未详细分析东盟国家中经济发展相对滞后的、总贸易量小的“新”东盟国家，然而随着各国经济的发展以及在数据统计上的进步，未来可将东盟十国全部纳入研究范围，进而会得出更加全面、客观的研究结论。

（2）有待进一步改进的是对区域显性比较优势的测算。本章基于BEC编码将产品分类为17种产品，应用RRCA指数来体现区域显性比较优势指数，但是该指数还是较为粗略，不够细致，即使一国出口某类产品上的RRCA指数较小，也不能简单地断定该国在该类产品上没有竞争力。接下来的研究可以将产品划分得更加细致，这将为中国与东盟进一步合作提供更加具体的参考意见。

（3）在计量模型中有待加入更多的影响变量，同时今后可尝试应用多种估计方法。影响贸易水平的因素不仅仅是市场规模差距、人均收入差距、国家之间的距离，还包括其他很多因素。限制更多影响因素加入计量模型，一方面是数据可获得性问题，另一方面是指标量化问题。

另外，本章根据经验研究采用面板数据固定不变参数模型进行估计，该方法也可以在未来的研究中进行进一步完善与改进。

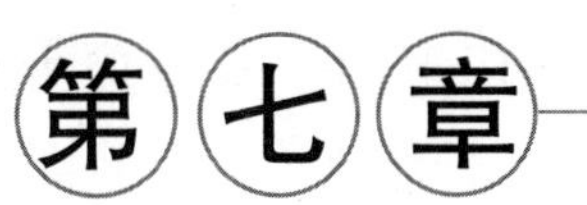

第七章 中国对东盟直接投资现状与影响因素

第一节 引言

一、研究背景和意义

（一）研究背景

经济全球化和区域经济一体化已成为当今世界经济的主要特点，也是世界经济发展的重要趋势。经济全球化使世界各国、各地区之间的经济联系不断加强，相互依赖程度日益提高，逐渐形成全球统一市场。而区域经济一体化又促进各经济体之间的相互渗透、相互延伸和相互接轨，各个国家和地区开始通过国际经济运行体系来逐步实现双方经济利益最大化。我国只有充分利用国内国外的市场资源，积极参与全球经济的合作与竞争，才能充分发挥自身比较优势，推动本国经济的长远发展。

近年来，东亚和东南亚成为了重要的资本输出国，而我国与东盟国家之间，不仅有地理位置接近的明显优势，也有着相似的文化背景和历史境遇，在处理国际社会事务方面有着很多的共同语言。2002 年 11 月中国与东盟各国领导人共同签署《中国与东盟全面经济合作框架协议》，双方一致同意在 2010 年建成一个拥有 19 亿人口、国内生产总值超过 6 万亿美元、贸易额达 4.5 万亿美元的大市场。2004 年、2007 年、2009 年又分别签署了《货物贸易协议》《服务贸易协议》《投资协议》，进一步促进了双方投资便利化和自由化，掀起了我国企业纷纷投资于东盟国家的热潮。2010 年，中国—东盟自由贸易区正式建成，东盟市场进一步向中国开放，中国对东盟的平均关税降至 0.1%，投资壁垒进一步消除。2013 年 9 月 3 日，李克强总理在第十届中国—东盟博览会和中国—东盟商务与投资峰会上提出："将打造中国—东盟自由贸易区'升级版'，并且承诺今后 8 年新增双向投资 1500 亿美元。"

为了密切中国与东南亚各国的关系，促进中国与这些国家的经贸合作，提升中国对外开放水平，2013 年 5 月国务院总理李克强提出"孟中缅印经济走廊"和"中巴经济走廊"计划，2013 年 10 月 3 日，国家主席习近平在印尼访问中首次提出建设 21 世纪"海上丝绸之路"的战略构想，并与之前的"丝绸之路经济带"和"中蒙俄经济走廊"计划共同构成了"一带一路"的基本框架。同年 10 月 9 日，在文莱举办的第 26 次中国—东盟领导人会议上，李克强总理倡导中国与东盟共同建设 21 世纪"海上丝绸之路"，做好海上大文章。2013 年 11 月十六届三中全会通过《中共中央关于全面深化改革若干重大问题的决定》中明确要求："加快同周边国家和区域基础设施互联互通建设，推进丝绸之路经济带，海上丝绸之路建设，形成全方位开放新格局。"2013 年 12 月的中央经济工作会议则提出"推进丝绸之路经济带建设，抓紧制定战略规划，加强基础设施互联互通建设。建设 21 世纪海上丝绸之路，加强海上通道互联互通建设，拉紧相互利益纽带"。对共建"丝绸之路经济带"，习近平总书记还提出加强政策沟通、道路联通、贸易畅通、货币流通、民心相通的"五通"举措，创新合作机制。而这"五通"举措同样也适用于 21 世纪海上丝绸之路的建设。事实上，随着 21 世纪"海上丝绸之路"战略构想的提出，中国对东盟直接投资将进入一个全新的快速发展的阶段，中国所倡导的 21 世纪"海上丝绸之路"建设为我国对东盟直接投资带来了新的机遇，影响我国企业国际投资的流量和流向。

（二）研究意义

研究本论题具有重要的理论意义和现实意义，具体包括以下三点：

（1）为国家政府部门出台相关的引导和扶持政策提供理论依据。本

章立足中国对东盟国家直接投资现状及存在问题，通过实证分析确定影响中国对东盟直接投资的因素，研究结论不仅可以有助于国家突破对东盟国家直接投资发展困境，解决现有问题，还能为国家政府部门出台相关的引导扶持政策提供理论依据，保证我国对东盟国家直接投资持续增长，具有重要的现实意义。

（2）推动和加快21世纪“海上丝绸之路”建设，丰富其内涵。目前学术界对“海上丝绸之路”相关问题的研究相对不足，“海上丝绸之路”一直是历史、文化类学科的重要研究领域，主要集中在“海上丝绸之路”的空间界定和“海上丝绸之路”建立的对策研究上，而相关的影响实证研究成果较少。本章是在21世纪“海上丝绸之路”建设背景下研究中国对东盟直接投资影响因素，不仅可以推动和加快21世纪“海上丝绸之路”建设，还可以丰富其内涵，具有重要的理论意义。

（3）扩大随机前沿方法的应用范围，改进引力模型。随机前沿分析方法的本质是通过观测考察投入与产出样本值，确定投入产出函数，通过现有实际投入量估计前沿产出量，且随机前沿方法主要用于分析投入产出函数中的技术效率。本章将随机前沿方法引用到传统引力模型中，用来分析投资的影响因素，可以扩大随机前沿方法的应用范围。与此同时，传统引力模型都无一例外地把那些不可观测的、难以量化的或者是制度性的因素以及其他限制投资的因素归入模型的残差项，不利于对实际情况的分析。但是在随机前沿的引力模型中，这些因素会作为一种限制投资的因素，即技术非效率项被单独处理，从而改进了引力模型。

二、研究思路及内容

（一）研究思路

共同建设21世纪“海上丝绸之路”的提出，使得中国对东盟直接投资进入了一个全新的快速发展的阶段。而我国目前对东盟投资的现状如何，存在哪些问题，导致这种现状发生的影响因素是什么，在21世纪“海上丝绸之路”建设背景下，什么因素促进或限制了相互间的投资流动，根据这些影响因素应当怎样加强中国对东盟的投资，这些问题值得我们思考和探讨。这些问题的研究不仅能推动和加快海上丝绸之路的建设，丰富其内涵，还能为国家未来投资提供指导意见，因而具有重要的理论价值和现实意义。本章主要针对中国对东盟直接投资来开展研究，通过梳理 FDI 相关理论以及罗列目前国内外学者对中国东盟直接投资的研究综述，揭示中国对东盟直接投资现状及存在问题，探讨在新背景下中国对东盟直接投资的影响因素，并在以上研究的基础上，从政策制度、科技人文、海运基础设施建设、区域合作机制以及货币金融角度提出相应的对策建议。

（二）研究内容

本章具体研究内容包括以下方面：

第一部分为引言。该部分主要交代选题背景和意义，强调在 21 世纪"海上丝绸之路"建设背景下研究中国对东盟 FDI 影响因素的重要性，同时阐明研究思路和研究内容。

第二部分为相关理论梳理与文献综述。该部分主要采用文献研究的方法，通过梳理 FDI 相关理论以及罗列目前国内外学者针对 FDI 以及中国对东盟直接投资的研究，找出目前理论研究的薄弱点，为文章之后的分析和说明建立一个坚实的理论基础。

第三部分是中国对东盟直接投资的现状及问题分析。该部分采用 2005—2013 年的公开统计数据，对中国—东盟直接投资的现状进行定性与定量分析。首先，就中国—东盟投资的总体概况做阐述，从投资存量和投资流量的角度，分析归纳中国—东盟直接投资额的绝对量、相对量的发展变化情况。其次，从产业角度，分析中国—东盟投资的产业分布状况。采用比较分析的方法，从纵向演变角度研究中国对东盟整体的产业投资状况以及发展变化。最后，分析中国对东盟各成员国直接投资的国别分布状况，针对每个东盟成员国的具体情况做具体分析。通过以上分析，总结目前中国对东盟直接投资存在的问题。

第四部分是基于 SFA 的中国对东盟 FDI 影响因素实证分析。在上一

节研究的基础上，首先确定实证分析的方法为随机前沿方法而不是最小二乘估计方法，然后阐述模型设定的基本思路，依据影响因素是否在短期内发生改变将其分为主要影响因素（或称自然因素）和相关影响因素（或称人为因素），并针对不同的影响因素分别选用随机前沿引力模型和投资非效率模型进行分析。其中投资非效率模型的分析是对随机前沿引力模型中的一个变量即投资非效率项经过单独分离后开展的分析，且假定影响投资的全部阻力因素被投资非效率项所吸收，去除投资非效率项的随机前沿引力模型可以估计投资前沿水平。在以上设计思路的基础上，设定两个模型的具体形式，确定具体的影响因素。

第五部分为加强中国对东盟直接投资的对策建议。在以上现状分析和实证分析的基础上，分别从政策制度、科技文化、基础设施建设、区域性合作、人民币结算等方面提出相应的对策建议。

第六部分为本章的研究结论及进一步研究的展望。

三、小结

在引言里，我们主要讨论了选题背景和本章研究的主要内容。21 世纪“海上丝绸之路”的提出，是国家发展的新战略，是企业面临的新机遇和新挑战。本章以这个大背景为出发点，探讨中国对东盟直接投资的发展现状及影响因素，丰富了相关研究的内涵，并且具有一定的现实指导意义。

第二节　相关理论与文献综述

在对外直接投资理论流派中，比较著名的包括海默的垄断优势理论、弗农的国际产品生命周期理论、巴克利的内部化理论和邓宁的国际生产折衷理论等。

一、对外直接投资相关理论梳理

（一）国际生产折衷理论

邓宁于 20 世纪 70 年代建立了国际生产折衷理论，引入区位优势的概念来解释跨国企业对外直接投资行为。邓宁指出企业进行对外直接投资必须同时具备所有权优势、区位优势和内部化优势。其中，所有权优势包含企业规模、组织管理能力、技术优势及金融与货币等方面的优势，是发生国际投资的必要条件；内部化优势是指跨国公司为避免因不完全市场而给企业带来不利影响，为了使企业保持原有优势而将其拥有的资产进行内部化处理的能力，内部化优势是对所有权优势的进一步稳固；区位优势指对于跨国公司而言，东道国本身特有的投资环境等方面的优势，是发生国际投资的充分条件，区位优势包括直接区位优势和间接区位优势，因其客观存在，跨国公司只能适应和利用这项优势。依照国际生产折衷理论，如果跨国公司仅拥有所有权优势，则只能选择技术转让或许可证贸易方式；如果仅具备所有权优势和内部化优势，就会丧失区位优势带来的收益，则只能采用出口方式；因此只有同时具备所有权优势、内部化优势和区位优势，并将其三者结合起来，跨国公司才能进行国际直接投资。在该理论中，区位因素是影响国际直接投资的关键因素。邓宁将区位因素归类为市场因素、贸易壁垒、成本因素及投资环境四种类别，其中投资环境除了东道国的法律法规和政治稳定以外，还包括语言、文化、习惯等。本章中作为影响因素的货币制度、金融制度、是否拥有共同语言以及可以反映文化同源性的华人人口数等体现制度环境和文化环境的因素会对中国对东盟直接投资产生影响，其理论支持就是邓宁所提出的国际生产折衷理论。

（二）投资发展阶段论

20 世纪 80 年代初，邓宁在国际生产折衷理论的基础上，将策略变量、GNP 等纳入到国际直接投资各阶段的分析中，提出投资发展阶段论。邓宁认为，处于不同发展阶段的国家，其经济发展状况和水平对本国企业所有权优势和内部化优势的实现，以及本国区位优势的状况都会产生重大影响。这些因素将决定直接投资的流出流入状况。邓宁以人均 GNP 作为衡量一国经济发展水平的指标，具体地把一国对外直接投资的发展划分为四个阶段。随着人均 GNP 的提高，该国对外直接投资也随着

不断增加。可见经济发展状况和水平对一国对外直接投资有着重大的影响。本章中作为影响因素的人均 GDP 可以作为反映国家经济发展水平的指标，其理论依据就是邓宁提出的投资发展阶段论。

（三）市场内部化理论

英国学者卡森、巴克利与加拿大学者拉格曼基于科斯的新厂商理论和市场不完全的基本假定提出了市场内部化理论。不同于前面提及的国际生产折衷理论中的内部化优势，市场内部化理论是当前解释对外直接投资的一种比较流行的拥有独立体系的理论。该理论认为：市场的不完全性是由市场机制的内在缺陷所引发的，某些产品的价格难以通过市场自行确定，所以无法通过市场合理配置最大化利润，而跨国公司拥有内部化优势，即通过将产品在企业内部转移代替市场转移，来消除外部市场的不完全性，并且用企业内部的管理机制代替外部市场机制以便降低交易成本。内部化过程的决定因素包括行业特定因素、企业特定因素、国别特定因素及地区特定因素，其中地区特定因素包括地理位置、文化差异及社会心理等引起的交易成本。与此同时，该理论还指出跨国公司采用对外直接投资的方式是为了避免因母国和东道国间由于经济制度、地区特定因素等方面的差异导致交易成本过高影响经济效益，故通过跨国公司对外直接投资采用市场内部化的方式来降低跨国经济活动的交易成本。本章中作为影响因素之一的地理距离因素就是源于市场内部化理论。

（四）技术创新与产业升级理论

20 世纪 80 年代中期以后，英国里丁大学专家坎特威尔教授与特仑提诺教授提出了技术创新与产业升级理论。该理论主要从技术积累论出发，试图揭示发展中国家的 FDI 活动。坎特威尔教授认为发展中国家技术能力的提高，与其国际直接投资积累增长相互联系，技术能力的存在和累积是国际生产活动模式和增长的重要决定因素，同时也是重要结果。依据坎特威尔等人的研究，发展中国家跨国公司的海外直接投资遵循下面的发展顺序：首先是周边国家进行直接投资，充分利用种族联系；随着海外投资经验的积累，种族因素重要性下降，逐渐从周边国家向其他发展中国家扩展直接投资；最后在经验积累的基础上，为获得更先进的复杂制造业技术开始向发达国家投资。由此可见，随着技术积累、创新，发展中国家的 FDI 逐渐从资源依赖型到技术依赖型投资。本章作为影响因素的技术创造能力的理论支持便来自技术创新与产业升级理论。

二、对外直接投资影响因素的分析方法

（一）ISM 分析法与 AHP 分析法

ISM 分析法是华费尔于 1973 年提出的，又称解释结构模型分析法，主要用于分析复杂系统的构成元素以及它们之间的相互依赖、相互制约关系。ISM 方法属概念模型，可以将模糊不清的观点转化为直观的、层次分明的逻辑结构，尤其适用于分析构成元素众多、关系复杂的系统。将 ISM 分析法应用于影响因素的分析中，可以将界限模糊的影响因素划分为若干个等级，比如表层影响因素、中层影响因素以及深层影响因素等，与此同时，解释结构模型分析法还可以帮助捋清各影响因素之间的结构关系，确定各影响因素对投资量的影响深度和广度，从而为决策者加大投资提供对策建议。其基本原理是把复杂系统的构成元素分解为若干子元素，利用人们的理论知识、实践经验以及计算机软件，将系统元素制作成一个多级递阶结构。ISM 分析可通过构建相邻矩阵来描述系统中两两影响因素之间的关系，当矩阵中的元素取 1 时，表示因素之间有影响，取 0 时表示因素之间无影响。将确立的相邻矩阵与单位矩阵加和，并通过一定的数据运算获得可达矩阵，用来分析一种影响因素可到达的另一种影响因素的程度。最后将生成的可达矩阵分解为可达集（从一种因素出发可到达的其他全部因素的集合）和前因集（表示可以到达一种因素的全部因素的集合），从而确定各影响因素的层次。

AHP 分析法又称层次分析法，是由美国匹兹堡大学教授萨蒂首次提出，该方法在 ISM 分析的基础上，根据对客观现实的判断对每一影响因素层次的相对重要性进行定量分析，再利用数学方法对每一层次的影响

因素按其重要性赋予权重，最后确定所有层次之间的总排序，从而确定影响因素的重要程度。由于相邻矩阵和可达矩阵的确立需要专家组的讨论确定，因此这种方法在本章研究中没有使用。

（二）随机前沿方法

随机前沿分析方法（简称 SFA）的本质是通过观测考察投入与产出样本值，确定投入产出函数，通过现有实际投入量估计前沿产出量。随机前沿方法需要估计前沿生产函数中的参数，是目前应用较为广泛的前沿分析法。

随机前沿方法最早可追溯到 20 世纪六七十年代，由 Meeusen、Broeck（1977）和 Aigner（1977）提出，用于分析投入产出函数中的技术效率，此时的随机前沿估计方法只能得到技术效率的平均值，样本技术效率不随时间变化而变化。1992 年，Battese 和 Coelli 引入 TVD 模型（时变衰减模型），用来估计每个样本的时变技术效率，使随机前沿方法得到改进。随机前沿方法在使用时需要考虑投入成本、产出利润或者生产函数的具体形式，并且引入误差项。该方法中，误差项被分解为两个相互独立的部分，即随机误差项 v 和技术无效项 u。其中，随机误差项依旧用来表示模型中受外界随机冲击的部分，是无法控制的因素。而技术无效项是非负的，用来表示模型中所有技术变化带来的非效率因素，且该方法假定随机误差项服从对称的标准正态分布，技术无效项服从非对称的半正态分布。将随机前沿方法运用到生产函数模型中，得到实际产出量的表达式为：

$$y_{ijt} = f(x_{ijt}, \beta)\exp(v_{ijt} - u_{ijt}) \qquad (7-1)$$

对(7－1) 式左右两边取对数,得：

$$\ln y_{ijt} = \ln f(x_{ijt}, \beta) + v_{ijt} - u_{ijt} \qquad (7-2)$$

以上公式中,等式左边的 y 表示实际产出量,右边的 x 表示影响产出量的投入因素，这些因素被认为是客观存在且在短期内不会发生变动的因素。β 被认为是模型中需要估计的参数部分，后两项为相互独立的随机干扰项和技术无效项，前者被认定服从正态分布，均值为零。后者为非负项，服从半正态分布或截尾正态分布，被认定为影响产出量的阻力因素，这里的阻力因素不仅包括增加产出的因素，也包括减少产出的因素，并全部纳入技术非效率项。当去除这些阻力因素后便可以计算产出的前沿水平，而前沿产出就是在目前状态下可以实现的最优产出规模，用公式表示为：

$$y_{ijt} = f(x_{ijt}, \beta)\exp(v_{ijt}) \tag{7-3}$$

从以上理论介绍中可以看出，随机前沿方法是可以用来分析产出的影响因素的。

三、关于中国对东盟直接投资的相关研究

关于中国对东盟直接投资的研究，目前主要集中在中国对东盟直接投资现状问题的相关研究、中国对东盟直接投资影响因素的相关研究以及中国对东盟直接投资对策建议的相关研究，本节也将从这三个方面对相关文献综述进行梳理。

（一）中国对东盟直接投资现状问题相关研究

常宏（2014）从投资的存量、投资的流量以及投资的行业分布上分别分析中国对东盟投资的现状，发现中国对东盟直接投资的存量和流量均呈现上升的趋势，在流量及行业的国别分布上不均匀。刘晓洁（2013）根据2003—2010年中国对东盟直接投资的统计数据，发现中国对东盟直接投资的规模逐步扩大、领域逐步拓宽、投资增长迅速，但仍存在总体规模较小、产业结构不合理、区域分布不平衡等问题。并且与东盟老成员国相比，中国对东盟新四国的投资增长迅速，主要原因是这四个国家经济发展水平相对落后、技术水平相对较低、基础设施不健全，与之相比，中国的比较优势较为明显，所以成为中国在东盟直接投资的主要对象国。刘潇（2013）则直接以东盟新四国为研究对象，通过分析这四个国家的市场特征，发现中国对其投资不仅表现在投资规模的增加，还体现在投资主要集中在资源密集型行业、投资方式以合作方式为主、投资主体是大型国有企业等。

（二）中国对东盟直接投资影响因素相关研究

陈婉（2013）基于2002—2011年中国对东盟直接投资流量的面板数据，利用标准引力模型的研究框架，分析研究了中国向东盟主要国家的对外直接投资流量与其各方的经济总量、地理距离之间的相关性，并在此基础上引入了技术距离变量，试图从母国与被投资国技术差距角度探讨对外直接投资额的影响。实证结果表明，中国与东盟国家间的技术距离差距与中国对其国际直接投资额有正相关关系。王婷婷（2012）通过构建中国对东盟直接投资影响因素的指标评价体系，选择2009年的截面数据，运用TOPSIS的统计方法，测算出中国对东盟直接投资影响因素的综合评价值和排名。然后选择具有代表性的因变量，采用2003—2009年的数据，构建动态面板模型，运用系统广义矩估计的方法，实证研究各影响因素与中国对东盟直接投资额的关系。李辉通过增加相关变量，扩展了邓宁的IDP理论模型，并使用1980—2004年55个国家和地区的国际面板数据，用PCSE方法对模型进行估计，结果显示人均GDP、出口、全球总需求和全球贸易总量、政府支出占经济总量的比重、服务业产出占GDP的比重都是我国对外直接投资的显著影响因素。陈岩、翟瑞瑞、郭牛森（2014）基于中国企业对43个国家或地区2003—2009年的面板数据的回归分析，考察母国与东道国各种维度的距离对企业对外投资决策的影响。其中，制度距离促进企业的对外投资，经济和文化距离则阻碍对外投资，技术距离与对外投资呈倒U型关系。该研究结果还表明，企业制定对外投资决策时，必须超越自身边界，把各种距离因素作为重要的决策参数。

随着21世纪“海上丝绸之路”概念的提出，学术界对于相关方面的研究逐渐兴起，“海上丝绸之路”的建设逐渐成为影响中国对东盟直接投资的一个重要因素。目前，学术界对该方面的研究也从最初的历史、文化类学科领域扩展到对经济领域的研究，主要包含着“海上丝绸之路”的空间界定以及“海上丝绸之路”建立的对策研究。在空间界定方面，吕余生（2013）聚焦于东盟，认为东盟国家是我国陆、海近邻，也是

"海上丝绸之路"的枢纽，将发挥举足轻重的作用。吴磊（2014）则认为"海上丝绸之路"不限于东南亚、南亚地区，而是联系太平洋、印度洋和大西洋，其交汇点是中东地区，因此中东地区的重要性将与日俱增。陈万灵和何传添（2014）以古代"海上丝绸之路"为依据，提出空间范围大体包括东南亚航线、南亚及波斯湾航线、红海湾及印度洋西岸航线三段。在对策建议方面，李金早（2014）提出深化经贸合作，加强与沿线国家工作对接、提升沿线国家贸易便利化水平、提升双向投资水平、构建高效便捷安全的基础设施网络、发挥金融助推作用等。周练（2014）以泰国为研究对象，认为21世纪"海上丝绸之路"包括航海交通、经济贸易、国际关系、科学技术、文化、宗教、历史、地理、移民等，领域更加广泛，内容更加丰富，而东南亚国家各港口间竞争加剧压缩了中泰经贸发展空间，应该建设中泰高铁交通网络，打通新航道促进贸易集聚。李向阳（2014）认为"海上丝绸之路"的突出特点是合作机制的多元化，这种多元化特征一方面来源于亚洲发展的特殊性，一方面来源于"海上丝绸之路"的基本定位，中国新时期经济外交的重要平台。在未来，"海上丝绸之路"的多元化合作机制将会与现行的区域经济合作机制并行不悖。全毅、汪洁、刘婉婷等（2014）提出"海上丝绸之路"的发展目标是：以海洋经济合作为重点，通过经济外交与人文交流，构建经济合作机制，推进港口互联互通和自贸区建设，发展多领域的双边和多边合作。

（三）中国对东盟直接投资对策建议相关研究

李建伟（2008）通过分析中国对东盟投资的策略选择，对加快中国对东盟直接投资提出两点建议，一方面是政府加强对投资东盟的政策性指导，提供东盟市场供求信息，加强东盟各国经营环境研究；另一方面，企业要积极利用东盟自贸区的有利条件，树立跨国投资战略意识，借鉴国际跨国公司的成功经验，提升企业国际竞争力。乔慧超、沙文兵（2012）基于东盟十国的Panel Data检验，对中国对东盟直接投资的决定性因素进行了实证性研究，依据模型实证的结果，我们认为在以贸易带动投资的同时，中国企业应利用人民币作为强势货币的优势加快对东盟

直接投资，同时也要防范和规避在东盟可能遇到的外汇风险，与此同时，还应当加大对基础设施建设方面的直接投资以及关注东盟各国的开放性政策和对外资的欢迎态度，把握好对东盟直接投资的有利时机。柳巍（2015）通过分析中国对东盟投资原因及存在的问题，认为中国对东盟直接投资应加强政府的宏观指导，深化中国东盟友好合作关系，充分利用金融资本，鼓励更多企业对东盟进行投资，调整直接投资的产业结构，促进行业对接。

四、小结

应该说，目前学者对中国对东盟直接投资相关问题研究比较深入。在投资现状、存在问题、投资影响因素、投资对策等方面，均有不少研究结论问世。我们经过对现有文献进行梳理后发现，在21世纪“海上丝绸之路”及“建设中国—东盟自贸区升级版”背景下，中国对东盟直接投资面临新的机遇和环境，需要结合新的研究方法，对中国对东盟直接投资问题进行重新梳理和分析。具体而言，我们将应用改进了的随机前沿引力模型，以及单独分离出来的非效率模型，分别对影响中国对东盟直接投资的主要因素和相关因素进行分析，期望找出促进中国对外投资的新的关键因素，进而提出更有针对性的对策建议。

第三节　中国对东盟直接投资的现状及问题

中国与东盟国家自古以来文化相通，交往密切，双方在经济合作上既可以发挥自己的优势，也可以弥补对方的劣势，而在与其他国家的合作过程中双方又存在着竞争性的关系。东盟各国地处太平洋中部印度洋北部，与中国毗连，有丰富的自然资源，其得天独厚的生态环境也有助于经济作物的生长，除了老挝属于内陆国家，其他东盟成员国均属于沿海国家，广阔的海洋领域是其渔业水产业发展所具备的先天优势。与此同时，东盟各国拥有数量较多的廉价劳动力资源，可以为其各行各业的发展提供源源不断的动力。但是东盟各国的经济发展水平差异较大，政策法律制度限制条件较多，科技发展程度参差不齐，交通基础设施状况相对落后。与东盟各国相比，中国经济规模和市场规模不断壮大，科技发展水平不断提高，经济开放度不断扩大，交通基础设施状况不断完善，产业结构日益完整。合则共赢，中国需求资源，而东盟各国需求市场，中国与东盟加强各个领域的合作，使各自的优势资源可以在彼此贸易过程中收益最大化，从而实现共同发展和繁荣。

一、中国与东盟投资合作历史

20 世纪 60 年代初期，东盟开始着手建立外资利用制度，纷纷出台投资法律性文件，颁布投资法，以吸引外来投资。中国为了发展与东盟国家的经贸关系，先后与东盟国家签订相互投资协议，这些协议成为规范中国和东盟相互投资行为最早的制度。

20 世纪 90 年代，随着第 24 届东盟外长会议的开展，中国与东盟相互投资制度建设拉开帷幕。中国政府为了积极履行协议的义务，实施“引进来”战略，促使东盟国家企业到中国投资设厂，双方的投资潜力得以释放。

进入 21 世纪，中国与东盟的双边贸易和投资进入了高速发展的阶段，中国政府先后与东盟及东盟各国签订金融、制造业、农业等领域的合作合同、协议及备忘录，并对相关领域法律法规进行了完善。2002 年中国与东盟领导人签署《中国—东盟全面经济合作框架协议》，双方合作进一步深化，至 2006 年中国与东盟十国农产品实行零关税，取消非关税贸易壁垒，大约 600 种产品关税逐步减免为零。2010 年 1 月 1 日，中国与东盟十国组建自由贸易区（CAFTA），双边的合作取得了巨大的突破。首先，表现在双边的人员来往上，截至 2013 年，中国与东盟的人员来往高达 18.2 百万人次，同比增长 22%，其中，中国人员去往东盟 12.27 百万人次，东盟人员来往中国 5.99 百万人次。其次，双边的贸易总量逐年突破，截至 2013 年，中国东盟的双边贸易额高达 4436 亿美元。中国成为东盟最大贸易伙伴，东盟是中国的第三大贸易伙伴，2013 年的双边贸易同比增长 10.9%。最后，双边投资合作领域不断扩大。截至 2013 年年

底，双边的投资额达到141亿美元，中国向东盟投资额5.74亿美元，东盟向中国投资额83.5亿美元，中国对东盟投资总量在近几年增长较快。如今，东盟自贸区已成长为一个涵盖19亿人口、GDP达到6万亿美元的巨大经济体，是世界上人口最多的自由贸易区。

2013年10月3日，中国国家主席习近平在印度尼西亚国会的演讲中提到："东南亚地区自古以来就是'海上丝绸之路'的重要枢纽，中国愿同东盟国家加强海上合作，使用好中国政府设立的中国—东盟海上合作基金，发展好海洋合作伙伴关系，共同建设21世纪海上丝绸之路。"此次演讲全面阐述了中国对东盟的睦邻友好政策，提出携手建设中国—东盟命运共同体的战略构想，为中国—东盟未来的合作和共同发展描绘了一幅宏伟的蓝图，为发展中国与南海周边国家的关系指明了方向。事实上，随着我国对东盟直接投资规模逐步增长，覆盖领域有所拓宽，共同建设21世纪"海上丝绸之路"的提出，使得中国对东盟直接投资进入了一个全新的快速发展的阶段。与东盟自贸区相比，21世纪"海上丝绸之路"是以实现贸易畅通、道路联通、货币流通、政策沟通、民心相通的"五通"为目标，它已经超越了东盟自贸区的合作范围。如果按照区域一体化的理论和实践，东盟自贸区是一种低级的合作机制，那么"海上丝绸之路"的合作机制便是一种高级合作机制，它是立足联通太平洋和印度洋，以建设中国—东盟自由贸易区升级版为核心，向外辐射扩展的一条海上大通道。这条大通道必将深化我国对东盟国家的投资，为我国经济发展带来更多的机遇。

二、中国对东盟国家直接投资现状分析

（一）总体变化态势

近年来，中国与东盟各国相互投资不断扩大。2010年东盟自贸区建成以后，双方的投资规模迅速攀升，经济合作进一步深化。东盟对我国的投资最早发生在20世纪80年代，随着双方交往越来越频繁，投资额度逐渐扩大，2005年东盟十国整体对我国投资规模达到31.05亿美元，

2012 年突破 45 亿美元，同比增长 27.5%。截至 2013 年，中国实际使用的来自外商的投资金额为 1175.86 亿美元，其中，东盟各国对华外资投入的实际金额达 65.1 亿美元，已成为我国 FDI 流入的主要外资来源国（见表 7-1）。目前，随着中国的跨国企业对东盟各国投资产品数量的不断增加，我国已成为东盟的第五大外资流入来源国。中国与东盟的紧密联系和相互依存不仅深化和推动这两大经济体的交流与合作，保持其自身的稳步发展，而且为整个地区的发展奠定了基石。

表 7-1　2005—2013 各年末中国对东盟直接投资存量情况　单位：十万美元

国别	2005	2006	2007	2008	2009	2010	2011	2012	2013
菲律宾	193.5	218.5	430.4	867.3	1425.9	3873.4	4942.7	5931.4	6923.8
柬埔寨	768.4	1036.6	1681.1	3906.6	6332.6	11297.7	17574.4	23176.8	28485.7
老挝	328.7	960.7	3022.2	3051.9	5356.7	8457.5	12762.0	19278.4	27709.2
马来	1868.3	1969.6	2746.3	3612.0	4798.9	7088.0	7976.2	10261.3	16681.8
缅甸	235.9	1631.2	2617.7	4997.1	9298.8	19467.5	21815.2	30937.2	35696.8
泰国	2191.8	2326.7	3786.2	4371.6	4478.8	10800.0	13072.6	21269.3	24724.3
文莱	19.0	19.0	43.8	65.1	173.7	456.6	661.3	663.5	721.2
新加坡	3254.8	4680.1	14439.3	33347.7	48573.2	60691.0	106027	123833.	147507
印尼	1409.3	2255.1	6794.8	5433.3	7990.6	11504.4	16879.1	30980.4	46566.5
越南	2291.8	2536.3	3969.9	5217.3	7285.0	9866.0	12906.6	16043.8	21667.2
合计	12561.5	17633.8	39531.7	64869.9	95714.2	143502	214617	282375	356684
FDI	572056	750256	1179105	1839707	2457554	3172106	4247807	5319406	6604784
占比	2.1958	2.3503	3.3526	3.5260	3.8946	4.5238	5.0524	5.3084	5.4003
环比率		40.38	124.18	64.09	47.55	49.93	49.56	31.57	26.32

注：数据来源自《2013 年度中国对外直接投资统计公报》。

由表 7-1 可以看出，2005 年中国对东盟直接投资的存量金额未超过 13 亿美元，到 2010 年该数据突破 144 亿美元，2013 年末该数据则高达 356 亿美元。中国对东盟直接投资的存量金额从 2005 年到 2013 年增加了

27.4 倍，占存量总额的 5.4%。而这一数据是否能体现实际数据反映投资规模的实际状况则有待考察，因为国家商务部发布的对外投资统计报告中企业数据均来源于在国家商务部报备注册的企业，所以该数据并不能反映所有企业对外投资的状况，即使如此，我国对东盟的投资存量现状已经反映出企业投资的趋势。从表 7-1 同样可以看出，中国对东盟十国直接投资的年度存量逐年上升，2005—2009 年投资额度小幅度增加，2009 年以后急剧增加，但其在总体趋势上仍表现出上升态势。而从各年的环比增长率来看，存量角度上中国对东盟直接投资的年度环比增长率变化较大，增长速度迅猛，尤其在 2007 年到达年度增长率的峰值 124.18%，之后增速逐渐放缓，世界经济陷入低迷，国际投资骤减，但中国向东盟直接投资仍然翻倍。

由图 7-1 可以看出，中国对东盟十国 FDI 年度流量呈现波动性增长的特征。2005—2008 年，中国对东盟投资增长迅速，尤其 2006 年以后，中国对东盟的投资一改往日低迷的状态，投资迅速攀升，同比增长 80%，明显高于中国对外投资的平均水平，高出平均增速 20 个百分点，直至 2008 年投资流量达到 24 亿多美元。在 2009 年末增速明显下降，但整体还是呈上升趋势。在 2013 年，中国对东盟 FDI 流量达 72.67 亿美元，同比增长 19.1%，占流量总额的 6.7%，在东盟注册成立的中国企业达 2700 多家，雇佣当地员工 15.97 万人。

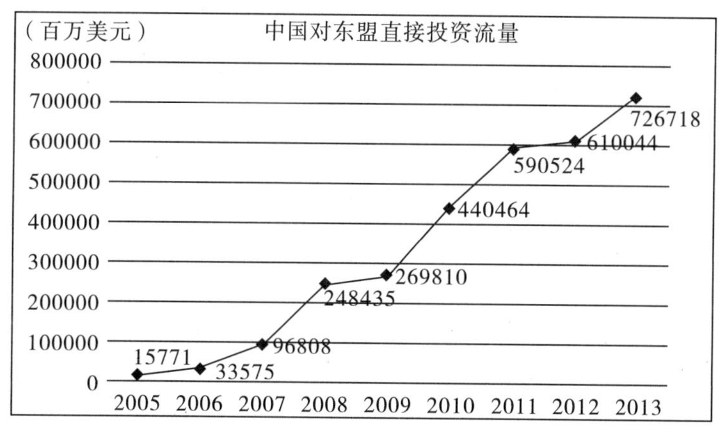

图 7-1　2005—2013 年中国对东盟直接投资流量变化态势

从以上部分的现状分析中可以看出，无论存量还是流量中国对东盟投资额度在时间维度上都是逐步提升的，而在与别国进行比较的空间维度上中国对东盟的投资额度偏低。表 7-2 和表 7-3 分别表示的是 2013 年末中国 FDI 存量、流量前 20 位的国家（地区）。表格中所列的数据充分表明，中国对东盟国家 FDI 规模依然占比不大，在 2013 年末排名前二十位的国家地区中，东盟十国里仅有新加坡、印度尼西亚和缅甸三国，分别位列第 6 位、第 13 位和第 17 位。其中，对新加坡的投资金额达 147.51 亿美元，占中国 FDI 的 2.2%；对印尼的投资金额为 46.57 亿美元，仅占中国 FDI 的 0.7%。在 2013 年中国 FDI 流量排名前 20 位国家地区中，东盟包括新加坡、印尼、老挝、泰国、马来西亚、柬埔寨和越南 7 个国家。从表格中也可以看出，这 7 个国家的投资总和仅占中国 FDI 的 6.2%，其中，新加坡的投资金额达到 20.33 亿美元。

在存量方面，2005 年，中国对东盟 FDI 只占中国 OFDI 的 2.2%，2010 年末为 4.5%，到 2013 年末为 5.4%。在流量方面，2005 年中国对东盟 FDI 只占中国 OFDI 的 1.3%，到 2010 年末为 6.4%，到 2013 年比值升至 6.7%。

表 7-2　2013 年末中国对外直接投资存量前 20 位国家（地区）　　单位：亿美元

序号	国家/地区	存量	序号	国家/地区	存量
1	中国香港	3770.93	11	加拿大	61.96
2	开曼群岛	423.24	12	挪威	47.72
3	英属维尔京	339.03	13	印尼	46.57
4	美国	219.00	14	法国	44.48
5	澳大利亚	174.50	15	南非	44.00
6	新加坡	147.51	16	德国	39.79
7	英国	117.98	17	缅甸	35，70
8	卢森堡	104.24	18	中国澳门	34.09
9	俄罗斯联邦	75.82	19	蒙古	33.54
10	哈萨克斯坦	69.57	20	荷兰	31，93

注：数据来源自《2013 年度中国对外直接投资统计公报》。

表 7－3　2013 年末中国对外直接投资流量前 20 位国家（地区）　单位：亿美元

序号	国家/地区	流量	序号	国家/地区	流量
1	中国香港	628.24	11	加拿大	10.09
2	开曼群岛	92.53	12	德国	9.11
3	美国	38.73	13	哈萨克斯坦	8.11
4	澳大利亚	34.58	14	老挝	7.81
5	英属维尔京	32.22	15	泰国	7.55
6	新加坡	20.33	16	伊朗	7.45
7	印度尼西亚	15.63	17	马来西亚	6.16
8	英国	14.2	18	津巴布韦	5.18
9	卢森堡	12.75	19	柬埔寨	4.99
10	俄罗斯联邦	10.22	20	越南	4.81

注：数据来源自《2013 年度中国对外直接投资统计公报》。

表 7－4 的数据来源于《2013 年东盟统计年鉴》，并对相应数据进行归纳整理，表格反映了世界主要经济体对东盟投资的整体水平比较结果。从世界主要经济体每年流入东盟的 FDI 来看，2010 年，欧盟为 19.5%，美国为 11.1%，日本为 11%，中国仅为 2.6%，2012 年，欧盟为 21.1%，美国为 6.4%，日本为 21%，中国仅为 3.9%。这也说明，中国对东盟 FDI 在空间纬度上的投资量仍然偏低，在未来可能会有较大的提升空间。

表 7－4　东盟流入 FDI 主要来源国

国别/地区	金额（百万美元）			所占比重（%）		
	2010	2011	2012	2010	2011	2012
欧盟	19325	28417	23305	19.5	25.9	21.1
日本	10842	12939	23113	10.9	11.8	20.9
美国	10997	7603	7066	11.1	6.9	6.4

续表 7-4

国别/地区	金额（百万美元）			所占比重（%）		
	2010	2011	2012	2010	2011	2012
中国香港	1360	4150	4960	1.37	3.8	4.5
韩国	3705	2552	2121	3.7	2.3	1.9
印度	3368	-1688	2635	3.4	0	2.4
加拿大	1310	1163	447	1.32	1.06	0.4
中国	2539	7336	4335	2.5	6.7	3.9
澳大利亚	3969	1106	1860	4.01	1.01	1.7

注：数据来源自《2013年东盟统计年鉴》。

（二）投资产业结构

20世纪80年代以后，东盟国家逐渐将许多劳动密集型产品的制造和组装转移到中国内地，如纺织服装、鞋类、电子电器组装、家具、石化产品、饲料加工等。此外，新加坡等国还将大量资本投向饭店餐饮业和房地产行业。目前，东盟的一些大中型企业在中国投资，主要涉及农业技术、矿产开采、化工机电、旅游设施、金融服务等行业独资或与中国企业合资。20世纪90年代以前，中国在东盟国家的投资主要是加工、装配和生产性的小型项目。第一产业和第二产业所占的比重较大，第三产业所占的比重微乎其微。随着东盟各国经济不断发展，第三产业部门的需求量也随之增加。目前，中国企业对东盟的投资已涉及能源开发、金融、建筑、化工、纺织、电气、医药和运输等行业，投资领域非常广泛。近年来，中国和东盟把互联互通作为合作的优先领域和重点方向。设立总规模100亿美元的中国—东盟投资合作基金，宣布250亿美元的信贷用来支持东盟基础设施建设。投资领域从传统的建筑业、承包工程逐步向农业、环保、能源、制造业和商业服务等领域拓展（见表7-5）。2010年12月，东盟基金首笔投资用于收购菲律宾第一大和第二大航运公司，并进行整合。2011年7月，东盟基金完成了泰国最大港口林查班港的股

权投资。2011年3月及2013年6月，东盟基金入股柬埔寨光纤通信网络公司，帮助其发展全国性光纤网络及在中南半岛的相关业务。

表7－5　2009—2013年中国对东盟投资产业分布　单位：万美元

产业类别	2009	2010	2011	2012	2013
第一产业	11060	16843	19072	29971	54331
农林牧渔业	11060	16843	19072	29971	54331
第二产业	127192	252146	246386	438525	394272
工业	108997	217540	202113	378434	324468
采矿业	46554	89817	44609	171434	123399
制造业	27511	48593	56863	98821	118858
电力燃气	34932	79130	100641	108179	82211
建筑业	18195	34606	44273	60094	69804
第三产业	131558	171475	325066	141548	278115
批发和零售业	90995	17102	75253	68288	123445
租赁商务服务业	15207	15598	56674	44041	62133
金融业	14202	107934	61999	9399	54234
交通运输	6133	8213	108820	9319	14571
房地产业	3548	4704	2675	4453	5121
科学研究技术	527	16659	14918	2464	8181
信息传输	240	104	518	628	1473
居民服务	163	148	2713	1202	2045
住宿和餐饮业	40	148	11	1241	5235
其他行业	503	865	1485	513	1677
合计	269810	440464	590524	610044	726718

注：数据来源自《2013年度中国对外直接投资统计公报》。

由表7－5可以看出，中国对东盟直接投资中第一产业在2013年达到5.4亿多美元，占总投资额的7.4%左右。中国对东盟第二产业的直接投资总体上呈现上升趋势，2012 年高达 43.8 亿美元，占比 71.8%，2013 年有所下降，占比 54.3%。主要以采矿业、制造业和电力为主，其中，采矿业一直是中国对东盟直接投资的主要行业，2010 年占中国对东盟直接投资流量的 20.4%，此后，比重有所下降，2011 年采矿业的直接投资流量为 4.4 亿美元，下降到 7.5%，到 2012 年又上升至 28%，但采矿业在第二产业中的份额一直占有绝对比例，2012 年占第二产业投资流量的比重达 39.1%。2009 年以后，制造业的直接投资呈稳步增长之势，比重从 2009 年的 10.2%到 2013 年的 16.4%。中国对东盟第三产业的直接投资波动较大，近年来逐渐成为中国对东盟直接投资的主力，2011 年占中国对东盟直接投资流量的比重高达 55%，直接决定了中国对东盟的投资状况。此后虽有所下降，但 2013 年仍占 38.3%。其中，批发和零售业、租赁和商务服务业以及金融业是中国对东盟第三产业投资的主要领域，占全部第三产业投资流量的 80%。2010 年批发和零售业、租赁和商务服务业、金融业的投资流量分别为 1.7 亿美元、1.6 亿美元、10.8 亿美元，占全部第三产业投资流量的 82%。而 2013 年批发和零售业、租赁和商务服务业、金融业的投资流量分别为 12.3 亿美元、6.2 亿美元、5.4 亿美元，占全部第三产业投资流量 86.2%。

由于各东盟国家的资源禀赋差异，越南、老挝、柬埔寨、缅甸仍以农业为主，现代工业占比较少，资源加工型产业、劳动密集型产业所占比重较大。而马来西亚、泰国、菲律宾、印度尼西亚以橡胶、椰子、木材加工以及矿产开采与冶炼为主的传统资源密集型与劳动密集型产业、生物技术等高新技术产业却取得突飞猛进的进展。根据中华人民共和国统计局统计资料显示，2013 年中国对东盟直接投资的构成中，批发和零售业发展迅速，达到 12.34 亿美元，占中国对东盟全年总投资的 17%，投资主要分布在印度尼西亚、老挝和新加坡等国家。其次为采矿业，投资额为 12.339 亿美元，占比 17%，主要分布在印度尼西亚、缅甸、老挝和新加坡。第三位为制造业，占比 16.4%，主要分布在泰国、越南、印度尼西亚、柬埔寨、马来西亚和缅甸等国家。相比于这三个行业的投资，中国在科学研究和技术服务业、信息传输软件信息服务业、居民服务修

理和其他服务业上的投资明显偏低，分别占1.1%、0.2%和0.3%。从2013年中国对东盟直接投资存量的行业分布来看，电力、热力、燃气及水的生产和供应业为60.4亿美元，占16.9%；采矿业52.8亿美元，占14.8%；批发和零售业47.6亿美元，占13.4%；制造业46.7亿美元，占13.1%；租赁和商务服务业39.2亿美元，占11%。此后为建筑业（8.2%）、金融业（7.9%）、农林牧渔业（4.5%）、交通运输、仓储和邮政业（3.9%）、房地产业（3.7%）、科学研究和技术服务业（1.5%）、信息传输软件和信息服务业（0.4%）、居民服务修理和其他服务业（0.2%）、文化体育和娱乐业（0.1%）、教育（0.1%）和其他行业（0.1%）。

（三）投资国别分布

由于经济发展的不均衡及各自对资源的需求不同，无论中国对东盟的直接投资或是东盟各国在华投资均存在较大差异。东盟五个原始成员国，即印度尼西亚、马来西亚、菲律宾、新加坡和泰国这五国几乎垄断了东盟在华的全部投资，新加坡在华投资在东盟诸国中占比更高达72.7%。而在东盟对华所有投资中，当地华人企业的投资占比达到80%，当然这与当地华人与中国人的同宗性密不可分。综合考虑政治、经济、地理、文化及优势资源互补的因素，中国对东盟各国的投资85%以上集中在印度尼西亚、泰国、新加坡、柬埔寨和越南五国。

在东盟各国中，新加坡是近几年我国在东盟国家中最大投资目的国。我国对其投资额度从2009年至2013年期间以平均9.49%的增长率持续增长，始终保持在对东盟各国投资的第一位，甚至在2011年占对东盟投资总额的55.4%。虽然在2010年、2012年有所下降，但其投资额仍然明显高于其他国家，始终保持第一位。对印度尼西亚的投资位居中国对东盟国家FDI第二位，2010年其吸引中国OFDI水平有小幅回落，之后持续增长，2013年我国对其投资达15.63亿美元。近年来，缅甸、柬埔寨、越南和老挝作为东盟新四国日益成为我国青睐的投资目的国，对越南、柬埔寨和缅甸投资增速较快，对老挝的直接投资流量从 2009 年的 2.03 亿美元增长至 2013 年的 7.81 亿美元，增长了近 4 倍。

2013 年上述东盟新四国吸收中国 FDI 占中国对东盟 FDI 总额的 30.8％。而我国对文莱的投资一直偏低，2011 年的投资流量为 2000 万美元，而 2013 年仅有 852 万美元，仅占中国对东盟国家直接投资流量总额比重的 0.12％。受国际国内政治形势的影响，我国对菲律宾直接投资在近两年有所下降，2013 年的直接投资流量为 5440 万美元，仅占投资总额的 0.75％。我国对泰国、马来西亚的投资呈现波动式变化，2010 年对泰国直接投资骤增，达到近 7 亿美元，2013 年之前我国对马来西亚的投资一直处于较低水平，2013 年迅速增长，达到 6.2 亿美元，增幅达 68％，占中国对东盟投资总额的 8.5％。

另据 2014 年《世界投资报告》数据显示，截至 2013 年年底，新加坡累计在华直接投资 20962 项，实际投资额累计 664.9 亿美元，实际投资额增长 14.65％，中国已经连续六年成为新加坡对外投资第一大目的地。而 2013 年新加坡吸收外资存量达 8376.5 亿美元，其中来自中国的投资存量为 147 亿美元。与此同时，随着双方经贸合作迅猛发展，中国对新加坡非金融类直接投资年均增长 155.5％，吸收新加坡直接投资年均增长 13.4％，新加坡已跃升为仅次于中国香港的中国第二大外资来源地。从我国对东盟直接投资的存量情况也可以看出，2013 年我国对新加坡的投资存量占比 41.4％，远远高出第二名印度尼西亚 28 个百分点。对新加坡非金融类直接投资存量达 135.96 亿美元，同比增长 18.89％，占中国对东盟投资流量的 46.34％。新加坡作为东盟国家中经济发展水平最高的国家，依然是我国企业对外直接投资的主要目的地。从产业分布来看，新加坡是以电子、石油化工、金融、航运、服务业为主的国家，高度依赖美国、日本、欧盟和周边市场。批发贸易、饭店旅游、交通与电信、金融服务、商业服务等服务业占 GDP 的 69.2％。农业产值仅占国民经济的 0.1％，主要由园艺种植、家禽饲养、水产养殖和蔬菜种植等构成。截至 2013 年，我国对新加坡的投资主要集中在批发零售业、制造业、电力热力燃气及水的供应业、租赁和商务服务业、金融业、交通运输仓储业

和房地产业等行业。

印度尼西亚是东盟最大的经济体，农业、工业和服务业均在国民经济中有着重要地位，其中农业和油气产业为传统支柱产业。农业占国内生产总值的15.3%，制造业产值占国内生产总值的26.4%，服务业占国内生产总值的37.1%。随着中国—东盟自贸区的全面启动，中国与印尼双边投资自由化和便利化进一步加深，两国经贸投资呈不断上升的趋势。2013年10月亚太经合组织第21次领导人非正式会议上，两国领导人签署了多项合作文件以及约100亿美元的经贸协议，标志着中国与印度尼西亚全面战略伙伴关系的建立。截至2013年年底，印尼对中国投资项目31个，实际使用金额1.3亿美元，同比增长97.9%。而中国对印尼直接投资流量15.63亿美元，投资存量46.57亿美元，中资企业在印尼新签承包工程合同346份，新签合同额67.82亿美元，完成营业额47.19亿美元。新签大型工程承包项目包括中兴通讯股份有限公司承建Indonesia Primasel CDMA2项目、华为技术有限公司承建印度尼西亚电信、中国华电工程（集团）有限公司承建印尼巴厘岛燃煤电厂项目等。从产业角度来看，中国对其投资领域主要涉及采矿业、批发零售业、制造业、建筑业、农林牧渔业及金融业。

作为东南亚第三大产油国和世界第四大天然气生产国，石油和天然气是文莱主要的经济支柱，油气98%供出口，2%供国内消费，农业收入占GDP总值不到3%，渔业收入约占GDP的0.5%。而文莱稳定的政治、经济、社会环境以及众多的政府优惠政策正吸引着越来越多的中国企业前来投资设厂。2013年10月，国务院总理李克强访问文莱，两国一致决定加强海上合作，推动共同开发。截至2013年年底，文莱吸收外资流量9亿美元，吸收外资存量142.1亿美元。其中来自中国的投资流量852万美元，存量7212万美元。中资企业在文莱新签合同额1738万美元，完成营业额8766万美元。目前，中国对其投资的领域集中在家具、电机机械器具及零件设备、水泥、钢铁制品、橡胶制品及有机化学品等方面。

越南盛产水稻和水产品，以农业为主，工业基础较薄弱，对外贸具有较高的依存度。根据中国驻越南商务参赞处的统计显示，截至 2014 年上半年，中资大陆企业在越南直接投资 1037 个项目，协议金额 78.5 亿美元，中国已成为越南第九大外资来源地。中资企业在越南市场的投资主要集中在加工制造、基础设施和建筑服务等领域，具体包括水泥、化肥、钢铁、电力、公路、桥梁、有色金属和铁路通讯信号升级改造等领域。柬埔寨的服务业、旅游业在国家经济中占据重要地位，农业基础薄弱，工业仍处于现代化发展的初级阶段，制衣业为柬埔寨唯一占主导地位的制造业。据柬埔寨发展理事会统计，2013 年中国对柬埔寨协议投资 4.36 亿美元，占柬埔寨年度吸引外资总额的 35.86%。截至 2013 年年底，中国累计对柬埔寨协议投资超过 96 亿美元，占柬埔寨吸引外资总额的 34.16%，中国是柬埔寨最大的外资来源国。中资企业在柬埔寨的投资领域较广，涉及制衣、农业、狂野、餐饮、旅游、房地产、电站电网等基础设施领域。老挝农业产值占 GDP 的 30%，旅游收入占 GDP 的 4.4%，矿产行业产值占 GDP 的 4.6%，交通运输邮电业产值占 GDP 的 4.6%，电力行业产值占 GDP 的 4%。据老挝方面统计，2013 年老挝累计吸引外商投资金额达 183.76 亿美元，仅 2013 年一年中国对其直接投资流量为 7.81 亿美元，直接投资存量为 27.71 亿美元，投资项目 815 个，对老挝非金融类直接投资 8.03 亿美元，同比增长 23.7%。中方在老挝投资涉及矿产、水电、农林渔牧、房地产、酒店、园区开发等领域。缅甸农业依旧是国民经济的基础，农业产值约占国民生产总值的四成左右，工业产值占国民生产总值的 31.8%，采矿业、石油天然气能源、加工制造业以及旅游业是缅甸的重点特色产业。2013 年年底，中国企业对缅方协议投资总额为 143.7 亿美元，占缅甸吸引外资投资总额的 32.4%。菲律宾农业渔业产值约占 GDP 的 20%，工业产值占 GDP 的 33%，制造业约占工业总产值的 73.6%，建筑业约占 12.3%，矿产业约占 4.5%，电力占 9.6%。其中，电子工业、食品加工业、采矿和矿山机械工业为国内重点工业，分别占 GDP 的 7%、6.7%、1.5%，服务业产值占国内生产总值的 47%。2013 年中国对其投资主要涉及钢铁、矿物燃料、服装、机械设备、车辆及其零部件、塑料制品等。

三、中国对东盟直接投资存在问题分析

（一）投资产业结构畸形

伴随着中国经济整体水平的提高，中国的各个产业都得到了长足发展，这也直接反映在中国对东盟直接投资产业分布范围的不断扩大，并呈投资产业领域集中化的趋势。从前面分析中我们也可以看出，中国对东盟直接投资主要集中在第二、三产业上，而中国的人均自然资源拥有量比东盟少，本应该大力发展在第一产业上的投资，但第一产业的对外直接投资比例较小，说明中国对东盟直接投资的产业结构不尽合理。截至 2013 年，中国对东盟直接投资中第一产业达到 5.4 亿多美元，仅占总投资额的 7.4%左右。这将不利于保证我国的粮食安全和第一产业的长远发展。而第二产业在 2013 年占比达到 54.3%，其中采矿业在第二产业中的份额中占据了绝大部分比重，约占 40%左右，而采矿业的直接投资又主要集中在印度尼西亚、缅甸、老挝和新加坡，这不利于分散投资风险。第三产业的对外直接投资比重达到 38.3%，其中批发和零售业、租赁和商务服务业以及金融业是中国对东盟第三产业投资的主要领域，占全部第三产业投资流量的 80%。这说明我国对东盟第三产业直接投资仍以劳动、资金密集型行业为主，而对技术密集型、高附加行业的投资则很少，不利于国内产业结构的转型升级。

（二）金融支持不完善

中国加强对东盟国家投资建设需要巨额资金。目前，我国参与建设亚洲基础设施投资银行、金砖国家开发银行，并相继设立中国东盟海上合作基金，以期为东盟投资建设提供源源不断的货币资金支持，通过增加银行信贷和资本流动来支持实体经济发展。然而，这些措施仍然不能满足现阶段投资建设的需求，货币资本依然处在供不应求的状态。与此同时，民间借贷以及影子银行的存在虽然可以增加资本流动性，提高企业对外投资，但是其自身又存在着风险且不易被政府监测控制，不利于国家的宏观经济调控。而那些可以提供雄厚资本的大型民营企业会因为成本过高以及风险投资回报的不确定而减少投资，货币资金的缺乏削弱了投资建设，金融支持的不完善不利于加强中国对东盟直接投资。

（三）投资效率偏低

投资效率是指实际投资额占潜在投资额的比重，该比重越高说明投资效率越高，而该比重越低则说明投资效率较低，实际投资额与潜在投资额相差较大，对该国的投资还有增长的空间，未来的投资潜力巨大。从上述分析中可以看出，无论存量还是流量，中国对东盟投资额度在时间维度上都是逐步提升的，而在与别国进行比较的空间维度上中国对东盟的投资额度偏低，说明我国对东盟直接投资在规模上仍有提高和改善的空间，也表明目前我国对东盟国家的直接投资效率有待提高。

四、小结

从前面的分析可以看出，我国目前对东盟 FDI 表现出投资增长迅速而总体规模偏小、相对量偏低、投资领域宽广但产业层次分布过于集中、投资国别覆盖面广但分布不均匀等特点。而投资产业结构畸形、金融机制不完善以及投资效率偏低等问题也是目前我国对东盟直接投资存在的主要问题。随着 21 世纪“海上丝绸之路”建设的进一步推进，我国与东盟各国投资合作会越来越密切，21 世纪“海上丝绸之路”建设不仅可以拓宽投资合作领域，还能调整我国企业投资产业结构、平衡投资国别分布。在投资合作领域方面，通过推动“五通”目标，即道路联通、货币流通、政策沟通、贸易畅通以及民心相通等来拓宽投资领域，加强中国与东盟各个国家在多种领域的合作。在投资产业结构方面，东盟各国有丰富的石油能源资源，加强与东盟国家经济能源合作不仅可以为我国重工业产品提供广阔的市场发展空间，还可以弥补我国原材料不足和解决能源短缺的困境。同时，21 世纪“海上丝绸之路”建设突出强调加强海洋合作领域以及开发海洋资源的重要性，发展海洋经济、拓展海运航线需要以船舶、工程装备等配套产业为基础，而船舶、工程设备又需要其他配套产业共同发展，通过产业间的相互合作促进港口城市的产业升级。

在投资国别方面，21世纪“海上丝绸之路”建设重在以海洋为载体，加速中国与东盟各国在海洋领域上的合作，由于差异较小趋于同步，我国与其海洋合作就不会存在明显的差别，有助于平衡投资国别分布，促进区域内经济发展水平同步发展。可见，海上丝绸之路是影响我国对东盟直接投资的一个重要因素。

第四节　基于SFA的中国对东盟FDI影响因素实证分析

一、模型使用方法的确定

传统的引力模型作为实证分析的经典模型，已被广泛运用，在使用传统引力模型估计投资影响因素时往往选用最小二乘估计法（OLS），但是OLS法本身存在较大的缺陷。首先，采用OLS法对传统引力模型估计的结果往往反映的是一个平均效应，不能很好地估计国家间最优的投资水平。其次，模型在设定过程中均假设无贸易摩擦或者用冰山成本来代替影响投资的阻力因素。通过这一假设虽然可以推导出投资规模是关于国家经济规模、物理距离和制度文化等核心影响因素的函数，但是仅通过考核核心影响因素而未考虑人为因素的影响，模型估计的结果必然存在偏差。与此同时，模型数据的引用均是可观测的数值，而决定大部分投资量的不可观测因素（比如制度因素、文化因素等）则被纳入随机干扰项无法在模型的右端得到体现。最后，对于不可观测的因素在OLS法中假定是跨时不变的，这显然是不符合实际的，所以采用固定效应模型进行广义最小二乘法估计模型的结果往往拟合度不高。

随机前沿方法可以弥补OLS方法的不足，起初由Meeusen and Broeck（1977）和Aigner（1977）提出的随机前沿方法虽然只能得到技术效率的平均值且样本技术效率不随时间变化而变化，但是1992年Battese和Coelli引入TVD模型（时变衰减模型）使随机前沿方法得到改进，可以用来估计每个样本的时变技术效率。其次，随机前沿方法在使用时将误差项分解为两个相互独立的部分，即随机误差项 v 和技术无效项 u。其中，随机误差项依旧用来表示模型中受外界随机冲击的部分，技术无效项是非负的，用来表示模型中所有无法观测的非效率因素，这样那些决定大部分投资量的不可观测因素（比如制度因素、文化因素等）则被纳入技术非效率项在模型的右端得到体现。与此同时，技术非效率中包含的因素被认定为影响产出量的阻力因素，这里的阻力因素不仅包括增加产出的因素，也包括减少产出的因素，并全部纳入技术非效率项。

综上，通过对随机前沿方法和广义最小二乘法的比较，可知随机前沿方法更适合本章的研究。

二、模型形式的设定

（一）模型设定的思路

国家的投资规模可以看作国家间经济、政策制度、技术文化等多重因素的函数，这与生产函数在本质上是一致的，国家在给定这些因素的情况下会以最小的成本实现最大的投资规模即产出，那么采用分析企业投入产出函数的随机前沿方法来分析中国对东盟国家直接投资的影响因素便是合理的。所以，本章实证分析部分首先确定影响中国对东盟直接投资的影响因素，选用两种模型，分别为随机前沿引力模型和投资非效率模型。其中，随机前沿引力模型是将随机前沿方法引入传统引力模型中，用来分析影响中国对东盟直接投资的主要因素，此处的主要因素是指客观存在且短期内不会发生巨大改变的影响因素，也可以称为自然因素；投资非效率模型，用来分析影响中国对东盟直接投资的阻力因素，此处的阻力因素不仅包括阻碍投资的因素还包括促进投资的因素，它不是固定不变的，会随着时间环境的变化而发生变化，也可以称为人为因素。

需要注意的是，投资非效率模型的分析是对随机前沿引力模型中的一个变量即投资非效率项经过单独分离后开展的分析，且假定影响投资的全部阻力因素被投资非效率项所吸收，去除投资非效率项的随机前沿

引力模型可以估计投资前沿水平。所以我们在做具体实证分析时，选用Frontier4.1软件进行操作，可以直接将两个模型结合在一起在软件中进行回归，因为它们本身就是一个整体，而将投资非效率项单独分离出来是为了更好地研究投资的阻力因素。这样分析的结果不仅可以确定中国对东盟国家直接投资的影响因素，而且可以在给定的影响因素下估计出中国对东盟国家投资的最优水平，也可以通过观察实际投资水平和最优水平间的差距为未来政策设定提供意见建议。

（二）随机前沿引力模型的设定

1. 随机前沿引力模型的一般形式

将随机前沿方法与传统引力模型结合，国家间的投资规模可以表示为给定影响因素条件下的函数。本章以研究中国对东盟国家直接投资为基础，此时代表产出的部分即为中国对东盟直接投资流量，代表投入的部分即为影响中国对东盟直接投资的因素，这些因素被认定为自然因素，是引力模型中的核心因素，客观存在且在短期内不会发生改变。借鉴Armstrong在估计贸易前沿模型时采用的核心因素，本章采用经济规模、人口规模、边界、语言、地理距离等因素。同时，将那些影响投资量的不易被观测度量的因素纳入技术非效率项，此时非负的设定则表明影响投资的阻力因素存在，包括阻碍投资的因素和促进投资的因素，且阻碍投资的因素占主导，促进投资的因素被认为是用来抵消这部分阻碍因素的影响。所以在随机前沿引力模型中，实际投资量及其对数形式、前沿投资量可分别表示为：

$$FDI_{ijt} = f(x_{ijt},\beta)exp(v_{ijt} - u_{ijt}) \quad (7-4)$$

$$\ln FDI_{ijt} = \ln f(x_{ijt},\beta) + v_{ijt} - u_{ijt} \quad (7-5)$$

$$FDI_{ijt} = f(x_{ijt},\beta)\exp(v_{ijt} \quad (7-6)$$

前沿投资量为影响投资的阻力因素不存在时可以实现的最大投资量，属于前沿水平的投资量，与传统最小二乘法估计投资量的平均值截然不同。

2. 随机前沿引力模型的具体形式

本章借鉴Armstrong在估计贸易前沿模型时采用的变量，仅选用样本国经济规模、人口规模、边界和语言等因素作为影响中国对东盟国家直接投资流量的核心变量因素，其中边界和语言为不随时间变化的因素，使用虚拟变量来表示。确定随机前沿引力模型取对数后的具体形式为：

$$\ln FDI_{ijt} = \beta_0 + \beta_1 \ln PGDP_{it} + \beta_2 \ln PGDP_{jt} + \beta_3 \ln POP_{jt} + \beta_3 \ln dis_{jt} + \beta_5 border_{jt} + \beta_6 lang_{jt} + v_{ijt} - u_{ijt} \quad (7-7)$$

从回归方程中可以看出，被解释变量表示 t 时期投资国 i 对目的国 j 的直接投资流量；$PGDP_{it}$ 和 $PGDP_{jt}$ 分别表示 t 时期投资国 i 和目的国 j 的人均国内生产总值；POP_{jt} 表示 t 时期目的国 j 的华人人口规模；dis_{jt} 表示投资国 i 和目的国 j 的地理距离；$border_{jt}$ 表示投资国 i 和目的国 j 之间是否有边界；$lang_{jt}$ 表示投资国 i 和目的国 j 是否有共同语言；V_{ijt}、u_{ijt} 两个解释变量均为虚拟变量。

（三）投资非效率模型的设定

1. 投资非效率模型的一般形式

除了要确定影响产出的投入因素以外，还要确定影响技术非效率的因素变量，Battese 和 Coelli 在 1995 年提出确定技术非效率项 u 的基本形式为：

$$u_{ijt} = f(z_{ijt}, \alpha) + \varepsilon_{ijt} \quad (7-8)$$

式中：z_{ijt} 表示影响技术非效率的相关因素变量；α 为待估的参数向量；ε_{ijt} 为随机干扰项。

2. 投资非效率模型的具体形式

本章为进一步研究在新背景下影响中国对东盟直接投资的阻力因素，特将这些相关因素从模型中分离出来，建立投资非效率方程：

$$u_{ijt} = \alpha_0 + \alpha_1 CAFTA_{jt} + \alpha_2 INF_{jt} + \alpha_3 SHP_{jt} + \alpha_4 MON_{jt} + \alpha_5 FIN_{jt} + \alpha_6 HMT_{jt} + \varepsilon_{ijt} \quad (7-9)$$

在解释变量中，$CAFTA_{jt}$ 表示目的国 j 是否加入东盟自贸区，为虚拟变量；INF_{jt} 表示 t 时期目的国 j 的基础设施竞争力指数；SHP_{jt} 衡量 t 时期目的国 j 的班轮运输连通性指数；MON_{jt} 和 FIN_{jt} 分别衡量 t 时期目的国 j 的货币自由度和金融自由度；HMT_{jt} 衡量 t 时期投资目的国 j 的技术创造力指数。

三、变量的选取

（一）变量选取的理论依据

东盟十国无论在宏观经济发展水平、制度政策建设还是技术文化基础设施状况上都存在着较大的差异，而这些差异很有可能就是影响中国对其直接投资的因素。

东盟各国经济发展水平不尽相同，具体体现在经济规模（GDP）、人均 GDP、经济增长率和通货膨胀率上。GDP 可以大致反映一国的经济规模，国内生产总值越高，则国家经济规模越大，国内市场需求越高，吸引的外来企业也就越多，从而进一步促进国家经济发展。除此之外，东盟国家的经济规模与人口规模有较大的关系，排除人口因素的人均 GDP 则更能反映一国的经济发展水平。经济增长速度是衡量经济发展水平的另一项重要指标，它反映了不同经济体的增长潜力。经济增长速度越快的国家，其收入增长也较快，市场需求越大，市场发展的潜力就越大。最后，东道国通货膨胀率的高低直接影响投资企业的生产成本和销售收入，给企业的生产经营带来较大的不确定性。较高的通货膨胀率使企业的生产成本上升，销售收入下降，而温和的通货膨胀率却往往可以促进企业的生产经营，增加销售，扩大生产，为企业带来较高的经营利润。

东盟各国在政策制度上的开放程度不尽相同，表现在行业投资制度、待遇优惠制度、投资监管制度、税收优惠制度以及土地征用制度等方面。在行业投资制度方面，不同国家对行业的准入有不同的要求，有的国家不设限制比如新加坡，有的国家政府鼓励、限制、禁止投资的领域行业都有明确的规定，对于有所限制的行业必然减少我国企业的投资量，可见行业政策制度很有可能是影响中国对东盟 FDI 的一个重要因素。在待遇优惠制度方面，中国与东盟已签署《中国—东盟自由贸易区投资协议》，明确规定双方相互给予投资者国别待遇、最惠国待遇和公平公正待遇。那么与之前相比，签订协议提供待遇优惠政策就有可能增加我国企业对东盟的投资。同样，在税收优惠制度方面，具有税收优惠待遇的国家我国企业就有可能增加对其投资。除此之外，投资目的国司法独立性、法律体系效率和政策制定透明度，以及对投资者保护强度和投资者获得贷款难易度等制度法律因素也是影响我国企业投资的因素。总之，政策制度差异会对我国企业投资产生一定程度的影响。

东盟不同国家文化各有各的特点，风俗惯例等不尽相同，除老挝属于内陆国家外，其他东盟国家都是沿海国家，靠海为生已成为人民群众主要的生活方式，这样特殊的地理位置也促成了海洋文化的形成与发展。目前，东南亚各国有共同的海洋文化习俗，我国建设 21 世纪"海上丝绸之路"的提出，不仅意味着中国愿同东盟各国加强文化交流，也揭示了我国与东盟国家海洋文化上的同源性。文化的同源性也可以减少摩擦，缩短企业的文化适应期。而对于跨国企业来说，不同文化背景很可能增加企业海外投资的经营管理成本和交易成本，为企业能否在目的国成功投资带来风险。所以，文化因素有可能成为影响中国对东盟 FDI 的一个重要因素。与此同时，国家科技竞争力越强，则企业可以学习和利用的技术就越多，减少企业的研发成本，所以在投资目的国进行直接投资对企业具有较大的吸引力。因此，科技因素也有可能成为重要的影响因素。

东盟各国基础设施状况包括交通设施状况、通讯信息状况以及水电能源供应状况等都存在着较大的差异，这些差异都有可能成为中国对东盟 FDI 的影响因素。随着我国企业在东盟投资的不断增加，跨国投资企业在东道国的整个生产和运输的过程都会对东道国的基础设施产生较强的依赖性。交通基础设施的可获得性以及便利性可以大大降低企业的经营管理成本和交易成本，有可能加大企业对外投资。21 世纪"海上丝绸之路"建设强调加强中国与沿线国家海洋合作，发展海洋经济，建立海洋合作伙伴关系，以海洋运输为载体，加强经贸合作与人文交流。所以海洋网络系统的完整性、海运设施的便利性与安全性也有可能成为影响中国—东盟 FDI 的重要因素。

本章从两个方面确定影响中国对东盟 FDI 的因素：影响中国对东盟直接投资的主要因素方面和影响投资非效率因素方面。其中在确定影响

中国对东盟直接投资的主要因素方面，借鉴 Armstrong 在估计贸易前沿模型时采用的变量，选用样本国人均国内生产总值（PGDP）、华人人口规模（POP）、地理距离（DIS）、边界（Border）和语言（Lang）等因素，后两者为虚拟变量；在确定影响投资非效率因素方面，本文从东盟自贸区（CAFTA）、基础设施竞争力指数（INF）、班轮连通性指数（SHP）、货币自由度（MON）、金融自由度（FIN）以及技术创造力指数（HMT）这六个方面进行考量。同时，本文在被解释变量的确定中选择 FDI 流量，虽然 FDI 流量和 FDI 存量都可用于表示中国对外直接投资的情况，但是存量指标反映的往往是 FDI 的一个长期积累过程，不适于反映现阶段投资的变化情况，因此本章选用中国对投资国的 FDI 流量来构建被解释变量。

（二）主要因素变量选取说明

1. 经济因素—PGDP

人均 GDP 可以反映一个国家的经济富裕程度、购买力水平和要素禀赋。通常情况下，一国的人均国内生产总值越高，该国的国民经济富裕程度越高，对产品的数量和质量需求都会有所提高，企业在该国投资的收益就会有所增长，反映在中国对该国的投资流量上就会有所增加。在本章中，对于投资目的国来说，其人均国内生产总值越高，该国国内市场需求也就越高，我国企业对其直接投资的流量就会提高。而对于母国投资国来说，人均国内生产总值越高，跨国企业考虑到国际投资成本会优先满足国内较高的需求，从而减少对外直接投资，反映在中国对东盟直接投资流量上就是下降，另一方面，当人均国内生产总值较高时，企业也会积累较多的剩余资本，母国企业便会考虑在国外投资设厂建立子公司，同时还可以绕开投资目的国的各种贸易、非贸易壁垒，反映在中国对东盟直接投资流量上就是上升。所以本章预期随机前沿引力模型中投资目的国 PGDP 系数为正，投资母国的 PGDP 系数不确定，可能为正也可能为负。

2. 文化地理因素——POP、DIS、Border、Lang

本章选取投资目的国华人人口数量（POP）和国家首都空间距离

(DIS) 来反映文化、地理因素对 FDI 的影响，并引入两个虚拟变量 Border 和 Lang，分别表示两国是否有共同边界、两国是否有共同语言，预期随机前沿模型中投资目的国华人人口数系数为正，DIS 系数为负，并用似然比检验确定虚拟变量是否纳入随机前沿模型中。

(三) 相关因素变量选取说明

1. 国家海运及交通基础设施状况——SHP 和 INF

本章从海运及交通基础设施方面来度量中国对东盟 FDI 的基础设施因素，选用班轮运输连通性指数（SHP）和基础设施竞争力指数（INF）。其中，SHP 指数考量的是在海运网络链接方面投资目的国与其他国家联系的紧密程度，INF 指数是对投资目的国整个基础设施状况优劣的评价，包含投资目的国公路、铁路、港口、通讯技术、能源等基础设施情况。预期 SHP 指数和 INF 指数在投资非效率方程中的系数均为负。

2. 国家货币金融政策制度——MON、FIN

一个国家的政策制度状况可以反映这个国家的经济开放自由程度。跨国企业对外直接投资往往会受到投资目的国的政策制度约束，更加开放自由的经济环境会增加企业对其投资，而约束限制条件越多则不利于企业增加投资。本章采用货币自由度和金融自由度来度量国家货币金融政策制度质量。货币自由度（MON）反映投资目的国政府对价格的干涉程度，该指标的数值越高，说明政府对价格的管制越少，价格更多由市场决定。金融自由度（FIN）反映投资目的国的金融机构相对政府管制的独立性。基于以上理论分析，本章预期 MON 指数和 FIN 指数在投资非效率方程中的系数均为负。

3. 国家技术水平—HMT

本章采用技术创造水平（HMT）来衡量一个国家的技术水平。技术创造水平采用 Balassa 对中高级技术水平产品出口相对优势指数的计算方法，选用高技术产品的出口量来代替中高级技术水平产品的出口量，可表示为：

$$HMT_i = \frac{EXPht_{it}/EXPtot_{it}}{EXPHt_{rt}/EXPtot_{rt}} \tag{7-10}$$

式中：HMT_i 表示 i 国的技术创造水平；$EXPht_{it}$ 表示 i 国在 t 年的高技术产品出口量；$EXPtot_{it}$ 表示 i 国在 t 年总的贸易出口量；$EXPht_{rt}$ 表示 t 年东盟自贸区的高技术产品出口量；$EXPtot_{rt}$ 表示 t 年东盟自贸区总的贸易出口量；本章预期 MHT 的系数符号为负。

4. 自由贸易区指标——CAFTA

2010 年东盟自贸区建成以后，双方的投资规模迅速攀升，投资额度逐渐扩大。2013 年，东盟对中国实际投资金额达 65.1 亿美元，中国对东盟投资金额已突破 356 亿美元。目前，随着中国的跨国企业对东盟各国投资产品数量的不断增加，我国已成为东盟的第四大 FDI 流入来源国。中国—东盟自贸区的建立在深化和推动中国与东盟经济体交流合作的同时，也提高了我国企业对东盟国家直接投资的数量。本章选用 CAFTA 指标来表示样本国是否为中国—东盟自贸区成员国，其为虚拟变量，预期系数为负。

（四）样本的选择依据及数据来源

1. 样本的选择依据

本章选择陈万灵、何传添（2014）对于 21 世纪“海上丝绸之路”航线的界定来确定个体样本的选择。根据陈万灵、何传添的界定，21 世纪“海上丝绸之路”航线大体上分为三段：东南亚航线、南亚及波斯湾航线、红海湾及印度洋西岸航线。其中，中国至东南亚航线节点国家即为东盟十国（菲律宾、柬埔寨、老挝、马来西亚、缅甸、泰国、文莱、新加坡、印度尼西亚和越南）。中国至南亚及波斯湾航线节点国家包括孟加拉国、斯里兰卡、印度、巴基斯坦、伊朗、伊拉克、科威特、沙特阿拉伯、卡塔尔、巴林、阿拉伯联合酋长国、阿曼等 12 个国家。中国至红海湾及印度洋西岸航线节点国家包括也门、埃及、苏丹、厄立特里亚、吉布提、索马里、肯尼亚、坦桑尼亚、莫桑比克 9 个国家。本章考虑到主要研究的对象和数据的可获得性，仅选用 31 个节点国家中的东盟十国进行研究。除此之外，由于虚拟变量的引入，本章还选用中国对外直接投资流量和存量均靠前的国家或地区作为个体的样本。

2. 数据来源

由于个别国家数据缺失，部分变量近年来才开始统计，本章最终以2005—2013年的数据作为样本。其中，FDI数据来自《2013年度中国对外直接投资统计公报》；人均GDP数据来自世界银行；DIS数据采用两国首都的物理直线距离，通过经纬度计算而得；Border、Lang数据来自CEPII；INF数据来自世界银行；SHP数据来自UNCTAD的Review of Maritime Transport；MON和FIN数据来自全球遗产基金会《经济自由度指标》；HMT数据通过《全球信息技术报告》相关数据计算得出。本章采用Frontier4.1软件进行模型结果估计。

五、实证结果及分析

（一）随机前沿引力模型实证结果及分析

随机前沿引力模型在做具体估计之前，需要对模型的适用性以及模型采用的具体形式做检验和判别。在检验模型的适用性时，本章采用两种方法，即LR检验和γ检验。与此同时，在采用LR检验时需要分三步进行，并依次设定三个假设条件：假设不存在投资非效率、假设不引入边界变量、假设不引入语言变量，分别用于投资非效率存在性检验、是否引入共同边界检验以及是否引入共同语言检验。

第一步检验结果显示，在1%的显著性水平上拒绝不存在投资非效率项的原假设，说明随机前沿引力模型适用于对本章的分析。第二步和第三步是检验模型是否引入Border和Lang变量，检验结果均拒绝原假设，说明模型中可以引入这两个变量。接下来，我们采用γ检验法检验模型的适用性，γ检验即考察模型中影响投资的阻力因素在随机干扰项和投资无效率中所占的比重，用数学表达式可以表示为：

$$\gamma = \frac{\sigma\mu^{2}}{\sigma v^{2} + \sigma\mu^{2}} \tag{7-11}$$

从上述表达式中我们可以看出，γ的取值在0到1之间，当γ接近于1时，说明实际投资量与前沿投资量之间的差距主要来源于投资非效率项，那么模型可以采用随机前沿引力模型。否则，当γ接近于0时，投资非效率

项对实际投资量的影响较小，可忽略不计，而实际投资量与前沿投资量之间的差距主要来自于随机干扰项，采用 OLS 回归而不需使用随机前沿引力模型便可以得到估计结果。

表 7－6　随机前沿引力模型估计结果

变量	模型一	模型二	模型三	随机前沿引力模型
常数项	24.2（127.12）	58.8（87.99）	68.59（68.58）	36.64（80.78）
	1.26（16.02）	1.35（38.25）	1.51（4.15）	1.47（41.28）
	0.86（26.04）	0.66（11.00）	0.33（5.28）	0.34（5.47）
	0.62（5.34）	0.11（16.81）	0.37（2.89）	0.12（8.07）
	−0.15（−35.1）	−0.12（−3.28）	−0.21（−5.38）	−0.17（−4.71）
		0.51（10.01）		0.34（16.46）
			0.81（8.03）	0.72（8.62）
σ^2	2.24	1.05	0.98	0.96
γ	0.881	0.877	0.801	0.796
μ	0.126	0.577	0.313	0.296
η	0.119	0.124	−0.082	0.832

注：模型一至模型三表示引入投资非效率项的引力模型、引入边界变量的引力模型、引入语言变量的引力模型。括号里的数字是 t 统计量值，括号外的数字是系数估计值。

从表 7－6 模型估计的结果来看，四个模型中 γ 的值分别为 0.881、0.877、0.801 和 0.796，都比较接近于 1，说明实际投资量与前沿投资量之间的差距主要来源于投资非效率项，所以本章认为采用随机前沿引力模型进行研究分析是合理的。与此同时观察 η 估计量的符号，除了第三个模型中符号为负，其余三个模型的符号均为正值，这说明投资非效率会随着时间的推移而递减，也就是说 21 世纪“海上丝绸之路”的建设在未来会提升中国对东盟投资效率，进一步促进中国对东盟直接投资。

在确定随机前沿引力模型的具体形式后，为进一步确定实际投资量与前沿投资量之间的差距，本章可以根据随机前沿引力模型回归结果的系数值测算2005—2013年中国对东盟国家直接投资的前沿水平。测算方法就是将当年各变量的实际值与随机前沿引力模型回归的系数值相乘，从而得到前沿的投资量。测算结果如表7-7所示。

表7-7 2005—2013中国对东盟前沿投资量（单位：万美元）

国别	2005	2006	2007	2008	2009	2010	2011	2012	2013
菲律宾	1074	1938	865	6357	9581	41371	41106	11015	7662
柬埔寨	2341	4088	25780	70566	102776	155503	148953	136502	110962
老挝	6431	14129	40618	24167	67747	76476	109171	188098	173662
马来	7272	884	3688	3784	5976	17776	10340	21635	66277
泰国	954	2829	12735	7334	8581	120667	38352	77194	121805
新加坡	2284	14683	44192	168582	153723	120269	347762	161569	216241
印尼	3289	11620	19056	30523	47102	36602	131598	283602	300650
越南	6491	9067	20921	20312	23415	47677	27822	49215	64932

通过与2005—2013年中国对东盟国家直接投资流量进行对比，从表7-7中可以发现，除了新加坡和马来西亚的实际投资量与前沿投资量较接近以外，其余国家均表现为投资不足的状态，也进一步验证了模型的合理性，与此同时，还发现随着中国与东盟国家投资规模不断扩大，尤其2010年以后中国对东盟国家直接投资的实际值与前沿值的差距越来越小。出现这一现象的原因可能是中国—东盟自贸区的建立加大了中国对东盟国家的直接投资。在确定了模型合理性及模型具体形式以后，接下来开展对各个变量的分析。

1. 经济因素——PGDP

从前面的实证结果可以看出，投资目的国人均GDP的t值通过了显著性检验，系数为正，与理论分析的预期结果一致，进一步验证了投资目的国经济发展水平对中国—东盟FDI有正向的促进作用，投资目的国人均国内生产总值越高，其国内市场需求越高，吸引的跨国企业投资就会越多。2005—2013年新加坡的人均国内生产总值一直居于东盟首位，

而我国对其投资额度也以平均9.49%的增长率持续增长，始终保持在对东盟各国投资的第一位。2013年我国对新加坡的直接投资额占中国对东盟整体投资额的41%。与此同时，2005—2013年，东盟新四国成员的人均GDP增长率均保持在25%以上，这四个国家的市场需求大，市场规模有着巨大的发展空间，对于中国企业来说，有着巨大的吸引力。而我国在2005—2013年对新成员国的直接投资额也呈现出明显的递增趋势，由0.58亿美元增长至22.36亿美元。可见，投资目的国的人均GDP确实促进了中国对其直接投资的流量。从前面的实证结果还可以看出，投资母国人均GDP的t值为41.28，通过了显著性检验，系数为正。投资母国人均GDP的检验结果说明母国经济发展水平对FDI的促进作用大于阻碍作用，当母国经济发展水平越高时，企业对外直接投资的水平越高。

2. 文化地理因素——POP、DIS、Border、Lang

投资目的国华人人口数变量POP系数为正，*t*值达到8.07，与FDI显著正相关，同样与理论分析的预期结果一致。这是因为投资目的国华人人口数越多，与投资母国的文化越接近，文化的同源性有助于减少企业海外投资的经营管理成本和交易成本，降低企业在目的国投资的风险，缩短企业的文化适应期，从而增加对外直接投资流量。国家地理距离对投资流量产生负效应，*t*值绝对值为4.71，在1%的显著性水平下通过检验，说明较远的地理空间距离不利于企业对产品进行管理和控制，会增加企业的运输成本，从而减少企业对外直接投资。从Border变量、Lang变量的系数估计值和*t*统计量值可以看出，这两个虚拟变量的引入确实对投资流量变动产生正向效应。

（二）投资非效率模型实证结果及分析

分析完影响投资量的主要因素之后，本章接下来分析影响投资量的阻力因素，即对投资非效率项的影响因素进行研究。在研究投资非效率影响因素中，可以选用两种方法，第一种方法就是在随机前沿引力模型回归的基础上，确定投资非效率项的估计值，然后将该估计值与影响投资量的各种阻力因素进行回归，从而确定投资非效率项的影响因素。此种方法应用的前提是各阻力因素之间不相关，否则回归结果会存在误差。第二种方法则不需要考虑阻力因素之间的相关性，直接将影响投资量的阻力因素在随机前沿引力模型中进行回归。在此要特别说明的是两种方法回归结果的系数符号会有所不同，第一种方法中起到促进作用的因素其系数符号为正，起到抑制作用的因素其系数符号为负，相反第二种方法中起到促进作用的因素其系数符号为负，起到抑制作用的因素其系数符号为正。本章采用第二种方法对投资非效率模型进行回归，估计结果见表 7-8。

表 7-8　投资非效率模型估计结果

变量	系数值	t 值	变量	系数值	t 值
常数项	2.502	3.163	FIN	−0.756	−6.705
CAFTA	2.138	2.071	MON	0.149	8.175
SHP	−0.021	−2.007	INF	−1.288	−9.543
HMT	−0.358	−1.067	γ	0.939	79.256

从表发 7-8 中可以看出，γ 估计值为 0.939，接近于 1，说明此处将影响投资量的阻力因素引入随机前沿引力模型中进行回归是合理的，投资非效率确实对企业投资产生阻碍作用。在确定投资非效率项的具体形式之后，接下来开展对各个影响因素的具体分析。

1. 自由贸易区指标——CAFTA

东盟自贸区指标（CAFTA）系数为正，t 值在 1%的显著性水平下通过检验，这与理论分析的预期结果不一致。综合在前面现状分析中的结论，可能的原因是在中国对外直接投资中，中国对东盟直接投资的相对量偏低。根据《2013 年度中国对外直接投资统计公报》相关内容，在 2013 年中国 FDI 流量排名前 20 位国家地区中，东盟包括新加坡、印尼、老挝、泰国、马来西亚、柬埔寨和越南 7 个国家，这 7 个国家的投资总和仅占中国 OFDI 的 6.2%，而排名在前几位的投资目的国如美国、澳大利亚、英国、俄罗斯等，却并没有和中国签订自由贸易区协定。

2. 国家海运及交通基础设施状况——SHP 和 INF

用来表示国家海运和基础设施状况的 SHP 指标、INF 指标系数均为负值，与投资非效率负相关，说明这两个因素不是影响投资的阻力因素，而是促进因素。再一次验证了海运网络系统的完整性和基础设施的可获得性、便利性可以大大降低企业的经营管理成本和交易成本，促进企业对外投资。以越南为例，越南是一个盛产水稻和水产品、以农业为主的国家，工业基础较薄弱，对外贸易具有较高的依存度。根据中国驻越南商务参赞处的统计显示，中资企业在越南市场的投资主要集中在加工制造、基础设施和建筑服务等领域，具体包括水泥、化肥、钢铁、电力、公路、桥梁、有色金属和铁路通讯信号升级改造等领域。这些基础设施的建立和完善，在方便越南人民生活、提高民众福利的同时，也加大了我国对其直接投资流量。截至 2013 年年底，中资大陆企业在越南直接投资 1037 个项目，协议金额 78.5 亿美元，中国已成为越南第九大外资来源地。在海运基础设施建设方面，21 世纪“海上丝绸之路”建设强调加强中国与沿线国家海洋合作，发展海洋经济，建立海洋合作伙伴关系，以海洋运输为载体，加强经贸合作与人文交流。所以，海洋网络系统的完整性、海运设施的便利性与安全性是影响中国—东盟 FDI 的重要因素。

3. 国家货币金融政策制度——MON、FIN

货币自由度指数（MON）估计系数为正，t 统计量的值为 8.175，在 1%的显著性水平通过显著性检验，但与理论分析的预期结果不一致。货币自由度用来反映投资目的国政府对商品价格的干涉程度，货币自由度越高说明政府对价格的管制越少，价格更多由市场决定，那么价格的波动不受限制，只由市场供求方决定，有可能带来价格的不稳定，投资方为避免价格不稳定带来的汇率风险会减少对该国的投资，从而使得货币自由度成为阻碍投资量的因素。所以，选择币值稳定的货币对于投资方来说十分重要。金融自由度指标（FIN）检验结果符合预期，系数为负，与投资非效率显著负相关，属于促进投资量的因素。FIN 检验结果说明国家金融业开放程度越高，金融业相对政府独立性越强，企业在该国投资受到的政策制度限制越少，企业对该国的投资就会越多。从 FIN 的检验结果还可以看出，政策制度开放与否确实对直接投资产生了影响，一个国家对跨国企业在本国投资的限制越少，吸引的直接投资量就越大。

4. 国家技术水平——HMT

技术创造力水平（HMT）可以反映投资目的国之间的技术竞争力水平。在本章的回归结果中，HMT 是促进投资的因素，在投资非效率模型中系数估计值为负值，t 统计量的值为-1.067，说明国家科技竞争力越强，则企业可以学习和利用的技术就越多，从而增加企业在该国投资的意向。与此同时，对于那些技术相对落后的国家，企业在该国投资也可以充分发挥其技术优势，为投资目的国带来便利的同时增加企业的经营利润。以马来西亚为例，马来西亚政府十分注重科技自主性，鼓励工业界开展科学研发，并全力扶持在农业、卫生、研究管理体制、研究基础结构方面的研究和开发。目前，马来西亚在矿产开采、资源开发、橡胶种植、棕榈油、加工公路桥梁建设等领域拥有技术优势，而我国对马来西亚的投资领域也主要集中在采矿业、制造业等需要高新技术的产业。

六、小结

本节运用随机前沿引力模型和非效率模型对影响投资的主要因素和相关因素进行定量分析。从两个模型的检验结果中可以看出：在主要影响因素中，通过随机前沿引力模型估计得出国家经济发展水平、文化同源性对 FDI 有正向的促进作用，投资双方的地理距离对 FDI 产生显著负效应；在相关因素中，通过技术非效率模型估计得出海运网络系统的完整性、金融市场的开放度、基础设施的便利性以及科学技术的创造力是促进中国对东盟 FDI 的因素。东盟自贸区指标在本章分析中是属于抑制投资的因素，出现这样的结果是因为中国对东盟 FDI 相比于中国对其他国家的直接投资占比偏低。与此同时，通过对实际投资量与前沿投资量的比较，发现中国对东盟各国的投资水平均表现出投资不足的状态，在未来中国需加大对东盟各国的投资。

第五节　加强中国对东盟国家直接投资的对策建议

从前文对中国—东盟 FDI 影响因素的理论分析与实证分析中可以确定，国家经济发展水平、政策制度建设、科技人文交流以及基础设施条件都会对对外投资产生深远的影响。而从我国目前对东盟各国的投资水平分析中得出我国的直接投资不足，在未来国家应加大对东盟各国的投资。

一、加强政策沟通与内外联动，提供投资保障

在 21 世纪“海上丝绸之路”建设背景下中国欲与东盟各国加强投资合作，首先在政府层面应表现为加强政策沟通与协调。为使各国达成共识，中方应努力调动各方积极性，寻找各国利益交割点，探索合作机制，吸引东盟各国参与到深度合作与交流中，并密切关注区域内国家的利益诉求，加强国家高层领导人政治磋商，定期或不定期开展商务洽谈，增强政治互信的同时准确把握东盟各国的需求，确立区域发展的投资联合协作具体实施措施；其次，国内各部门地区在对东盟国家直接投资过程中应有所侧重，避免相互掣肘加剧竞争，通过分工协调合作实现同步发展。我国西南地区各省份与老挝、越南、泰国、柬埔寨可通过陆路交通增进相互投资，这种方式不仅可以缩短投资运输距离，减少企业交易成本，还能加快我国交通运输业的发展并为投资目的国基础设施建设带来实惠。东部沿海各省份作为我国海上丝绸之路发展重点区域，可通过海运网络系统、海上运输面向马来西亚、菲律宾、新加坡和印尼等沿海国家开展投资合作，推进我国港口互联互通以及海洋领域能源资源合作；最后，需要强调的是，加强政策沟通和内外联动的目的是使中国与东盟各国形成区域共识，不能仅靠国家和政府官员出面实现，还需要各国人民加强交流，动用民间力量和民间资本为中国与东盟国家相互投资提供保障，国家应颁布政策制度鼓励民间相互投资，引导民间资本流动，为中国东盟投资提供便利，也为“海上丝绸之路”的顺利开展提供资金支持。

二、构建现代化海运与交通体系，实现投资便利化

海运网络系统的完整性和基础设施的可获得性、便利性可以大大降低企业的经营管理成本和交易成本，促进企业对外投资。21 世纪"海上丝绸之路"提出加强基础设施互联互通，不仅包括加快推动公路、铁路基础设施互联互通合作，构建国际化现代化交通体系，降低企业贸易投资运输成本，还包括加强中国—东盟沿海港口城市海运网络建设，海上航道的安全建设以及海洋经济发展合作。通过海洋基础设施建设，不仅可以提高国际海运便利化程度，还能促进沿线港口城市和国家的产业升级。我国的基础设施建设水平相比东盟国家而言，无论在研发技术上还是使用程度上都有明显的优势，整个产业链已趋近成熟。目前我国已与泰国政府签订相关投资协议，确定未来四个领域的投资合作，其中铁路投资建设成为两国投资的重点领域。与此同时，通过泛亚铁路投资建设，马来西亚政府有望与中国政府实现陆路上的互联互通。

所以，为了增加中国对东盟国家投资水平，我国应帮助其完成港口和公路铁路建设。在陆路基础设施建设方面，中国应积极主动与投资目的国协商签订相应基础设施投资协议，为投资目的国基础设施建设提供优惠便利，使其能以更优惠的价格享受基础设施建设带来的便利；在海运基础设施建设方面，中国应积极主动帮助其发展电子商务，建立海关通关标准化程序，推动海关部门与质量检测部门协调合作，并就海洋安全领域与沿线政府达成一致，确立海洋风险防范措施，共同处理可能遇到的问题。

三、推动科技产业与文化产业合作，扩展投资领域

鼓励支持中国企业通过对外直接投资与国外高新技术企业以及研究机构建立多种形式的合作，以获取东道国先进科学技术、专利与管理经验。同时，要与相关国家开展技术合作交流，通过协商与谈判来促使东盟国家减少对我国高新技术产业直接投资的限制。一些新兴经济体如新

加坡，不仅拥有广阔的市场，而且拥有丰富的人力资本和成熟的科学研究机制，并且在某些领域拥有世界领先的科学技术。通过与这些国家开展技术交流与高新技术合作有利于摆脱对发达国家高新技术的依赖，加快优化我国对外贸易的技术结构。与此同时，加强与技术相对落后国家合作交流，鼓励企业以技术换资源加大对外投资，不仅可以使企业在该国充分发挥其技术优势，而且还能为投资目的国带来便利的同时增加企业的经营利润。海上丝绸之路建设有着很明显的文化特征，其丝路文化理念作为连接中国与东盟国家的精神纽带，一旦缺乏群众基础、失去沿线国家民众的支持就无法产生深远的影响，也不可能对我国的直接投资产生促进作用，所以国家宣传部门应重视对丝路文化的保护与宣传。首先，应加强对沿线国家海洋物质文化遗产和非物质文化遗产的保护，开展大范围的挖掘保护工作，提升全民海洋保护意识，与此同时，国内企业可以建立海上丝绸之路文化品牌，提高文化知名度；其次，国家文化宣传部门应多组织策划一些以丝路为主题的文化交流活动，鼓励以丝路为素材的文艺创作和各种文艺表现形式，通过新闻媒体、电视、网络等媒介多渠道进行宣传，引导公众参与，创造和谐友好的舆论氛围；最后，加强学术研究领域的合作，通过中国与东盟国家高等院校校际交流提升人文交流合作水平。

四、创新合作机制与合作平台，促进相互投资

区域合作机制与合作平台的搭建有助于中国对东盟投资自由化水平和便利化水平的提高，并为双方在未来的经贸合作提供制度保障。目前，我国与东盟十国设立了中国—新加坡自由贸易区、中国—新加坡苏州工业园区、泰国泰中罗勇工业区、越南龙江工业区、柬埔寨西哈努克港经济特区、中国广西—印度尼西亚沃诺吉利经贸合作区、中国—马来西亚钦州产业园区等合作机制，成立了中菲经贸论坛、老挝—中国商业投资论坛等非制度性合作论坛，并签订了涉及能源、食品、化工、电子、交通运输等各个行业不计其数的投资协议，搭建了丝绸之路基金、中国—东盟商品博览会等合作平台，区域合作机制与合作平台的建立确确实实

给东盟国家和人民带来了实惠。在未来中国会进一步加大对东盟国家的投资，并根据海上丝绸之路的战略目标和需求逐步扩大投资的深度和广度，设立更多的合作机制与合作平台。同时，随着我国与东盟国家贸易往来的进一步深化，创新原有合作机制和完善原有合作平台，也成为加大中国对东盟投资的关键步骤。近年来东盟各国都处在日新月异的变化之中，原有合作机制是否能适用现阶段国家发展的需要有待考量，只有不断创新合作机制，才能在新的环境背景下适应发展变化趋势，促进国际间资本的流动和资源的合理配置。

五、鼓励区域人民币结算，开放金融市场

"海上丝绸之路"沿线各国使用人民币结算，有利于规避美元等当前国际储备货币汇率大幅波动的风险，给周边国家的商业银行增加更多可供选择的外汇支付手段，降低汇率风险，从而促进该区域的投资自由化、便利化，进一步增加我国对东盟直接投资。同时，在国家推进"海上丝绸之路"建设的过程中，推广使用人民币结算必然会促进中国与东盟各国金融市场、资本市场的进一步开放。国家金融业开放程度越高，金融业相对政府独立性越强，企业在该国投资受到的政策制度限制越少，企业对该国的投资就会越多。推动人民币结算一方面应尽量保持我国与海上丝绸之路国家贸易逆差，因为只有贸易逆差，才能使贸易伙伴国持续持有人民币。另一方面对于那些透过贸易结算持有人民币的国家，我国可以提供汇率优惠政策，即外汇补贴。以优惠的价格换取所需的外汇，这样通过优惠的兑换措施使得沿线国家乐意持有人民币。不仅可以减少我国外汇储备过多的负担，还能促进人民币的区域化。

本部分提出了加强对东盟投资的政策制度建议。在政策制度建设方面，为加强与东盟国家投资合作，确保良好政治环境的形成，一方面我国与东盟各国之间应加强政策沟通与内外联动，增进民间交流和民间资本流动，从而确保国家在政策制度建设上可以实现统筹安排；另一方面，基于投资合作中国家金融政策制度的重要性，本章就金融政策制度建设提出了相应的对策建议。在基础设施建设方面，为实现投资便利化，减

少企业运输成本和交易成本，我国应与东盟国家构建现代化海运与交通体系，帮助东盟各国完成港口和公路铁路建设。在科技交流上，不仅要加强与国外高新技术企业以及研究机构建立多种形式的合作，而且在与技术相对落后国家进行技术合作交流时，鼓励企业以技术换资源的方式加大对外投资。在文化交流上，应重视对丝路文化的保护与宣传。除此之外，还应加强区域合作机制、合作平台的建设以及鼓励人民币结算，进一步开放资本金融市场。

第六节　研究结论与研究展望

一、研究结论

本章首先采用定性分析的方法，通过对中国—东盟 FDI 规模、产业构成及国别分布上的研究，发现目前中国对东盟 FDI 表现出投资增长迅速而总体规模偏小、相对量偏低、投资领域宽广但产业层次分布过于集中、投资国别覆盖面广但分布不均匀等特点。我国对东盟直接投资存在较多的问题，具体体现在投资产业结构畸形、金融支持不完善以及投资效率偏低等。

针对以上现状和存在的问题，本章通过理论分析与实证分析相结合的方法，确定了影响中国对东盟直接投资的因素。在主要影响因素中，通过随机前沿引力模型估计得出国家经济发展水平、文化同源性对 FDI 有正向的促进作用，投资双方的地理距离对 FDI 产生显著负效应；在相关因素中，通过技术非效率模型估计得出海运网络系统的完整性、金融市场的开放度、基础设施的便利性以及科学技术的创造力是促进中国对东盟 FDI 的因素。东盟自贸区指标在本章分析中是属于抑制投资的因素，出现这样的结果是因为中国对东盟 FDI 相比于中国对其他国家的直接投资占比偏低。与此同时，通过对实际投资量与前沿投资量的比较，发现中国对东盟各国的投资水平均表现出投资不足的状态，在未来中国需加大对东盟各国的投资。具体措施包括：加强国际间的政策沟通与内外联动，构建现代化海运与交通体系，加强与国外高新技术企业合作，鼓励以技术换资源的方式加大对外投资，创新区域合作机制与合作平台，重视对丝路文化的保护与宣传，以及鼓励人民币结算，进一步开放资本金融市场等。

二、研究展望

虽然本章对于21世纪“海上丝绸之路”建设背景下中国对东盟直接投资影响因素进行了一个较为初步的研究，但对于一些具体细节的把握还存在着很大的不足。因此本章所探索的对策以及建议是否能够真正做到与不断发展的实际相适应，还需要接受实践的检验；需要更多的相关学者进行考察与研究，从而更加完善中国对东盟直接投资影响因素相关内容的研究。

另一方面，虽然本章研究所选取的模型能够在很大程度上对本章研究的问题进行说明和预测，但本章所建立的模型仍存在着一些缺陷，这就导致本章研究所得出的实证结果可能与实际情况存在着一些出入，造成这种现象的原因是多方面的。因此，后续研究如果想更加贴近实际情况，作者认为可以从以下方面进行改进：

（一）扩大样本容量

本章在数据选取的过程中，文莱和缅甸的数据信息由于不能及时、准确的在相关网站上获取，就导致本章在分析的过程中不得不选取数据较为完整的东盟其他国家数据。后续研究如果想要更加贴近实际情况，可以将这些信息披露不全的国家信息进行补全，从而使得研究的样本更加符合实际情况，相信最终得出的结果也应当与实际情况更加吻合。

（二）优化指标体系

本章在影响因素指标的设计过程中，仅选用因素方面的一两个指标进行测算，且尽量从数据可得性的角度出发来选取相关的指标。对于许多无法量化的因素，本章虽然有引用，但涉及的面较窄，有可能忽略了一些重要影响因素。后续研究可以从这方面出发，通过引入更多、更具

备相关性的指标来对影响因素的指标体系进行优化，从而使得研究结果更加符合中国对东盟直接投资的实际情况。

三、小结

本部分主要是对全章研究内容进行的总结及对下一步研究的展望。对外直接投资是充分利用国际市场资源、缓解贸易领域摩擦、发展本国经济的重要途径。本章经过研究发现，中国对东盟投资存在投资总量偏低、投资产业结构不完善及投资效率低下等特点。在对影响投资的主要因素进行定量分析后发现，中国政府需要继续强化政策沟通、完善海运系统、加强技术和文化交流合作、加强金融支持等，以促进中国对东盟的直接投资，实现区域经济协调发展。另外，在容量样本、指标设计方面进一步完善和全面化，是这个领域的研究进一步深入发展的一个方向。

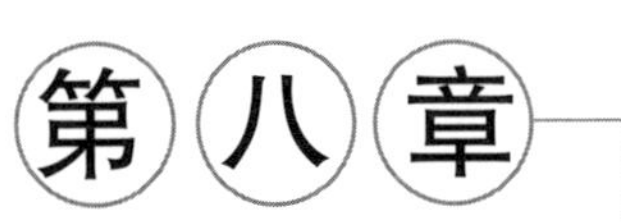

第八章 中国对欧盟直接投资现状与影响因素

第一节 引言

对外直接投资（foreign direct investment，FDI）是指企业以跨国经营的方式所形成的国际间资本转移。自20世纪80年代中期开始，跨国投资开始迅速发展，并成为世界经济的重要组成部分，成为经济全球化和区域经济一体化的重要推动力，成为各国参与国际分工、谋求资源配置的重要方式。

为了鼓励国内企业能够充分打开国外市场、利用国际资源，中国政府制定并积极推行了"走出去"战略。经过十余年的发展，中国对外直接投资已经遍布全球，中国经济与世界经济的联系也更加紧密。

2013年，中国对外直接投资流量首次突破千亿美元大关，2014年，全年累计实现非金融类对外直接投资1028.9亿美元，同比增长14.1%，连续两年位列世界第三大投资国①。截至2013年年底，中国1.53万家境内投资者在国（境）外设立2.54万家对外直接投资企业，分布在全球184个国家。从投资区位来看，截至2013年年末，中国在亚洲地区的投资存量占总额的67.7%，在拉丁美洲的投资存量占比为13%，二者占到存量的八成；而在经济发达的欧洲地区，投资存量占比仅为8.1%。不过，2014年，中国企业对欧盟的非金融类直接投资呈现出"井喷式增

① 2015年1-11月，我国境内投资者共对全球153个国家/地区的5985家境外企业进行了非金融类直接投资，累计实现对外投资6461.6亿元人民币（折合1041.3亿美元）。

长”，达 98.48 亿美元，创历史新高，是欧盟对华投资的 1.44 倍，增长了 117.7%，翻了一倍还多，增速创近 5 年新高。

2013 年 9 月，中国政府提出并大力推动“丝绸之路经济带”的建设。“丝绸之路经济带”是古代“丝绸之路”的经贸合作的升级版，被认为是世界上最有潜力的经济大走廊。“丝绸之路经济带”是连接亚欧两洲的经济大陆桥，一端是活跃的东亚经济圈，另一端是发达的欧洲经济圈，腹地国家的经济发展潜力巨大，但经济发展水平较低。由此，“两端带中间”成为丝绸之路经济带建设的一个重要战略，即先发展中国和欧盟的经贸与投资关系，然后带动沿线国家的经济发展。因此，积极发展中国对欧盟直接投资极具必要性。目前，中国对欧盟直接投资流量虽迅速增加，但仍不稳定；投资规模虽不断增长，但所占比重仍然偏低；投资覆盖面虽广，但地域分布仍不均匀，主要集中于西欧国家；行业分布虽广，但投资行业仍相对集中。不过，让人欣慰的是，中国对欧盟投资的方式和主体呈现多元化趋势（宋丽丽，刘慧芳，2012）。那么，如何促进中国对欧盟投资的持续与快速发展就成为摆在理论和实践界面前的重要课题。

尽管国际直接投资理论非常丰富，但垄断优势理论、内部化理论、生命周期理论和国际生产折衷理论等主流理论，主要以发达国家的对外直接投资行为为研究对象，对中国对外直接投资的适用性有待检验；而中国国内的对外直接投资研究主要集中于中国对传统投资流向大国（地区）的研究，对欧盟却鲜有关注，至于中国对欧盟直接投资影响因素的实证研究则更为缺乏。为此，我们以中国对欧盟直接投资的影响因素为研究的切入点，以期从理论上为中国对欧盟投资提供依据，进而推动丝绸之路经济带建设。

第二节　相关文献综述

一、国际直接投资理论综述

自 20 世纪 50 年代以来，随着跨国公司活动的日益活跃，国际直接投资研究开始出现并快速增加，进而形成了国际直接投资的多种理论（学派）。这些理论从不同的角度出发，解释了不同类型的国际直接投资行为。

1960 年，海默在批判传统国际资本流动理论的基础上，根据厂商垄断优势和寡占市场组织结构提出了垄断优势理论，这是最早研究对外直接投资的理论。海默把跨国企业对外直接投资动机与不完全竞争假设结合在一起，认为跨国公司进行国际直接投资的根本原因是市场的不完全竞争，跨国公司主要通过自身特有的垄断优势如技术优势、资金优势、成本优势等获取对外直接投资的利益。海默认为这种垄断优势主要可以分为四类：产品市场的优势、要素市场的优势、规模经济的优势及政府管理行为带来的优势。由于垄断优势理论是在研究具有垄断优势的美国工业部门对外投资的基础上形成的，因而该理论适应于美国等发达国家经济技术实力雄厚、独具对外扩张能力的大型跨国公司。

1966 年，弗农通过将产品的生命周期即一种产品从产生到退出市场的过程分为成长阶段、成熟阶段和标准化阶段，并在分析不同阶段企业由于产品的比较优势和竞争条件不同而影响企业对外直接投资发展的基础上提出了产品生命周期理论。该理论是在垄断优势理论的基础之上对国际直接投资做出的另一种理论性解释，揭示了美国对外直接投资活动和产品生命周期的内在联系：在产品的生命周期中，产品的垄断优势不断被冲击，这些产品需要借助对外直接投资被转移到国外，为新一轮的产品创新做准备。生命周期理论也是对美国企业对外直接投资研究的结果，且随着时间的不断推移，特别是随着国际直接投资形式的多样化，该理论对对外直接投资行为的解释力在不断下降。

1976 年，巴克利和卡森强调企业因为不完全市场和交易成本而建立的中间产品（特别是知识产品）内部市场，以取代外部市场并追求利润最大化，进而企业产生了对外直接投资需求的国际直接投资。所谓内部化，就是把市场建立在企业内部的过程，由内部市场取代。该理论把市场不完全作为分析问题的基本前提，指出企业在跨国经营中，之所以倾向用内部市场交易代替外部市场交易是因为可以规避由市场不完全造成

的风险并降低其成本。内部化理论往往以特定阶段、特定国家、特定企业为研究对象，相对世界经济的快速发展和变化而言，具有一定的静态性和局限性。

1977 年，小岛清在比较和分析垄断优势的基础上，从宏观经济的角度出发，以国际贸易理论的基本原理和方法，采用两个国家、两种产品的分析模式提出了以比较利益为中心的对外直接投资理论。该理论所分析的国际直接投资是随着比较优势而变化的，并认为当母国的一些产业在国内已经处于边际产业（或夕阳产业），但对于东道国来说却依然具有比较优势时，该国的对外直接投资应该从边际产业开始。总之，比较优势论是根据双方国家的比较优势及投资国要素禀赋比率的动态变化解释对外直接投资行为，是一种宏观理论，与其他国际直接投资理论相比具有一定的独到之处。但是，该理论是在对日本对外直接投资实证研究的基础上提出的，有助于解释日本企业的顺贸易导向型投资，但对美国的逆贸易导向型投资以及发展中国家对外直接投资行为却无法做出合理的解释。

1977 年，邓宁在前人研究的基础上，通过引入区位要素，提出了国际生产折衷理论。邓宁认为：企业进行对外直接投资必须具备“三优势”（OIL），即所有权优势（O）、内部化优势（I）及区位优势（L）。所有权优势是指一国企业拥有或能够获得的、而国外企业所没有或无法获得的资产及其所有权方面的优势，说明了企业为什么要从事国际生产的问题；内部化优势是企业将拥有的所有权优势在内部使用而带来的优势，即企业为避开市场机制的不完全性，通过对外直接投资方式，将所有权优势经过内部市场转移给国外子公司，从而取得更多利益，说明了企业应该怎样从事国际生产；区位优势是指跨国企业在投资区位上所具有的选择优势，说明了企业应该到哪里进行生产的问题。邓宁的国际生产折衷理论借鉴和综合了此前国际直接投资理论的精华，采用了折衷和归纳的方法将 OIL 结合为一个有机的整体，更为全面地分析了各种形式的国际直接投资行为的动因和决定因素，被认为是当今 FDI 理论中最具影响力、使用范围最广的理论，被称为解释对外直接投资行为的“通论”，代表了

FDI 的发展趋势（崔新建，2001）。

20 世纪 80 年代初，邓宁在国际生产折衷理论的基础上引入国家经济发展水平，进一步提出了投资发展阶段理论。邓宁根据人均 GNP 水平把经济发展分为四个阶段，并分析各阶段对外直接投资的特点。第一阶段是人均 GNP 低于或等于 400 美元的阶段。这种阶段的国家是世界上最贫穷的国家，几乎没有所有权优势和内部化优势，也不可能利用国外的区位优势，因此基本上既不能吸引外国直接投资，也无力开展对外直接投资。第二阶段是指人均 GNP 处于 400 美元至 1500 美元之间，大多数发展中国家均处于这一阶段。此时由于经济发展水平有所提高，国内市场有所扩大，投资环境有所改善，形成了一定的区位优势，有利于吸引外国直接投资流入，但与此同时，由于这些国家的所有权优势和内部化优势还不明显，对外直接投资往往处于起步阶段。第三阶段是人均 GNP 在 2000 美元至 4750 美元之间，大多数新兴工业化国家处于这一阶段。此时国家经济实力显著提高，企业逐渐培育出了所有权优势和内部化优势，因而有能力大规模地开展对外直接投资，国际直接投资的流入量和流出量大规模增加。第四阶段人均 GNP 在 2600 美元至 5600 美元之间，处于这一发展阶段的国家主要是发达国家，拥有强大的所有权优势和内部化优势，并且能够高度利用东道国的区位优势，因而对外直接投资规模极大，是对外直接投资的主力军。投资发展阶段理论动态地描述了投资与经济发展的辩证关系，就其发展趋势而言，世界上发达国家和发展中国家的投资地位的变化大体上符合这一规律。但是，一国对外投资和吸引外资的数量不能仅仅用 GNP 衡量，它还取决于一国的政治经济制度、市场机制、法律体系等，由于这些因素的影响，制约了该理论对具体国家投资发展的预测或解释力。

综上所述，微观层次的投资理论从厂商行为和市场结构角度出发解释对外投资行为，忽视了国家要素禀赋差别的作用；宏观层次的理论则强调了国家要素禀赋差别对国际直接投资行为的作用，却忽视了一些微观视角的影响因素；且大多数理论与特定国家及其时代特点结合紧密，不具有普遍性。因此，单个的微观或宏观投资理论均不能完备地解释对

外直接投资行为。更重要的是，传统的国际直接投资理论，主要研究的是发达国家的对外直接投资行为。发展中国家的企业在规模、资本、管理经验和技术水平等方面均与发达国家都存在着明显的差距，因此这些理论的适用性有待进一步检验。

二、中国对外直接投资的文献综述

随着发展中国家对外直接投资的快速增长，越来越多的学者对发展中国家的对外直接投资行为进行相关的理论和实证研究。中国作为最大的发展中国家，其对外直接投资行为极具典型性，已经受到了国内外学者的广泛关注。

传统的对外直接投资主体主要以发达国家为主，投资形式主要是由发达国家流向发展中国家或者是由发达国家流向发达国家，而现今发展中国家的对外直接投资可以分为向发达国家投资（学习型 FDI）和向发展中国家投资（竞争策略型 FDI）两种类型（吴彬，黄韬，1997）。发展中国家往往先展开学习型 FDI，向发达国家学习先进的技术、管理经验，并转化为自身的所有权优势；在此基础上发展自身的规模，并进一步开展竞争策略型投资，获取市场份额，巩固市场地位。也就是说，发展中国家的投资活动往往是一个两阶段行为，即要经历“经验获得阶段”和“利润摄取阶段”（冼国明，杨锐，1998）。中国作为发展中国家的典型代表，其投资活动也是这样的一个两阶段行为，中国向发达国家投资是为了获取新信息、新技术和管理技能及经验，向发展中国家投资则是为了寻求市场和资源（钟懿辉，2004）。另外，已有研究验证了中国对外直接投资的发展与投资发展周期理论相吻合，并指出中国正处于投资发展周期的第二阶段（薛求知，朱吉庆，2007）；结合中国对外直接投资及引进外资规模的不断变化，张宗斌（2006）认为中国当前正处于投资发展周期的第三阶段，即中国已经具备了成为对外直接投资大国的条件，因而邓宁的理论对解释中国对外直接投资行为具有现实指导意义。

在投资区位选择上，传统观点认为，东道国和母国在经济和地理上的相近性在对外投资过程中起决定作用，但中国的投资不仅分布在香港、印度等地理位置相近的国家，同样还大量集中于美国、加拿大、澳大利亚等国家。因此，大量学者开始从微观层面到宏观层面关注中国对外投资影响因素的研究。

陈德铭、鲁明泓（2000）在传统的投资理论基础上，从微观层面研究并指出，成本和核心竞争力是中国对外直接投资的重大影响因素；赵春明与何艳（2002）则从宏观层面出发，把中国对外直接投资的主要影响因素分为制度因素和非制度因素，其中制度因素包括经济政治制度、法律制度等，非制度因素包括东道国的市场规模、开放度、资源禀赋、技术发展水平、两国的贸易情况等。

不过，作为影响投资至关重要因素的政治制度的已有研究，却存在极为复杂的结果。通常认为政治制度较好的东道国能够降低投资的风险和成本，提高劳动生产率（Blonigen，2005），然而却有研究结果表明东道国的制度水平与中国投资之间不存在显著的相关性，或者是明显的抑制作用（韦军亮，陈漓高，2009），即中国对外直接投资倾向投资于政治稳定性较低、风险程度较高的国家（Buckley，2007）。东道国的市场规模是影响对外直接投资的重要因素之一，尤其是对市场导向型的投资有重要影响。大多数研究认为东道国的市场规模与中国的对外直接投资水平有正向关系，但张新乐、王文明和王聪（2007）选取2003至2004年的51个样本数据，采用广义最小二乘法也得到了截然不同的结论，即东道国的市场规模与中国的对外直接投资存在负向关系，表明中国倾向投资于市场规模较小的国家。不过，程惠芳、阮翔（2004）的研究表明中国倾向投资于与中国市场规模相似的国家。

东道国吸引中国对外直接投资的资源可分为三类：能源资源、劳动力资源和技术水平。大量的学者选用“东道国的矿产及燃料资源出口占商品出口的比率”（胡博，李凌，2009）或者是将中国能源需求或能源消费作为解释变量，发现中国对外直接投资具有明显的资源寻求特征（邱立成，王凤丽，2008）。人力资源影响的研究基本采用将东道国工资水平或相对工资水平作为解释变量纳入计量分析的方法，结果表明东道国的工资水平与中国的对外直接投资正向相关（胡博，李凌，2009）。通过研

发费用或者申请专利数量衡量的技术因素对中国对外投资影响的研究也得到了不同的研究结论：官建成、王晓静（2007）选取 1993 至 2005 年的数据，采用了 OLS 和岭回归的方法，发现技术水平对中国直接对外投资不存在显著的影响；但是胡博、李凌（2008）选取 2003 至 2006 年的样本分析，却得出了发达国家较高的科技水平对中国对外直接投资有正向影响。由于贸易和投资密不可分，因而有大量研究集中于研究投资和贸易的关系，但研究结果同样极为复杂，有的学者认为进出口和投资间存在着单向因果关系（张如庆，2005），有的学者认为出口与投资间存在因果关系，而进口与投资间却不存在因果关系（魏刚，谢臻，2009）。

在对中国对外直接投资的研究过程中，也有一些学者对中国对欧盟直接投资进行了探测性的研究，主要集中于中国对欧盟直接投资的现状、趋势和特点的描述（宋丽丽，刘慧芳，2012；崔莹，李长胜，2008）、中国对欧盟直接投资的动因（牟岚，2014；孙静，2009；刘再起，王阳，2014；黄志鹏，2005）和制约因素（姚铃，2013），以及中国对欧盟直接投资的区位选择及政策建议。有学者利用欧洲访问的机会，通过对部分在欧的中国企业调查，为中国企业赴欧盟投资提供第一手的参考资料，如投资方式选择、区位选择等及中国企业可能面临的壁垒、竞争力等诸多问题（冯亮，2008）。更有学者指出中国企业对欧盟国家直接投资主要是为了绕开贸易壁垒，获得先进技术。已有研究的数据大多来自中国或欧盟的官方统计部门，但 Zhang Haiyan 和 Yang Zhi 等人（2011）通过利用 Amadeus 数据库，分析了在欧直接投资的中国 4676 家企业现状，认为在欧盟投资的中国企业规模普遍较小，且集中在低知识密集型、低技术密集型的贸易、批发零售等行业。从研究性质上看，中国对欧盟直接投资研究均是定性研究，而仅存的几篇定量研究的内容则主要集中于投资贸易效应，缺乏对中国对欧盟直接投资影响因素的定量研究。

从理论基础来看，引力模型是中国对外直接投资研究中经常采用的理论。引力模型的基本思想来源于自然科学学科中牛顿的万有引力定律，现被广泛地应用于对社会经济尤其是国际贸易现象的研究，成功地解释了国际经济学领域的诸多问题。近年来，引力模型也越来越多地应用于对资本流动地分析，尤其是在对外直接投资现象的解释之中。已有研究除了研究引力模型的一般变量即东道国和来源国的 GDP 及地理距离来对 FDI 的影响外，还加入了基础设施、开放度、投资壁垒、利率、汇率、双边投资条约等其他变量来丰富和扩展引力模型。不过，在以引力模型为基础研究对外直接投资过程中通常会面临一系列问题。首先，除了一些发达国家以外，双边对外直接投资流动的数据不易获得；其次，FDI 流量容易受个别事件的影响而有较大波动，比如大金额的跨国并购项目，从而对引力定律形成不规则的扰动。此外，FDI 流量可能会出现负值，同样会对引力模型产生明显影响。

综上所述，已有文献主要集中于对中国对外直接投资流向较多的国家（地区）的中国对外直接投资问题进行研究，而对近年来中国投资快速增加的区域经济集团——欧盟的直接投资研究却比较缺乏。在已存的研究中国对欧盟直接投资的相关文献中，主要是定性分析，定量研究缺乏，尤其是缺乏影响因素的定量研究。而且，中国对欧盟的直接投资属于发展中国家对发达国家的逆向投资，与传统的投资流向并不一致，那么，传统的发达国家的对外直接投资理论是否可以用来很好地解释中国对欧盟的直接投资行为需要进一步检验（刘再起，王阳，2014）。因此，本章试图从中国对欧盟投资的动因出发研究中国对欧盟直接投资的相关影响因素，在丰富已有研究的基础上，为中国对欧盟投资提供理论依据。

第三节　中国对外直接投资的现状和特点

一、中国对外直接投资

中国对外直接投资起步较晚，同发达国家相比滞后了一个多世纪。改革开放之初，中国年均对外直接投资不到 4 亿美元，几乎可以忽略不计。此后，随着对外开放政策的进一步实施以及开放力度的不断加大，中国不仅开始大量引进外资，同时也积极发展对外投资。

1985 年至 1998 年期间，从投资总额看，中国就已成为发展中国家五

大对外直接投资国之一。自2003年开始，中国对外直接投资流量连续增长，2003年至2013年的年均增长速度高达368.4%。并且，在全球外国直接投资流量较2011年下降近两成的2012年，中国对外直接投资却创下878亿美元（流量）的历史新高，同比增长17.6%，首次成为世界第三大对外投资国；2013年，中国投资流量首次突破千亿美元大关，达到1078.4亿美元，连续两年成为世界三大对外投资国之一（见图8－1）；2014年中国非金融类对外直接投资首次突破千亿美元大关，达到1029亿美元，继续保持世界第三位。

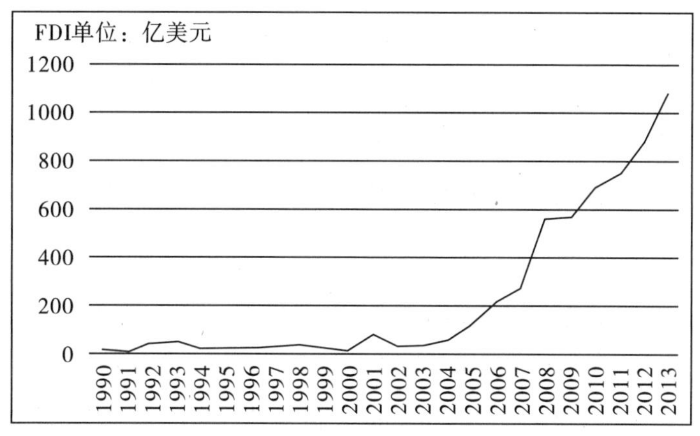

图8－1　1990—2013年中国对外直接投资流量

数据来源：中国统计局。

整体而言，虽然近年来中国对外直接投资迅速增长，但由于中国对外直接投资起步晚，所以，中国对外直接投资在全球仍处于较低水平。截至2013年末，中国对外直接投资存量为6604.8亿美元，仅占全球对外直接投资存量的2.5%，与美国、英国、日本等发达国家相比较还有较大差距（见图8－2）。不过，从流量来看，中国对外投资的发展迅速，2013年中国对外投资流量为1078.4亿美元，占全球对外投资流量的7.6%。根据联合国贸发会议（UNCTAD）《2014世界投资报告》统计，中国对外直接投资流量在全球排名第3位。可见，中国对外直接投资增速较快，具有极大的投资潜力，中国对外直接投资将会在全球国际直接投资中占据越来越重要的位置。

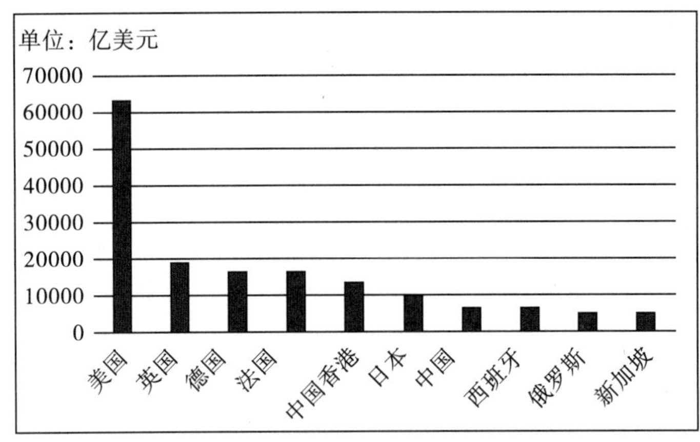

图 8－2　2013 年末中国与世界主要国家（地区）投资存量对比

数据来源：2013 年中国对外直接投资统计公报。

二、中国对外直接投资的区域分布

截至 2013 年年底，中国共在全球 184 个国家和地区设立了 2.54 万家境外企业，较 2012 年末增加了 3500 多家，境外企业资产总额近 3 万亿美元。从区域分布来看，中国对外直接投资大部分流向亚洲地区，占流量总额的 70.1%；中国在亚洲地区设立的境外企业数量近 1.4 万家，占比为 55.6%，主要分布在中国香港、越南、日本、新加坡等。香港是中国设立境外企业数量最为集中且投资最为活跃的地区，在中国香港地区设立的中国境外企业数超过 7000 多家，占境外企业总数的 28.2%。中国对外直接投资第二大投资区域为欧洲，在欧洲地区设立的境外企业超过 3000 家，占比为 12.3%，主要分布在俄罗斯、德国、英国、荷兰、意大利、法国等。在非洲、北美洲、拉丁美洲、大洋洲地区设立的境外企业占比分别为 11.6%、12.1%、5.3%、3.1%。2013 年，除欧洲地区外，中国对其他地区的投资分别呈现不同程度的增长，其中中国对拉丁美洲、大洋洲、非洲、亚洲、北美洲投资分别增长 132.7%、3.4%、3.2%、16.7%、0.4%，而对欧洲地区的投资却同比下降 15.4%。从中国对外直接投资流量的分布来看（见图 8－3），中国的对外直接投资仍然集中于亚洲和拉丁美洲，出现这种现象的主要原因可能是中国对外直接

投资主要流向维京群岛和开曼群岛，这两个地方是著名的避税地，具有转口投资获取避税之利，从而掩盖了真正的投资地。

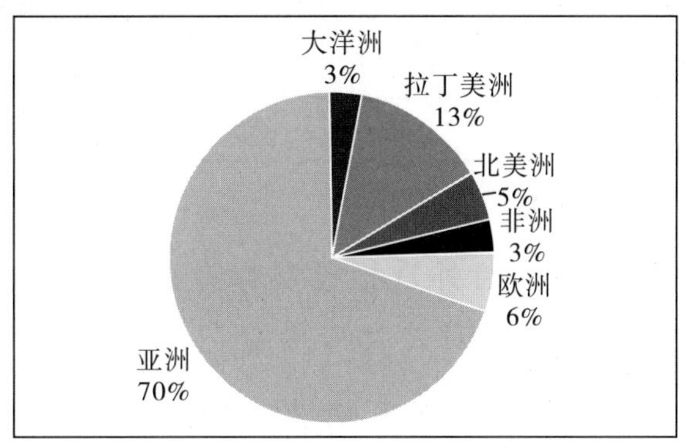

图 8－3　2013 年中国对外直接投资（流量）分布

数据来源：2013 年中国对外直接投资统计公报。

2013 年，中国对外直接投资主要流向发展中经济体，流量高达 917.3 亿美元，占 2013 年中国对外直接投资的 85.1%，同比增长 31%；流向发达经济体的投资仅有 138.3 亿美元，占比为 12.8%，同比增长 2.4%；流向转型经济体的投资大幅下降 46.3%，仅仅为 29.96 亿美元。另外，尽管欧盟是世界重要经济体，但却一直不是中国对外直接投资流向最大的目的地，目前中国对外直接投资还主要是流向香港地区。从 2013 年来看，中国对美国的投资下降了 4.3%，对欧盟的直接投资更是下降了 26.1%（见表 8－1）。

表 8－1　中国对主要经济体的直接投资分布

经济体名称	流量			存量	
	金额（亿美元）	同比（%）	比重（%）	金额（亿美元）	比重（%）
中国香港	628.24	22.6	58.3	3770.9	57.1
欧　盟	45.24	－26.1	4.2	401	6.1
东　盟	72.67	19.1	6.7	356.7	5.4
美　国	38.73	－4.3	3.6	219	3.3

续表 8-1

经济体名称	流量			存量	
	金额（亿美元）	同比（%）	比重（%）	金额（亿美元）	比重（%）
澳大利亚	34.58	59.1	3.2	174.5	2.7
俄罗斯联邦	10.22	30.2	0.9	75.8	1.1

数据来源：2013 年中国对外直接投资统计公报。

2013 年末，吸引中国对外直接投资存量前十位的国家或地区累计达 5438.22 亿美元，占中国对外直接投资存量的 82.3%。它们分别是中国香港、开曼群岛、英属维尔京群岛、美国、澳大利亚、新加坡、英国、卢森堡、俄罗斯、哈萨克斯坦（见图 8-4）。中国对外直接投资主要流向基本保持不变，主要流向中国香港、开曼群岛、美国、澳大利亚等，与存量分布基本保持一致（见图 8-5）。2013 年吸收中国对外直接投资的前十大国家或地区占当年流量的 83.5%，另外，对外直接投资流向中国香港、开曼群岛、英属维尔京群岛、卢森堡的投资共 765.74 亿美元，较 2012 年的 552.46 亿美元增长了 38.6%，占流量前 20 个国家或地区的比重由 2012 年的 69.9%上升至 78.9%，占 2013 年流量总额的 71%。

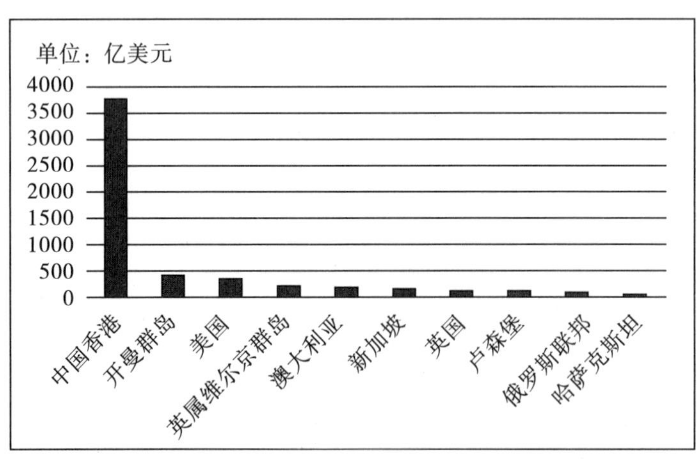

图 8-4　2013 年末吸收中国对外直接投资存量前十位的国家或地区

数据来源：2013 年对外直接投资统计公报。

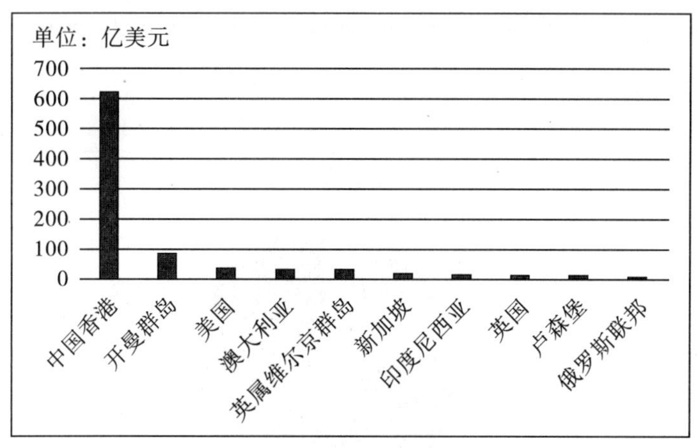

图 8－5　2013 年吸引中国对外直接投资前十位的国家或地区

数据来源：2013 年中国对外直接投资统计公报。

三、中国对外直接投资的行业分布

从存量看，截至 2013 年末，中国对外直接投资主要分布在租赁和商务服务业、金融业、采矿业、批发和零售业及制造业，其中租赁和商务服务业的比重最大，金融业和采矿业紧随其后（见图 8－6）。可见，服务业和金融业已逐渐成为中国对外直接投资最重要的领域，二者将近占投资存量一半；传统的批发和零售业及制造业尽管在对外直接投资中的比重仍然较大，但是其主导地位已经逐渐削弱，投资已经开始转向服务业和高新技术产业。另外，中国对外直接投资的行业分布高度集中，前四个行业即租赁和商务服务业、金融业、采矿业及批发和零售业占投资存量的比例高达 76.7％。

2013 年，中国对外直接投资流量超过 10 亿美元的行业大类有 12 个，超过 100 亿美元的行业大类有 4 个，累计金额达 816.2 亿美元，占总流量的 75.7％。从增长量来看，排名靠前的行业为租赁和商务服务业、采矿业、金融业、批发和零售业、制造业、建筑业、房地产业及交通运输、仓储和邮政业，其比例分别为 25.1％、23％、14％、13.6％、6.7％、4％、3.7％、3.1％。除制造业外，排名前十的行业均呈现不同程度的增长，其中采矿业、金融业及房地产业更是呈现50%以上的增幅。

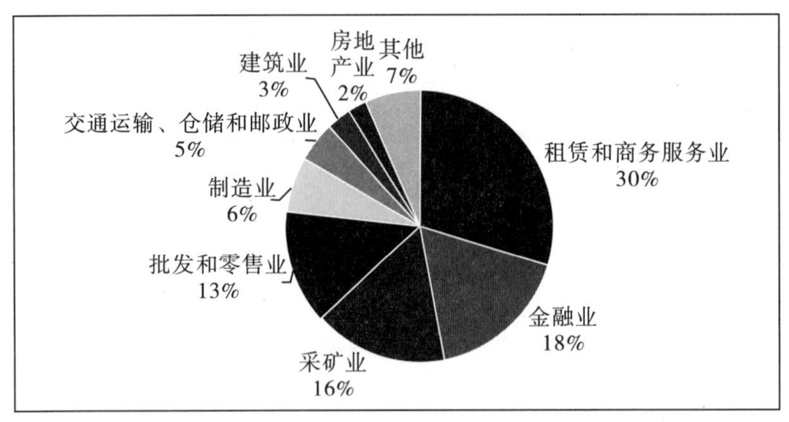

图 8-6　2013 末中国对外直接投资存量的行业分布

数据来源：2013 年中国对外直接投资统计公报。

从 2008 年至 2013 年中国对外直接投资流量行业分布来看，租赁和商务服务业、金融业、采矿业、批发和零售业及制造业是近年来中国对外直接投资的主要行业。从表 8-2 中可以看出，近两年，租赁和商务服务业占比不断下降，已经由 2010 年的 44%下降到 2013 年的 25.1%；在 2008 年全球金融危机后，金融业投资比例逐年下降，在 2011 年达到最低值后已经开始逐渐增长；采矿业和批发零售业也有类似的发展趋势。值得注意的是新兴行业的出现，自 2010 年开始，中国对外直接投资开始流向住宿和餐饮业，在 2012 年更是惊现了教育行业，2013 年又出现了文化体育和娱乐业（表 8-2 中未列出），尽管新兴行业占比还较低，但是这些行业都是伴随着时代特点出现的，未来将会有更大的发展潜力。另外，这些行业的出现反映了中国对外直接投资行业的多元化，未来中国对外直接将有可能流向更多的行业。

表 8-2　中国对外直接投资行业分布（流量）

行业	2008（%）	2009（%）	2010（%）	2011（%）	2012（%）	2013（%）
租赁和商务服务业	38.8	36.2	44	34.3	30.4	25.1
金融业	25.1	15.5	12.5	8.1	11.5	14
采矿业	10.4	23.6	8.3	19.4	15.4	23
批发和零售业	11.7	10.8	9.8	13.8	14.8	13.6
制造业	3.2	4	6.8	9.4	9.9	6.7
交通运输、仓储和邮政业	4.8	3.7	8.2	3.4	3.4	3.1
房地产业	0.6	1.6	2.3	2.6	2.3	3.7
建筑业	1.3	0.6	2.4	2.2	3.7	4
住宿和餐饮业	—	—	0.3	0.2	0.2	0.07
科学研究和技术服务业	0.3	1.4	1.5	1	1.7	1.7
农、林、牧、渔业	0.3	0.6	0.8	1.1	1.7	1.7
教育	—	—	—	—	0.1	—
信息传输、软件和信息技术服务业	0. 5	0.5	0.7	1.1	1.4	1.3
电力、热力、燃气及水的生产和供应业	2.3	0.8	1.5	2.5	2.2	0.6
居民服务、修理和其他服务业	—	0.5	0.5	0.4	1	1
其他	0.7	0.2	0.4	0.5	0.3	0.43

数据来源：2008 年至 2013 年中国对外直接投资统计公报整理。

四、中国对外直接投资的特点

1. 投资额迅速增长，蝉联全球第三

自 2003 年以来，中国对外直接投资流量已实现连续 11 年增长，

2002—2013年的年平均增长速度达39.8%。2013年，全球贸易市场疲弱，国际金融市场持续波动，世界经济增幅继续小幅回落，全球外国直接投资相对活跃。中国继2012年首次位列世界第三大投资国以来，对外直接投资继续保持强劲增势，2013年再创历史新高，达1078.4亿美元，实现了22.8%的高增长，蝉联全球第三大对外投资国。

2. 投资流向增多，涉及行业多样

截至2013年年底，中国境内投资者在国（境）外共设立对外直接投资企业近2.54万家，分布在全球184个国家（地区），比2012年增加3500多家企业，地区分布增加了5个国家。2013年，中国对外直接投资流量超百亿的行业有4大类，分别是租赁和商务服务业、采矿业、金融业及批发和零售业。自2008年开始，中国的对外直接投资已经开始流向居民服务、修理和其他服务业，自2010年开始流向住宿和餐饮业，且二者目前发展形势大好。同时，近年还惊现了对教育业的投资，大大丰富了中国投资行业的多样性。

3. 投资主体日趋多元化

截至2013年年底，中国境内投资者在国（境）外设立的对外直接投资企业中，国有企业占43.9%，有限责任公司占42.2%；国有企业对外直接投资存量占中国对外直接投资存量的55.2%。其中，2013年，非金融类对外直接投资927.4亿美元，其中国有企业和有限责任公司占86.1%，且股份有限公司、私营企业等积极参与国际直接投资；地方非金融类对外直接投资流量364.15亿美元，同比增长6.5%，占全国非金融类对外直接投资流量的39.3%。

第四节　中国对欧盟投资的现状和特点

中国早期的投资集中于美国、加拿大和澳大利亚等工业化国家（王晓华，2008）。但自20世纪90年代中期开始，情况发生了转变。现今，中国对外直接投资大部分集中于亚洲、拉丁美洲等新兴经济体和发展中国家。仅2013年，中国对亚洲的投资额就已高达756.04亿美元，同比

增长 16.7%，占投资流量总额的 70.1%。值得注意的是，近年来中国对欧洲、对欧盟的投资显现出了不同寻常的热度。1999 年，在欧盟进入欧元时代之际，中国对欧盟的直接投资流量出现了激增，从 1998 年的 3812 万美元猛增至 30162 万美元。从 2003 年到 2013 年，中国对欧盟的投资额（存量）从 4 亿美元增长到 401 亿美元，中国对欧盟 27 国投资总量的年均增长率达到了 992.5%，大大高于中国的全球对外直接投资（存量）的年增长率 188.9%。

一、中国对欧盟直接投资

中国对欧盟的直接投资自从 20 世纪 90 年代中期开始发生了变化，实现了跳跃式的增长。中国对欧盟的直接投资额（流量）由 2005 年的 1.9 亿美元增加至 2013 年的 45.24 亿美元，年均增速高达 285.1%，同欧盟其他主要贸易伙伴相比，中国的增长率是最快的，占中国对全球直接投资的比例由 0.6%增加至 4.2%。从存量来看，截至 2013 年末，中国对欧盟的投资存量为 401 亿美元，占存量总额的 6.07%，欧盟在中国对外直接投资中的地位在逐渐上升。但是，中国对欧盟直接投资的流量分布却一直不稳定，近几年更是逐渐降低，甚至出现了负增长（见表 8－3）。在欧盟成为中国对外直接投资第一大对外投资地区之后，如此反常的现象更应该引起我们的注意。

表 8－3　2005 年至 2013 年中国对欧盟直接投资

年份	存量		流量	
	金额（亿美元）	同比增长率（%）	金额（亿美元）	同比增长率（%）
2005	7.68	—	1.90	—
2006	12.75	66.0	1.29	－32.1
2007	29.42	130.7	10.44	709.3
2008	31.73	7.9	0.47	－95.5
2009	62.78	97.9	29.66	6210.6

续表 8-3

年份	存量		流量	
	金额（亿美元）	同比增长率（%）	金额（亿美元）	同比增长率（%）
2010	124.97	99.1	59.63	101.0
2011	202.91	62.4	75.61	26.8
2012	315.38	55.6	61.37	−23.2
2013	401.0	27.1	45.24	−26.3

数据来源：2005-2013 年中国对外直接投资统计公报。

注：2005 年、2006 年为中国对欧盟非金融类投资流量、存量。

二、中国对欧盟投资的区域分布

中国对欧盟的投资主要集中在英国、卢森堡、法国、德国、意大利等。2007 年之前，还没有中国对卢森堡的投资记录，但近年来卢森堡却已成为欧盟吸收中国投资的第一大国，截至 2013 年末，中国对其投资存量为 104.2 亿美元；中国对英国的投资增长迅速最快，投资额从 2008 年 1671 万美元增至 2013 年 14.2 亿美元，增速高达 1681%；德国是中国在欧盟的重要投资贸易伙伴之一，即使在金融危机期间，中国对德国的投资仍然保持在较高的水平。值得注意的是，中国企业开始对瑞典广泛投资，如 2010 年浙江吉利控股集团收购瑞典汽车品牌沃尔沃，华为在瑞典建立研发中心等。2013 年欧盟国家吸收中国投资前十位的国家如图 8-7 所示，2013 年末中国对欧盟直接投资存量主要分布如图 8-8 所示。

欧盟东扩后，尽管中国也抓住这一时机加大对欧盟东扩各国的投资，但是中国对东扩国的投资仍然处于起步阶段。目前，中国对东欧国家的投资主要集中在匈牙利、罗马尼亚、波兰等国，对其他新成员国的投资力度无论是存量还是流量均处于较低水平。不过，与欧盟原成员国相较而言，新成员国在经济水平、劳动力市场等方面均与中国较为相似，有利于中国投资建厂，因此，中国可以新成员国市场为跳板，借助一体化市场的制度便利，将原本较难打入欧盟发达国家市场的产品推向核心国

家，从而实现轻松进入市场、降低进入成本的目的。

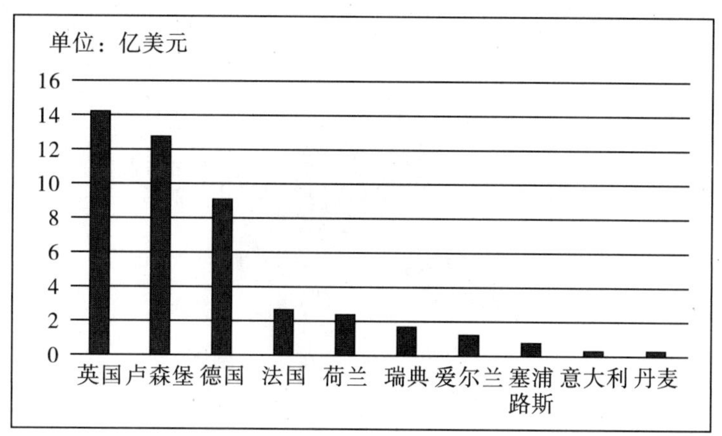

图 8－7　2013 年欧盟国家吸收中国投资前十位的国家

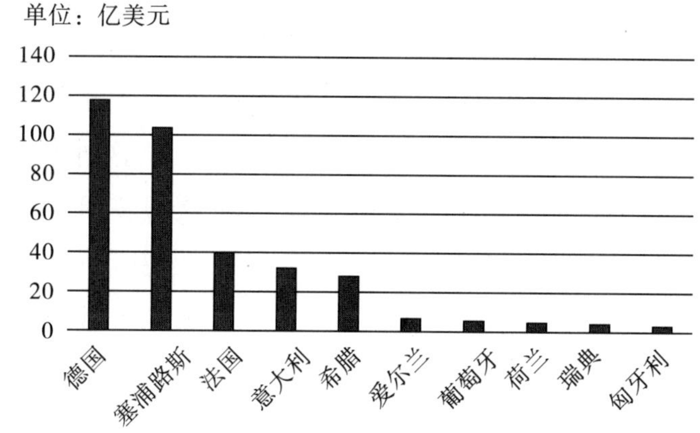

图 8－8　2013 年末中国对欧盟直接投资存量主要分布

三、中国对欧盟投资的行业分布

从存量看，截至 2013 年末，中国对欧盟直接投资主要分布在租赁和商务服务业、金融业、制造业、批发和零售业及采矿业，其中租赁和商务服务业比重最大，金融业和制造业紧随其后（见图 8－9）。可见，服务业与制造业已成为中国对欧盟直接投资最重要的领域，这与欧盟较高的服务水平和制造水平不无关系。中国对欧盟直接投资（流量）的行业分布相对集中，仅前三个行业即租赁和商务服务业、金融业、制造业就占中国对欧盟直接投资的68%。

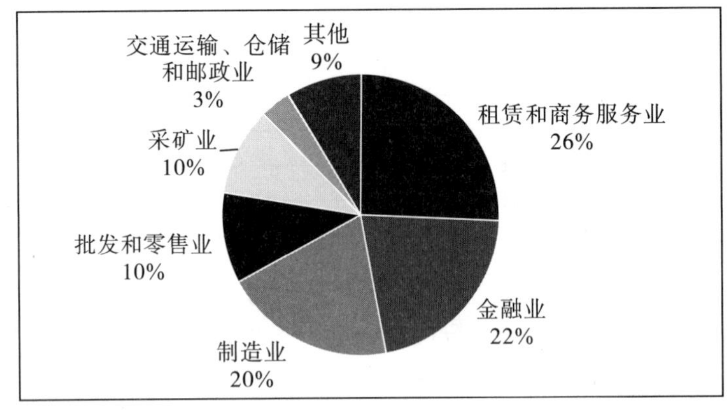

图8-9 截止2013年年底中国对欧盟直接投资存量的行业分布

不过，从流量的角度进一步分析却可以发现（见表8-4），尽管租赁和商务服务业的比重仍然较大，但投资比例却逐年下降；金融业自2008年以来比重逐年下降，在2012年出现明显的反弹，这种趋势主要是受全球金融危机及欧债危机的影响，金融业投资在欧盟受到强烈的冲击。从整体来看，中国对欧盟直接投资行业呈现多元化发展格局，科学研究、电力、热力、燃气及水的生产和供应业、建筑业等行业开始发展，并呈现良好的发展趋势。

表8-4 中国对欧盟直接投资行业分布（流量）

行业	2008（%）	2009（%）	2010（%）	2011（%）	2012（%）	2013（%）
租赁和商务服务业	27.4	78.0	53.6	30.0	20.6	14.9
金融业	18.2	7.1	5.4	6.9	17.1	32
制造业	35.2	7.4	33.9	8.6	29.5	39.9
采矿业	−1.2	0.7	2.5	44.8	0.7	4.2
批发和零售业	7.2	1.2	1.9	1.3	7.0	6.9

续表 8-4

行业	2008 (%)	2009 (%)	2010 (%)	2011 (%)	2012 (%)	2013 (%)
交通运输、仓储和邮政业	4.4	0.5	1.1	0.9	13.9	0.8
科学研究和技术服务业	—	0.3	0.4	0.6	0.9	0.7
电力、热力、燃气及水的生产和供应业	—	—	0.3	3.4	4.8	1.2
农、林、牧、渔业	−0.2	2.0	0.2	2.0	0.2	−2.7
房地产业	1.7	0.7	0.2	0.3	2.1	1.3
住宿和餐饮业	—	1.0	0.1	0.4	0.6	0.1
建筑业	—	—	—	0.6	0.2	0.1
教育	—	—	—	—	1.6	—
信息传输、软件和信息技术服务业	—	—	—	—	0.4	0.2
居民服务、修理和其他服务业	—	0.7	0	0.1	0.2	0.2
其他	7.3	0.4	0.4	0.1	0.2	0.2

数据来源：2013 中国对外直接投资统计公报。

四、中国对欧盟直接投资的特点

1. 流量增长迅速，但仍不稳定

从 2005—2013 年，中国对欧盟直接投资的流量整体呈上升趋势，但是波动较大，且与拉丁美洲和亚洲等地区相较而言，增速并不突出。这主要是因为中国对欧盟直接投资的存量规模较小，起步较晚，因此投资的资金来源基本依靠单纯的权益资本的流入，尚未形成足够的投资收益以支持中国对欧盟直接投资的稳步增长，从而未形成依靠收益再投资为基础的较为稳定的投资流量。

2. 投资规模不断增长，但所占比重仍较低

尽管中国对欧盟存量增长率在欧盟吸收的对外直接投资存量的国家中排名靠前，但中国对欧盟国家的投资存量仍然只占到欧盟吸引外资的1%，而中国对欧盟直接投资存量也只占到中国对外直接投资存量总额的6.1%。

从2005—2013年吸引中国对外直接投资存量前20位国家和地区的排名情况来看，除卢森堡近年来由于金融类投资增长较快、名次靠前外，欧盟国家中上榜的只有德国、瑞典和英国。但这三个国家的排名都不高，不仅落后于中国主要投资目的地的亚洲国家，也不及澳大利亚、美国和加拿大等其他西方发达国家。

3. 投资覆盖面广，但仍相对集中于西欧国家

中国目前对欧盟的投资已经覆盖到欧盟所有的28个成员国，投资覆盖率为100%。不过，大部分的投资存量都集中在了个别国家身上。如前所述，在吸引中国对外直接投资存量前20位国家和地区中，仅有德国、英国、卢森堡和瑞典位列其中，这四个国家也占到了2013年中国在欧盟投资存量的80%以上。从流量上看，增长速度较快的国家有德国、瑞典和卢森堡等，而其他国家的增长并不明显，流量波动也较大。

欧盟东扩后，中国也抓住了时机加大了对欧盟的投资。一方面，随着欧盟市场一体化程度的进一步扩大，欧盟市场商品的容量和种类的需求也随之不断增长，给中国企业的投资带来了契机；另一方面，新成员国给中国带来了投资多样性的机会。然而，无论是从流量还是存量看，中国对新成员国的投资规模均处于较低的水平，12个新成员国的存量总和只占到中国对欧盟投资额的6.6%，并且集中于匈牙利、捷克、波兰和罗马尼亚四个国家。

第五节　中国对欧盟直接投资影响因素的分析框架

由于对外直接投资的影响因素与投资动机密切相关，为此，我们以邓宁的投资动因理论为基础，分析投资动因在中国对欧盟直接投资中的

作用机理，构建中国对欧盟直接投资影响因素的分析框架。

按照投资动机的不同，邓宁将对外直接投资分为四种类型：市场寻求型、资源寻求型、效率寻求型和战略资产寻求型（Dunning，1998）。

一、寻求市场

寻求海外市场是依靠国内市场已建立的比较优势而拓展海外市场，或者迫于国内市场的激烈竞争而开拓海外市场的中国企业对外直接投资的主要动机。从规模上看，中国对欧盟直接投资中，流向制造业的 FDI 占了很大的比例，这说明已经在国内市场建立比较优势的中国制造企业，将欧盟作为寻求市场、发挥自身优势的重要投资目的地。从国别分布来看，中国对欧盟的 FDI 存量大量存在于经济总量、人口规模和国土面积优势相对明显的欧盟国家，如卢森堡、德国、英国、法国、意大利、西班牙等。当然。除市场潜力外，地理位置更靠中心、邻国较多，因而市场较大的国家也能吸引更多中国投资，如匈牙利和波兰。

进一步的分析可以发现，影响中国在欧盟市场寻求直接投资的因素不外乎三个方面。①经济发展水平高。作为一种发生在东道国的经济活动，对外直接投资最重要的影响因素就是经济活动发生的场所——东道国的市场环境。虽然市场的多变性决定其影响因素千变万化，但其中对经济活动影响力最大的就是经济发展水平。毋庸置疑，中国在对欧盟的投资中，既有学习型 FDI，即选择生产相对发达、经济水平相对较高国家，以获得相关管理经验和技术水平，也有竞争策略型 FDI，即要选择生产相对落后、经济水平相对较低的国家，能够充分发挥自身的比较优势。但无论是开展学习型还是竞争型的 FDI，东道国的经济水平都是在欧盟同类国家中水平较高的国家。总体而言，中国对欧盟的直接投资主要发生在经济水平相对较高的国家，而对于一些东欧国家，中国对其投资正处于发展初期阶段。②政治环境稳定。对外直接投资是一种长期经济行为，需要相对稳定有序的政治环境，东道国政权的稳定性、政治腐败程度甚至是战争、动乱等都会造成外资的流失，因此，对外直接投资往往流向政治环境良好的国家或地区。欧盟各国的政治环境良好，政局相对稳定、法制较为健全，具备吸引外资的良好政治环境。③基础设施完善。有了相对稳定的政治环境和经济保证，对外直接投资还需要一定的基础设施保证其顺利进行，以获取更大的经济利润。基础设施因素主要是指东道国的交通运输条件、能源供应条件、邮电通讯条件和公用事业设施条件等，这些设施为企业的生产、经营、销售等提供了物质和信息技术条件，是影响对外直接投资的基本因素。

二、寻求资源

尽管中国是资源大国，但人均资源占有量却相对较低，且资源分布结构并不合理，部分资源开发难度大。随着中国经济的发展，国内对自然资源需求的扩大，寻求自然资源成为中国 FDI 的重要目的之一，并且在政策上得到了国家的大力支持。不过，中国在原材料和能源开发方面的投资主要分布在非洲和拉丁美洲，对自然资源的寻求在中国对欧盟直接投资中表现得并不突出。中国自然资源获取型的对外直接投资总存量在 2003—2005 年一直处于下行趋势，直到 2006 年才有所上升。从 2006—2013 年，中国对外直接投资中，采矿业的 FDI 流量由 85.4 亿美元增至 248.1 亿美元，年增速为 27.2%。具体到欧盟地区，2007 年末，中国在欧盟采矿业及农业的投资存量仅占中国对欧盟整体投资额的 12.6%。随着在商务服务业和金融行业 FDI 的高速增长，2010 年末中国在欧盟采矿业、农业及水电煤行业的投资存量比重不升反降，下降到 5%，只占到同行业中国对外直接投资存量的 1.2%。不过，此后中国对欧盟的自然资源型投资迎来了快速增长期，截至 2013 年年底，中国对欧盟直接投资在采矿业和水电煤行业的存量占比已经达到 12%。

随着科学技术的不断发展，研发能力和技术水平作为东道国的一种高科技资源，也已成为中国 FDI 境外获取资源的目标。从近年的投资流向看，中国对欧盟直接投资流向高科技产业的比重越来越大，其中，在科学研究和技术服务业及信息传输、软件和信息技术服务业的 FDI 流量占中国对欧盟 FDI 的比重已由 2009 的 0.3%上升至 2013 年的 0.9%，年均增速高达 31.6%。可见，以寻求资源为目的的中国外向 FDI 在选择东

道国时非常看重东道国的自然资源及科研能力状况，因而二者自然也成为影响中国对欧盟直接投资的重要因素。

三、寻求效率

若发达国家向发展中国家投资，寻求效率通常反映在人力资本层面；若发展中国家向发达国家投资，寻求效率往往反映在研发、技术等方面。由于欧盟国家的人均国民生产总值大部分都高于中国，人均工资水平也较高，中国对欧盟直接投资属于发展中国家向发达国家的逆向投资，因此，中国对欧盟直接投资的效率寻求通常反映为寻求欧盟国家较高的研发水平和技术水平，希望利用当地已有的技术水平和创新能力设计和研发，通过学习型 FDI，逐步学习国外的管理经验和技术水平，最终转化为内部优势。因而，东道国的技术水平成为影响中国对欧盟直接投资的因素。

四、寻求战略资产

对战略资产的寻求是中国近年来所表现出来的对外直接投资，尤其是在发达国家进行投资的重要动机，欧盟也包括在内。

寻求战略资产主要反映在寻求先进的技术、品牌及客户或销售网络等。自 20 世纪 90 年代以来，寻求战略资产就已成为中国对外直接投资一个日益彰显的动机。因此，中国企业海外并购的目标企业一般均拥有专利技术、全球知名品牌或是已经建好的客户网络和销售渠道。欧盟有许多世界知名的跨国公司，中国企业通过对其并购或者与其合作，一方面可以获得相关战略资产，能够对国内市场产生积极的影响，更能够提高企业的全球知名度；另一方面，可以学习成熟的经营理念和管理经验，能够极大提高全球竞争力。

可以发现，从投资动因出发，影响中国对欧盟直接投资的主要因素包括了欧盟国家的经济发展水平、政治环境、自然资源、基础设施及科研能力与技术水平（见图 8－10）。

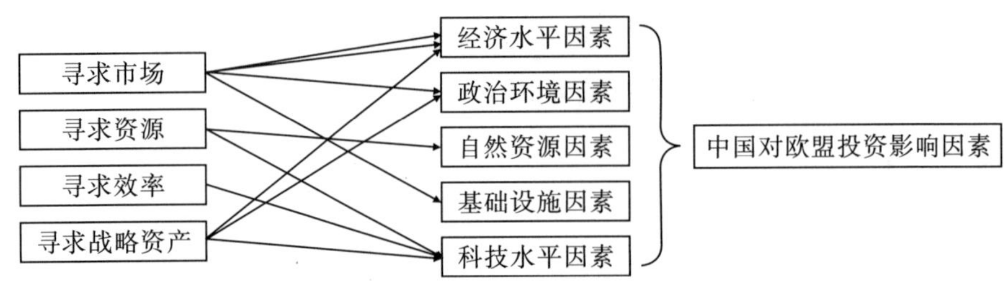

图 8-10　中国对欧盟直接投资影响因素的分析框架

第六节　中国对欧盟直接投资影响因素的实证研究

一、变量选取与测量

经济发展水平用东道国 GDP、贸易规模及东道国的工资水平衡量。基础设施方面，用东道国的铁路里程数反映交通便利程度，用东道国互联网的用户数反映科技设施。政治环境主要包括了政局稳定和腐败的控制两个指标。自然资源用燃料、矿石和金属出口占商品出口总额的比例及能源产量衡量。科技水平用东道国 R&D 费用占 GDP 比衡量。另外，考虑到东道国的开放度会影响外资的流入，将东道国的开放度作为控制变量纳入模型中。变量选取如表 8-5 所示。

表 8-5　变量选取

指标名称	测量
经济水平	东道国 GDP（GDP）；中国对东道国的贸易额（TRADE）；东道国工资水平（WAGE）
开放度	FDI 存量占 GDP 比（OPENESS）
政治环境	腐败控制（PF）；政治稳定性（PS）
基础设施	铁路里程（RAIL）；互联网用户数（INT）
自然资源	燃料、矿石和金属出口占商品出口总额的比例（EXI）；能源产量（ENE）
科技水平	R&D 费用占 GDP 比（RD）

因变量是中国对欧盟直接投资，用中国对欧盟各国的直接投资流量测量。

二、数据来源

2004 年欧盟东扩之后，欧盟增加了 10 国，此时欧盟有 25 个国家，这是欧盟最大的一次扩张。数据选取的时间段是 2005—2013 年。有关欧盟各国家的数据主要根据世界银行和欧盟统计局相关数据整理，中国的数据则根据世界银行和中国统计局相关数据整理，政治制度采用世界银行里全球治理指标中的相关数据。

三、检验结果

首先检测变量间的相关性，删除相关变量后将剩余变量继续做下一步检测。

1. 单位根检验

单位根检验是对面板数据的平稳性进行检验，常用的方法有 ADF、PP、LLC 检验。ADF、PP 检验对面板数据的不同截面分别进行单位根检验，其最终的检验在综合了各个截面的检验结果上，构造出统计量，对整个面板数据是否含有单位根作出判断。LLC 检验仍采用 ADF 检验式形式，且在该模型中允许其跨截面变化。在这里我们采用这三种检验方法对数据做了单位根检验，若数据同时通过了这三种检验则表明数据是平稳的，可以进行协整检验。由于没有差分之前的数据单位根检验结果不平稳（因篇幅所限，本章没有列出），我们对数据进行了一阶差分后再次进行单位根检验。由表 8 - 6 可以看出，各变量在一阶差分后平稳，因此，本章所选的指标均为一阶单整，进行协整检验。

表 8－6 平稳性检验

变量	单位根检验方法			结论
	ADF	PP	LLC	
ΔGDP	121.704	214.424	－15.3417	平稳
	(0.0000)	(0.0000)	(0.0000)	
ΔOPENES	143.687	220.698	－15.7723	平稳
	(0.0000)	(0.0000)	(0.0000)	
ΔTRADE	111.49	151.738	－12.6695	平稳
	(0.0000)	(0.0000)	(0.0000)	
ΔPF	119.737	143.795	－11.6694	平稳
	(0.0000)	(0.0000)	(0.0000)	
ΔPS	239.101	245.687	－15.3265	平稳
	(0.0000)	(0.0000)	(0.0000)	
ΔRAIL	194.266	235.071	－978.964	平稳
	(0.0000)	(0.0000)	(0.0000)	
ΔINT	114.059	137.721	－7.25604	平稳
	(0.0000)	(0.0000)	(0.0000)	
ΔENE	191.906	210.078	－9.28925	平稳
	(0.0000)	(0.0000)	(0.0000)	
ΔEXI	223.456	247.535	－15.4903	平稳
	(0.0000)	(0.0000)	(0.0000)	
ΔWAGE	114.913	112.272	－7.57476	平稳
	(0.0000)	(0.0000)	(0.0000)	
ΔRD	131.708	136.477	－7.09083	稳
	(0.0000)	(0.0000)	(0.0000)	

注：Δ为一阶差分，() 内是 P 值。

2. 实证分析结果及讨论

从表8－6可知，各指标变量一阶单整，满足协整检验的条件。用Kao检验对各模型进行协整检验，结果显示各方程间存在协整关系，可以对相关模型进行回归。从Hausman的检验结果看，模型均是固定效应模型，相关检验结果见表8－7。实证结果表明：中国对欧盟直接投资与东道国的市场规模、开放度、贸易联系及基础设施正相关，与东道国的工资水平、研发情况负相关，但与东道国的自然资源、腐败控制和政治稳定性则无显著相关关系。

（1）FDI与欧盟的市场规模和中国对东道国的贸易额正向相关，与东道国的工资水平负相关，由此说明，经济因素是影响中国对欧盟直接投资的重要因素。其中，市场规模和贸易联系积极促进中国对欧盟的直接投资，而东道国的工资水平反映的是东道国的劳动力成本，劳动力成本越高，投资水平越低，即工资水平与中国对欧盟直接投资负向相关。这与已有研究表明的市场规模、交通便利程度、金融条件等对制造类跨国公司的影响程度较大，制度透明性及服务业的发达程度与营运类跨国公司联系较为紧密，东道国或区域的技术基础及人力资本、能力对研发类跨国公司有较大的影响（徐康宁，陈健，2008）相一致。

（2）中国对欧盟投资不仅与欧盟燃料、矿石和金属出口占商品出口总额比例的系数不显著，而且与欧盟能源产量的系数也不显著，另外，二者之间的关系系数均为负，由此表明中国对欧盟的直接投资与自然资源因素不相关。可能的原因是，中国对外直接投资的资源寻求目的地主要集中在中亚、中东、非洲等自然资源发达的地区，结合欧盟各国家的资源情况考虑，中国对欧盟直接投资的资源寻求导向并不明显。

（3）腐败控制和政治稳定性均与中国对欧盟直接投资间的关系不显著，由此政治因素对中国对欧盟直接投资也没有产生影响。有趣的是，腐败程度与中国在欧盟对外投资正相关，政局稳定性却负相关。可能的原因是，中国在欧盟的投资还处于发展阶段，投资基础薄弱、经验尚浅，并且中国对欧盟的投资大都是由大型国有企业完成，与中小企业相较而言，这些企业具有特定的“非市场动机”和所有权优势，对风险的承受

表 8－7　回归结果

变量	模型一	模型二	模型三	模型四	模型五	模型六	模型七	模型八	模型九	模型十	模型十一
C	−250.58**	−9689.17**	−2593.57	−2949.86	−4209.77	−4893.56	−9023.55	−10129.39	−7833	−17957.12**	−24715.69*
	[−2.24]	[−2.51]	[−0.608]	[−0.67]	[−0.90]	[−1.07]	[−1.01]	[−1.13]	[−0.86]	[−1.94]	[−2.54]
OPENESS	6.09***	4.11**	5.26**	5.47**	5.43**	5.32**	5.46**	6.36**	6.89** *	4.76**	4.30**
	[3.35]	[2.09]	[2.70]	[2.76]	[2.73]	[2.74]	[2.79]	[3.08]	[3.29]	[2.25]	[2.04]
GDP		1283.64**	298.45	315.09	404.95	335.77	929.33	1105.38	892.1	2332.67 *	3323.24 *
		[2.45]	[0.50]	[0.535]	[0.67]	[0.57]	[0.74]	[0.88]	[0.71]	[1.81]	[2.44]
TRADE			1.14***	1.13***	1.13***	1.12***	1.09**	1.09**	1.08**	1.20***	1.15***
			[3.30]	[3.27]	[3.25]	[3.32]	[3.18]	[3.20]	[3.15]	[3.61]	[3.49]
PS				3.02	1.48	−1.92	−1	−2.77	−2.66	−2	−2.8
				[0.60]	[0.27]	[−0.36]	[−0.37]	[−0.51]	[−0.49]	[−0.33]	[−0.54]
PF					8.9	12.31	11.6	10.49	11.22	13	13.55
					[0.77	[1.08]	[1.01]	[0.92]	[0.98]	[1.21]	[1.23]
RAIL						0.15**	0.15**	0.15**	0.15**	0.16***	0.16***
						[3.16]	[3.20]	[3.19]	[3.22]	[3.46]	[3.52]

续表 8-7

变量	模型一	模型二	模型三	模型四	模型五	模型六	模型七	模型八	模型九	模型十	模型十一
INT							−4.2	−4.38	−3.64	−3	−4.24
							[−0.54]	[−0.56]	[−0.47]	[−0.35]	[−0.56]
EXI								−8.86	−1.77	−5	−5.85
								[−1.37]	[−0.21]	[−0.64]	[−0.72]
ENE									−104	−55.28	−43.9
									[−1.33]	[−0.72]	[−0.58]
WAGE										-0.04^{***}	-0.04^{***}
										[−3.57]	[−3.62]
RD											-331.29^{**}
											[−2.04]
R^2	0.32	0.35	0.38	0.38	0.39	0.42	0.42	0.42	0.43	0	0.48
F	3.35^{***}	3.53^{***}	3.964995^{***}	3.83^{***}	3.72^{***}	4.09^{***}	3.96^{***}	3.92^{***}	3.87^{***}	4.36^{***}	4.43^{***}
D. W	1.65	1.69	1.775548	1.79	1.79	1.74	1.74	1.77	1.8	2	1.87
Hausman	55.48(0.00)										
Kao	−1.63(0.05)										

注：()的数字是 P 值，[]内的是 t 值，*、**、*** 分别表示 10%、5%、1%的显著水平。

能力更强，在投资时可能对政治风险考虑得较少，因此欧盟国家的政治风险等因素对中国对外直接投资的影响也就没那么明显。且欧盟本身政治比较稳定，因此中国在欧盟的直接投资一般就不用考虑政治因素了。

（4）欧盟国家的铁路里程与中国对欧盟直接投资显著正相关，但互联网用户数与中国对欧盟直接投资没有显著的关系。因此，可以说基础设施尤其是道路设施正向影响了中国对欧盟的直接投资。

（5）R&D 费用占 GDP 比与中国对欧盟直接投资显著负相关。由此，科技水平因素影响了中国对欧盟直接投资，而且是负向影响。究其原因，中国对欧盟投资主要流向制造业，租赁和商务服务业，金融业，交通运输、仓储和邮政业以及批发和零售业，这几个行业占中国对欧盟直接投资的 88.1%，研发类行业占比极低，因此，研发水平可能对中国对欧盟直接投资的影响并不是那么重要，至少目前不是那么重要。

（6）测量开放度的指标 FDI 存量占 GDP 比与中国对欧盟直接投资显著正相关。东道国的开放程度越高，对外资的吸引力度也越大；投资量往往也越大，即东道国的开放度与中国对外直接投资正向相关。

第七节　研究结论与对策建议

本章首先在对已有中国对外直接投资文献的回顾后发现，已有研究方法以定性研究为主，实证研究缺乏；研究的理论基础大多以引力模型为基础，运用投资理论的研究缺乏。其次利用中国对欧盟直接投资数据的多层面分析后发现，虽然现阶段中国对欧盟直接投资发展迅速，但发展仍不稳定；投资覆盖面虽广，但集中于西欧，有较大的发展空间。由于“丝绸之路经济带”是连接亚欧两洲的经济大陆桥，因而活跃的东亚经济圈与发达的欧洲经济圈的“两端带中间”是丝绸之路经济带建设的关键。因此，研究中国对欧盟直接投资的影响因素具有重要的理论和实践意义。然后基于邓宁的投资动因理论，构建了中国对欧盟直接投资影响因素的分析框架。最后选取 2005—2013 年欧盟 27 国的相关数据，提出并实证检验中国对欧盟直接投资的影响因素。研究结果表明，中国对

欧盟的 FDI 与东道国的市场规模、开放度、贸易联系及基础设施正向相关，与东道国的工资和研发水平负相关，与东道国的自然资源、腐败控制和政治稳定性则无显著相关关系。

根据实证研究结果，为推进“丝绸之路经济带”建设，我们认为：

（1）加大交通通道的投资建设力度。交通运输在经济发展中发挥着基础性、先导性和服务性作用，大力推进交通基础设施建设，实现道路互联互通，是“丝绸之路经济带”建设的前提和基础。“丝绸之路经济带”区域内现已初步形成以铁路、公路、航空和管道等多种交通运输方式构成的综合交通运输体系。加强区域内国家内及国家间的道路规划、建设和运输协调是经济带道路互通形成的重要基础，是建设“丝绸之路经济带”综合交通运输体系的前提。因此，建设“丝绸之路经济带”尤其要重视交通通道建设，这也从一个侧面解释了亚投行的建立吸引了众多欧洲国家竞相加入的现象。

（2）大力巩固并发展中欧双边贸易联系，继续扩大对欧洲的投资力度。在经济全球化的大背景下，贸易便利化、贸易自由化程度已经成为衡量一个国家贸易开放的重要标准。自中欧经贸关系建立以来，中欧贸易快速发展，中国对欧盟投资也整体呈现上升趋势，但是投资规模仍然相对较小。丝绸之路经济带框架下，区域内国家间的贸易畅通应该在巩固贸易合作的同时，推动贸易与投资的便利化，创新区域合作模式与机制，实施贸易便利化战略、投资便利化战略、区域经济合作战略。由于欧盟是丝绸之路经济带最活跃的经济极，因此，建设丝绸之路经济带间的贸易畅通，必须要注重中国与欧盟间的贸易畅通。为此，必须继续大力发展双方的经贸关系，早日签署双边投资协定，继而带动中国对欧盟直接投资的快速发展，努力实现双方互为最大贸易和投资伙伴的目标，进而拉动丝绸之路经济带广阔腹地国家的崛起，实现中国的和平崛起和丝路国家的整体繁荣与共赢。

（3）积极推进在经济体量大的欧盟国家投资。市场规模对中国对欧盟直接投资有着显著的促进作用，因此，中国在积极发展对欧盟直接投资的进程中，要大力推进在经济体量大的国家进一步投资。

(4) 重视欧盟东道国的开放程度。实证结果表明，东道国的开放程度与中国对欧盟直接投资有着显著的正向关系，即东道国的开放程度对吸引直接投资有着极大的影响力。开放度较高的国家在吸引外资时往往有各种优惠政策或措施，在大力发展中国对欧盟直接投资时，要注意东道国的政策动向，有目的的向开放程度高的国家投资有助于快速提升中国对欧盟直接投资的发展。

当然，本章在研究中也存在着一些局限与不足。首先，国际直接投资的影响因素众多，本章选取的因素数量有限。如研究国际直接投资常用的一个因素是地理距离，但本章研究的是中国对欧盟直接投资的影响因素，因此将欧盟各国看成了一个整体，没有研究地理距离对中国对欧盟投资的影响，这在一定程度上可能影响结果的普遍性。其次，本章选取的是 2005—2013 年的数据，在时间跨度上相对较短。这主要是考虑了欧盟的不断东扩造成欧盟国家数目变化过于频繁的缘故。2004 年欧盟在经历最大一次东扩之后，欧盟增加了 10 国，达到 25 个国家，之后欧盟国家数目相对稳定，但 2007 年欧盟又增加了 2 个成员国，2013 年再次增加了 1 个成员国。为了尽可能取得纵向数据，因此我们选取了 2005 年之后的数据。未来的研究可以考虑研究不同时间段中国对欧盟直接投资的影响因素。最后，本应结合丝绸之路经济带战略的更多因素，将政策沟通、货币流通、民心相通也纳入模型，但考虑到数据的可获得性，本章暂未涉及这些变量，这可以在以后的研究中包含，以期在从理论上为建设"丝绸之路经济带"提供基础的同时丰富中国对外投资理论。

第九章 中国与独联体国家贸易现状及影响因素

第一节 引言

一、研究背景和意义

独联体国家，是独立国家联合体的简称。所谓独立国家联合体（commonwealth of independent states，CIS；俄文：Содружество независимых государств，СНГ），是由前苏联大多数共和国组成的进行多边合作的独立国家联合体。这个区域经济合作组织，自 1991 年 12 月宣告成立至今，经过 20 多年的发展变迁，现有 10 个成员国，即俄罗斯、乌克兰、哈萨克斯坦、乌兹别克斯坦、吉尔吉斯斯坦、塔吉克斯坦、白俄罗斯、阿塞拜疆、亚美尼亚和摩尔多瓦。但就目前来看，独联体内部现状并不乐观，各国为了自己的利益又结成了大大小小的内部联盟。2014 年 3 月，因为克里米亚独立入俄问题，乌克兰就正式启动了退出程序。在区域经济化兴起和蓬勃发展的大背景下，独联体的产生和发展是一个非常重要和特殊的现象。一方面，在国际经济分工合作中，独联体是一个不可忽视的巨大的地区国家联合体。另一方面，前苏联的解体并不意味着这一地区各国经济链条的完全断裂，而只意味着进入了一个新经济关系构成之前的调整时期。在新中国的对外合作版图中，前苏联一直具有重要的地位和意义。无论是新中国成立之初，基于对共产主义信仰的共同追求所建立起来的亲密兄弟情谊，还是 1991 年苏联解体成立独立国家联合体后，双方之间对于发展经济的共同认识，都使得这个与中国有 7000 多公里共同边界的欧亚地区，成为中国国际经济贸易合作的重要邻居和伙伴。

俄罗斯是中国在独联体国家中最大的贸易伙伴，在中国主要贸易伙伴中排名第九位，而中国也依然是俄罗斯第一大贸易伙伴国。中国与独联体其他国家也保持着良好的贸易关系。根据 2012 年国家商务部网站得统计数据显示：中国，为阿塞拜疆第五大进口国；是白俄罗斯亚洲最主要的贸易伙伴；是哈萨克斯坦的第一大贸易伙伴，贸易额占其贸易总额的 17.5%；是塔吉克斯坦国的第三大贸易伙伴，占其贸易总额的 13.0%；是乌克兰第二大进口来源地；是乌兹别克斯坦的第二大贸易伙伴，占其贸易总额的 12.3%。至于吉尔吉斯斯坦，早在 2008 年，中国就是其第二大贸易伙伴，而其在目前也是中国在独联体中第四大贸易伙伴。

综上可见，在新丝绸之路经济带上，独联体国家扮演着举足轻重的角色。无论是"丝绸之路经济带"沿线的俄罗斯及中亚五国（哈萨克斯坦、吉尔吉斯斯坦、乌兹别克斯坦、土库曼斯坦、吉尔吉斯斯坦），还是受到新经济带辐射的其他独联体国家（乌克兰、白俄罗斯、阿塞拜疆、亚美尼亚、摩尔多瓦），都在新"丝绸之路经济带"中扮演着不同的角色。独联体国家自 1992 年与中国建交以来，已建立了良好的政治经贸关系，贸易发展稳定。但是，若深入分析中国与独联体的经济贸易现状就会发现，中、独双边贸易中仍然存在较大问题。如贸易差额巨大，商品贸易结构单一，合作体制不完善，各国企业之间信息不对称等。但是，根据国际贸易理论，中国与独联体国家在经济结构上有很大的互补性，双方的比较优势契合度高，双边贸易仍存在很大潜力。因此，探索中国与独联体贸易发展的影响因素尤为重要。

本章在拟在分析中国与独联体贸易现状与问题的基础上，使用引力模型对独联体与中国贸易影响因素进行研究，以期探讨中国与独联体国家经贸发展的问题及原因所在，从而对中国与独联体国家贸易的健康发展提出一些积极的建议。

二、研究思路及研究方法

1. 研究思路

以中国的视角为出发点，把中国与独联体各国作为分析研究对象。

首先，研究中国与独联体经贸合作的各个方面，提出可能影响中国与独联体贸易发展的关键因素。然后引入贸易流量研究中常用的贸易引力模型，对这些因素进行实证研究，分析实证结果。紧接着对中国与独联体经贸合作发展历程进行梳理，找到存在的问题。最后将影响因素与现实问题结合起来，找到解决问题的途径，寻求中国与独联体经贸合作发展的关键点和突破口，并提出政策建议。

2. 研究方法

拟将规范研究方法和实证研究方法相结合。在规范性分析中，结合以往的贸易理论，对影响中国与独联体贸易的影响因素进行定性分析。在计量分析部分，结合国内外学者对贸易引力模型研究的现有成果，尝试加入新的相关变量对引力模型进行拓展，量化分析中国与独联体国家贸易的影响因素。

三、主要研究工作和创新

本章在借鉴前人研究成果的基础上，主要研究工作和创新如下：

（1）在对贸易引力模型进行拓展的基础上，实证分析了影响中国与独联体国家贸易的主要因素。

（2）对独联体国家贸易现状与问题进行了深入剖析，结合实证分析结论提出了对策建议。

第二节　相关文献综述

一、中国与独联体贸易的相关研究

1. 国外研究现状

由于中国与独联体贸易的独特性及其在世界贸易中的位置特点，决定了研究中国与独联体贸易的国外文献绝大多数限于俄罗斯学者的研究。而在这些研究中，对中俄经贸关系的研究占绝大部分。俄罗斯的主要研究机构包括俄罗斯科学院系统的远东研究所、东方学研究所、世界经济与国际政治研究所、国际经济与政治研究所和俄罗斯科学院远东分院等；俄罗斯外交部所属的莫斯科国际关系学院、外交学院；高校系统的莫斯科大学亚非学院，圣彼得堡国立大学，远东国立大学东方学院和人民友谊大学等。除了这些比较集中的研究中国问题及中俄关系的机构以外，从事相关研究的知名机构还有俄罗斯战略研究所、国家安全与战略研究所、莫斯科卡内基中心和战略文化基金会等。值得强调的是，俄罗斯独立以后出现了一些西方资金支持的研究机构，其中包括莫斯科卡内基中心和战略文化基金会。在俄罗斯有关方面看来，有西方背景的研究机构的观点往往比较独立和自由，其观点不具有普遍性，更多的是西方诉求的一种反映。

除了上述机构以外，开展同中国与独联体经贸关系有关研究的还有汉学家协会（为欧洲汉学家协会成员，主席季塔连科）等社会团体，它们定期举办各种学术性研讨活动。其中，俄中友协在长达 50 多年的时间里一直坚持举办关于中国文化及中俄关系领域研究的专题研讨会。

总体而言，国外学术界在中国与独联体经贸关系发展研究方面的主要观点有：

（1）充分肯定对华经贸合作的重要性和必要性，认为中国与独联体经贸合作对于独联体经济的发展具有很大的积极作用，中亚、远东等地区经济的繁荣离不开与中国的合作。指出所谓的"中国威胁论"只不过是某些人或利益集团借以实现某种目的的工具。认为"灰色清关"的症结源于中国与独联体两方面，但主要在于独联体国家的体制问题。对于中国的劳务出口问题，主张实施有效的移民政策和合理方案，将中国劳动力的利用纳入规范轨道。

（2）认为中国与独联体经贸合作更多的是对中国有利。首先，中国商品质量差（20 世纪 90 年代初）及货物出口中的"走私"问题和资源开发过程中的非法行为等方面使独联体国家财政收入蒙受了重大损失，同时还对独联体国家生产企业带来巨大冲击。其次，对华资源出口使独联体国家面临沦为"原料附庸"的危险。最后，中国在进口机电产品和直接生产性投资等方面不够积极。此外，认为中国在发展对独联体经贸合

作中占主导地位，具有更系统和有连续性的政策，包括对民间无组织贸易持鼓励态度。

（3）将中国的发展视为威胁，尤其在中国劳动力出口问题上持反对态度。这种观点认为，中国与独联体及独联体边境地区两侧人口比例严重失调，因此中国将利用其人口优势和经济影响对相邻独联体国家地区进行渗透和扩张，其后果不堪设想。

概括地说，目前外国学术界对于中、独贸易发展的评价和分析总体上比较客观和积极，很多学者都能够从中国与独联体两方面利益出发考察双边贸易合作中存在的问题。但研究资源和人员结构还存在较大问题，能够直接使用第一手中文资料或用中文交流的学者（尤其是中青年学者）相对较少，这在很大程度上影响了研究的客观性和判断的准确性。

2. 国内研究现状

自独联体成立初期以来，国内学者关于中国与独联体经济贸易发展及其影响因素的研究就从没有停止，早在1992年，徐力（1992）就对中国与独联体发展经贸关系可能性与必然性进行了论述。他从经济因素、世界发展趋势、独联体经济协调发展、中国与独联体经济改革现状等角度分析了中国与独联体发展对外经贸关系的可能性：中国与独联体国家在经济结构和贸易结构上具有互补性；双边贸易有交通等便利条件；中国与独联体成员有广泛的合作基础。同时他提出了可能制约中国与独联体国家贸易发展的几个因素：政治因素，即独联体国家成立初期政治局势不稳定，社会矛盾、民族矛盾加深；宏观经济因素，即独联体国家经济停滞不前，通货膨胀严重，外汇短缺造成支付困难从而阻碍外贸发展；市场因素，即中国在独联体国家内的轻工业消费品市场受到来自日本、中国台湾地区的威胁；产品结构因素，即独联体国家进出口商品结构严重不合理。此外，还有制度不完善、基础设施建设不足、信息不对称、官僚作风严重等因素。最后，徐力提出了发挥边境贸易优势、调整商品结构、加强基础设施建设、狠抓产品质量等政策建议。

范永春总结了独联体成立初期我国与独联体国家贸易的特点：有利与不利同在，机遇与风险并存。他还指出与独联体的贸易合作应采取多种渠道，灵活多样，较小规模分散进行。郑羽（2008）以中国与独联体国家政治外交关系为出发点讨论了双边贸易问题。独联体国家与中国为地缘外交，即距离越近，外交关系越密切，从而经贸关系就越密切。他指出独联体国家过于依赖俄罗斯，而俄罗斯在独联体成立初期生产放缓，投资环境不佳；同时他提出了可能会是影响中国与独联体国家未来政治经济发展的宗教因素。

王建国（2008）提出了我国与独联体各国开展经贸合作的建议：从金融角度提出要建立中国国际金融中心，鼓励金融资金和产业资金结合；从产业合作角度提出要开展"跳板式"合作，贸易向实体过渡，设点或办事处等措施。

欧汉（2007）对中国与独联体经济贸易合作之间存在的问题进行了深入研究，提出了贸易结构低度化、合作形式缺乏多样性、中国与独联体经贸合作体制不完善、独联体国家与中国在相互认识观念上存在障碍等一些问题，并就这些问题提出了解决的办法。

王蓓（2007）通过回顾中国与独联体国家经济贸易关系发展历程，分析中国与独联体、独双边贸易现状及问题，并对双边经贸发展前景进行了预测。她分析了中国与独联体国家服务贸易的发展状况，指出运输业为中国与独联体国家之间传统的服务贸易项目；旅游业在俄独立 10 年内也有了长足发展；此外，双方在其他服务贸易领域如金融、劳务合作等方面也进一步扩大。同时她还提出了双边经贸关系中存在诸多问题。如经济秩序混乱，尤其在边境贸易中，部分公司无信誉可言，造成经济合作成效的短期性和不稳定性；合作形式缺乏多样性，项目小、投资少，缺乏大规模项目合作；贸易法律法规不够完善，政策多变，许多法规形同虚设；贸易方式不规范，易货贸易、记账贸易的方式存在很多缺陷。

潘广云（2007）分析了独联体国家入世对其贸易的影响。他从三个方面进行了论述：加入世贸组织降低独联体国家准入门槛，巨大的市场容量为中国提供了广泛的机遇；上海合作组织国家入世对这些国家之间的贸易会有更大影响；随着独联体国家入世，对贸易结构、体制建设、加强相互投资等方面都有积极作用。王树春和王洪波（2010）研究了独

联体对中国的多元战略价值，他们首先提出独联体国家发展存在不可阻挡的“多元化”趋势；然后从安全合作、区域稳定、经济互助等方面分析了独联体国家多元化对中国的意义；最后对中国适应独联体“多元化”发展提出了政策建议。

国内学者更多的是对中国与独联体中的个别国家或者区域经贸关系进行研究。岳志荣（1994）对中国与中亚5国的贸易前景进行了分析，他提出了中国与中亚五国在贸易合作上存在诸多问题。比如双边贸易以易货贸易的方式为主，过于单一化；独联体国家经济形势严峻；国际竞争加剧，需要各国之间充分利用地缘优势；在贸易合作中发现合作人员专业水平低下，双方缺乏了解和信任；要重视产品的适用性，如宗教、习俗、文化的影响；需要缓解运力不足的矛盾。

王树春和万青松讨论了以俄罗斯、哈萨克斯坦、白俄罗斯关税同盟为基础的欧亚联盟构建与发展的可行性与现实性。他们提出，欧亚联盟的建立是前苏联国家重新一体化的机遇，并且具备了条件，如俄罗斯经济崛起对独联体国家的吸引力，普京个人魅力给予独联体国家的信心以及俄、哈、白三国关税同盟在三国贸易中所起到的现实作用。但是也存在相应的问题，独联体国家之间经济水平参差不齐，独联体国家之间存在各种各样的争议和矛盾，西方国家对前苏联国家“重归于好”的阻挠也不容忽视。

在对独联体国家与中国的区域合作研究中，上海合作组织是学者们最为关注的因素。商务部欧洲司和国际贸易经济合作研究院联合课题组（2004）分析了上海合作组织开展区域经济合作的有利条件和不利条件，利用引力模型分析了该组织成员国在贸易便利化方面的现状、存在的问题及未来的改进方向，同时论述了成员国在投资领域的现状、问题及促进投资的主要措施，并在此基础上阐述了上海合作组织未来开展区域经济合作的基本原则、中长期发展目标和实施机制，以及中国在推动该组织区域经济合作中应持的立场。

李鸿志（2005）对上海合作组织的经济合作问题进行了研究，他首先分析了上海合作组织的发展和现状，提出了在发展中存在的问题，如双边结算机制不完善，基础设施建设不够，存在严重的安全隐患，边境限制较多，合作水平和合作规模有待提高等。最后对发展上海合作组织成员之间经济合作关系提出了切实的建议：开展能源领域的合作；加快上海合作组织成员间经济合作，实现区域经济一体化；重塑“丝绸之路”，重视上海合作组织的作用；积极开展农业、科技、信息、文化等方面的交流与合作。

崔颖（2006）对上海合作组织之间的区域经济合作进行了研究。她指出上海合作组织仍处在发展的初级阶段，各方面发展不平衡，对经济的侧重还有待提高。她分别探讨了中国、俄罗斯和中亚四国在上海合作组织中的地位，分析了中国经济、中俄关系和能源合作机制对上海合作组织之间区域经济合作的影响。

在对中国与独联体贸易的后期研究中，主要研究特点呈现为，研究的国家和领域趋向于细致化，大部分研究是针对单独的国家和单独的产业。

程晓丽、龚新蜀（2010）使用产业结构相似度、贸易结合度、显性比较优势和贸易互补性几个指数对哈萨克斯坦与新疆维吾尔自治区在经济结构上的互补性进行实证分析。结果证明，哈萨克斯坦与新疆维吾尔自治区在资源、产业结构、贸易结构等各方面都具有很强的经济互补性，并提出了扩大双边贸易规模、提升新疆维吾尔自治区贸易发展水平的对策建议。

二、引力模型及其相关文献综述

1. 引力模型产生与发展

引力模型是应用广泛的相互作用模型，最早源自于牛顿经典力学中，是计算物体间相互作用力的模型，这也是引力模型名称的由来。后来，引力模型在很多领域得到扩展利用，如研究空间布局、旅游、交通、市场营销、国际贸易等。不同领域的引力模型实质相同，只是考虑因素不同从而模型的变量不同。贸易引力模型的研究与其他理论不同，不是先从贸易理论中推导出来，而是以对现实的观察为依据建立起来的。早在1962年，第一届诺贝尔奖获得者、计量经济学家Jan Tinbergen（1962）

预言：两国的贸易流量与两国的经济规模成正比，与两国的地理距离成反比。此外，Tinbergen 的贡献还在于，他首次将优惠贸易协定和距离这两个影响双边贸易流量的因素引入到贸易引力模型中，并用对数线性形式予以模型化。Tinbergen 搜集了 18 个国家 1959 年的数据，使用引力模型进行研究，计量的方法选择了最小二乘法回归分析的系列技术。

几乎与此同时，经济学家 Poyhonen（1963）也开始了其对贸易引力模型的探索。他是首个采用截面数据的引力模型对贸易流量进行研究的学者，并且他与 Tinbergen 所不同的是，他采用的是结构模型。

Linnemann（1966）对贸易引力模型的发展有非常重要的共享，他首次对贸易引力模型的实证研究进行了系统的集成，并且 Linnemann 对变量的引入也有着自己独特的技术方式，为后人对贸易引力模型的研究提供了参考。

Frankel 和 David（1999）将贸易引力模型应用到内部贸易的研究中，将内部贸易作为共同的对象加以研究。Walrasian 在对引力模型的研究中采用了均衡模型的方法，在这个模型中，每一个国家对所有的商品都拥有自己的供给和需求函数，国民收入总量分别被用来表达进口国需求和出口国供给，距离则被用来表示运输成本。

Goodman（2006）在对引力模型的研究中，借助了一个概率模型。在这一模型中，供需双方假定以随机的方式展开贸易，从研究意义上来说，这也是一种一般均衡模型，也是一种好的开拓。Anderson（1979）在对贸易引力模型理论基础的探讨中进行了微观视角拓展，这种方法使用线性支出系统同质偏好系数的假设，对贸易引力模型进行了修正以对贸易流量进行研究。

Brada 和 Mendez（2009）对贸易模型进行了拓展，引入人口变量。他们首次提出了与众不同的结论：人口规模与贸易流量正相关。造成这些差异的一个重要原因，或许应当归结为计量分析中结构因素的影响。在已经将收入总量作为外生变量纳入计量模型的情况下，人口规模就是决定人均收入水平的基本变量，而人均收入恰恰决定了一个经济体的消费结构。一般认为总量收入水平表明出口国的供给能力和进口国的货币购买力，这在贸易国为产业间分析模型中的小国，或在贸易国的“国际产业”占优势比重并同该国国民收入的增长成正比时，贸易流动就会同收入总量成正比。可是，当一国为产业间分析模型中的大国时，经济规模越大，越表明该国可拥有一个独立的经济体系，国内产业占优势比重，该国高比例的供给和需求可借助于独立的经济体系在国内实现。

Bergstrand（2009）在对贸易引力模型的研究过程中，尝试建立一个模型，以便统一解释以产业间贸易为特征的要素禀赋模型和产业内贸易表示的垄断竞争模型。他使用劳动和资本两种变量对工业制成品和非工业制成品两个产业，根据效用最大化条件下的价格和利润最大化（或成本最小化）条件的数量构造了一个贸易引力模型。

2. 引力模型应用现状

我国学者在贸易研究方面对引力模型的应用非常普遍，而且引力模型的分析研究效果也得到了我国研究经济学学者的肯定。李秀敏、李淑艳（2006）利用引力模型对东北亚国家与其贸易伙伴的贸易发展进行了实证检验和潜力分析，分析结果表明：各国的经济发展水平和地理距离是决定东北亚各国与其贸易伙伴之间贸易额的最主要因素，很好地印证了引力模型，同时他们提出扩大东北亚国家之间经济贸易合作，减少贸易壁垒，加强沟通交流等政策建议。

姜书竹、张旭昆（2003）以基本的贸易引力模型为基础，引入APEC的制度变量，采用2000年东盟与其主要贸易伙伴的贸易额数据进行回归分析，对影响东盟各国与其贸易伙伴贸易量的影响因素进行计量分析。结果表明，GDP和距离对贸易的影响程度较大，APEC变量的影响也比较显著。最后，他们以实证结果为依据对中国与东盟的贸易潜力进行了评估。

曾奕、李军（2006）对原有引力模型进行了修正，引入了经济自由度变量、区域贸易壁垒强度变量以及文化传统和语言文字两个虚拟变量，选用金融、运输、商贸三个方面的服务贸易作为研究对象，对中国香港1995—2003年的生产者服务贸易的面板数据进行了实证研究。结果表明，金融自由度是对服务贸易流量影响最大的变量。另一点值得关注的是，

文化传统和语言距离对香港服务贸易的影响有积极的作用，并且作用效果明显。

黄建锋、陈宪（2005）将引力模型进行了改进，加入了电子通讯技术这一新的变量，并且单独研究了其对服务贸易的影响效果。实证结果显示，通讯技术的提高有助于我国服务贸易额的增加。

丁辉侠（2007）运用引力模型，加入制度变量，测度了其对中国FDI的影响，分析效果良好。结果表明，中国与投资国签署的双边贸易保护协定、文化因素、政策变量等因素对中国吸引外商直接投资具有积极的影响，而关税水平、知识产权保护程度、政府的廉洁程度对FDI的影响效果不显著。

谷克鉴（2001）对以往贸易模型的借鉴、拓展进行了研究，总结出现代国际贸易理论在贸易模型基础上的新进展。通过对贸易引力模型的引入、贸易流量研究长时间难以实现的原因以及贸易引力模型理论基础的探讨，提出了对构造中国贸易引力模型的启示。

田东文、王方明（2005）在基本贸易引力模型的基础上进行了修正，通过对中国对外贸易流量的实证分析印证了贸易引力模型在中国贸易研究中的实用性，即确定贸易引力模型在研究与中国贸易伙伴间贸易流量是可行的。在实证研究中使用2001—2003年的面板数据，回归结果显示，每一年的数据对贸易流量的影响在方向上都有很好的稳定性。这就直接说明了贸易引力模型适用于中国的情况，可以用来研究中国与其他贸易伙伴的贸易因素。

苏剑、葛加国（2013）选取并处理了预科生的留学成绩数据，以此测度出两国的语言距离。把语言距离作为一个重要变量引入引力模型，实证研究语言距离对国际贸易量的影响程度，这是对引力模型实证研究的重要进展。实证结果显示，引入语言距离之后，引力模型的各种假说依然成立，实证结果有效。GDP是影响国际贸易流量的决定因素。在其他条件不变的情况下，两国的语言距离越大，两国的贸易流量越小，两者呈负相关关系。因此得出结论：加强两国文化交流是必要的政策之举。

金晓蕊、张正河（2013）采用引力模型，运用考察异方差和截面相关的可行广义最小二乘法（FGLS）研究了中国—独联体在1996—2010年的农产品进口贸易数据，对我国与独联体的农产品进口贸易影响因素与贸易潜力进行了考察。结果表明，距离是我国与独联体贸易的重要障碍，纺织品配额取消有促进棉花等农产品进口的作用，验证了我国过去所采取的"宽出严进"政策对于进口贸易的负面影响。

龚江洪、陈旭华（2012）通过系统分析中国与中东欧贸易的现状以及影响贸易的主要因素，构建了3个引力模型，运用面板数据验证了经济规模对中国与中东欧贸易具有显著促进作用，人口规模对中国与中东欧贸易促进作用不显著；而地理距离不利于中国与中东欧贸易的扩大，欧盟东扩则有利于中国与中东欧贸易的扩大。研究还表明，中国与中东欧贸易偏离了林德的"需求相似论"。最后，基于引力模型估计了中国与中东欧贸易的潜力和合作重点，即一要进口更多中东欧产品，二要拓展合作领域。

谢孟军（2013）从引力方程的微观基础出发，推导出包含制度质量的引力模型，进而把正式制度分为政治制度、经济制度和法律制度3大类共15个子指标，研究制度质量和我国出口贸易的关系，利用占我国对外贸易额85%以上的35个国家（或地区）1996—2011年的面板数据进行部分变量和全变量实证检验。所得结论验证了我国出口贸易偏好于经济发展水平比较高的国家（或地区）这一传统结论，同时认为我国的出口贸易对制度质量高的国家（或地区）也存在较强偏好，制度质量对我国出口贸易地理结构有重要影响，是影响我国出口贸易区位选择非常重要的因素。

潘向东等（2005）扩展了将制度因素引入贸易引力模型的研究，然后采用新的引力模型对1998—2003年中国、美国、日本、韩国和巴西高技术产品出口的面板数据进行了回归分析，得到了较好的实证效果。他们认为：总体来讲，对贸易流量和制度因素的敏感程度从高到低依次是美、日、韩、中、巴，对于非正式的制度因素来讲，5国的敏感程度都较强。他们为以后制度因素在贸易引力模型中的应用提供了重要的参考。

陈启斐等（2013）基于扩展的引力模型，利用 STAN Database 中 2000—2010 年 24 个国家的双边服务贸易数据，从服务进口和出口两个视角进行实证研究。结果显示：①服务贸易存在本土市场效应。②国家的经济稳定有助于提高服务贸易量，并且对服务业进口的促进作用高于服务业出口。③全球化不仅可以通过降低贸易成本，促进服务贸易，还能强化经济稳定国家在服务贸易中的比较优势。他们的研究构建了一个全球化、经济稳定和服务贸易的研究框架，为扭转中国服务贸易逆差提供了新的思路。

肖永明等（2013）在引力模型的基础上，结合 30 个省市自治区各自的外商直接投资数据及 GDP 数据，针对人民币汇率变化与我国各省外商直接投资之间的联系进行面板数据分析，指出东道国和母国经济发展水平都具有重要影响，并提出了相应的政策建议。

朱孟楠、叶芳（2012）基于货币使用的引力模型，采用亚非国家相关数据对人民币区域化影响因素的实证研究结果表明，人均 GDP、债务负担、与中国的双边贸易总额、地理距离等变量是影响人民币区域化的主要因素，引力模型效应对人民币在亚洲的周边化和区域化具有显著的影响，而对人民币在非洲的流通来说，各国债务负担则是更为重要的影响因素，引力模型效应不显著。

何维达、潘峥嵘（2014）通过建立引力模型，以 1982—2011 年的面板数据为基础，从三个不同维度研究了人民币对外商直接投资与 GDP 之间的动态关系。实证结果表明：从总体效应来看，人民币升值不利于吸收外商直接投资，人民币实际有效汇率每升值 1%，外商直接投资减少 1.63%；从地区效应来看，人民币升值对不同地区影响的方向和大小是不同的；从行业效应来看，人民币升值也会导致外资的减少。所以保持人民币汇率在合理均衡水平上的基本稳定，注重优惠政策对不同地区的结构性差异影响是应对人民币汇率变动对外商直接投资所造成不利影响的关键所在。

焦艳、石奇、王之军（2013）应用变截距面板数据引力模型，实证分析影响我国对 27 个 OECD 国家服务贸易出口的关键因素，在此基础上测度了服务贸易的出口总量潜力及结构潜力。研究结果显示，我国与进口国的人口总量及人均 GDP 对我国的服务贸易出口有显著的正向影响；空间距离对总量有一定的负向影响，但对传统的运输业和旅游业影响较小；我国服务贸易出口结构潜力与总量潜力存在差异性。因此得出结论：有关部门和企业既要充分挖掘服务贸易的出口潜力，又要防止出口出现持续过度的情况，对于不同国家和不同行业更要区别对待，制定差异化的发展战略。

饶华、朱延福（2013）利用 2003—2011 年中国对东盟 7 个低劳动力成本国家 OFDI 的数据，基于引力模型分析了中国的 OFDI 是否存在效率寻求。结果表明，中国的 OFDI 具备明显的效率寻求的特征，东道国低劳动力工资对中国 OFDI 具有显著的吸引力；中国的 OFDI 技术输出型动机明显；东道国资源禀赋和市场规模也对中国的 OFDI 产生显著作用；基础设施和劳动力素质对中国的 OFDI 影响不显著，中国的 OFDI 仍处于效率寻求的初始阶段。

顾新宇（2013）根据引力模型的思路，介绍了引力模型的理论来源及发展状况，继而对中国与其贸易伙伴 2011 年的贸易情况进行测算与分析。引入国内生产总值、地理距离、人口数、国家发达程度四个变量，确定了国内生产总值对于贸易额的正相关，以及地理距离对于贸易额的负相关。最后针对结果进行了分析，提出了一些建设性意见，以保证我国贸易全面、持续、健康地发展。

潘安、魏龙（2013）利用 2000—2011 年我国对 18 个国家和地区的稀土出口贸易数据，在 The Heritage Foundation 公布的 IEF 基础上，引入制度距离建立中国稀土出口的引力模型，研究了制度距离对中国稀土出口贸易的影响。实证结果显示，不同类型的制度距离对中国稀土出口贸易的影响路径及产生的效应有所不同。在 Freedom from Corruption 和 Fiscal Freedom 上的制度距离对中国稀土出口具有正面影响，而在 Business Freedom 和 Trade Freedom 上的制度距离对中国稀土出口具有负面影响。此外，他们还通过测算出口潜力指数，得到中国对日本等主要稀土消费国的稀土出口处于"过度贸易"状态的结论。

程伟晶、冯帆（2014）以中国为视角，运用理论分析和实证分析相结合的方法，以1995—2011年中国与东盟十国和其他十个参考国家的面板数据分析中国—东盟自由贸易区的贸易效应。钱伟利用引力模型来研究中印两国与东盟贸易的影响因素并对双边贸易潜力进行了估算。

三、文献评述

在对中国与独联体国家经济贸易合作研究中目前主要侧重于以下几个方面：①中国与独联体国家经济贸易合作存在诸多问题，但潜力巨大；②上海合作组织之间的经贸关系问题；③独联体中个别国家与中国的经贸关系问题；④独联体国家与中国在个别产业和行业的合作问题。可以看出，在对中国与独联体国家贸易合作研究中，大部分为规范性的定性研究，实证性的定量分析研究较缺乏。另外，对独联体整体的研究主要集中在早期研究，目前的研究趋势越来越细化，主要趋向于对具体国家或者具体行业的研究。

同时从上文中也可看出，引力模型在中国对外贸易研究中的应用已经非常普遍。关于变量的引入，学者们也作了各种各样的尝试。国内外关于引力模型的研究中主要的参考变量如表9-1所示。

表9-1　贸易引力模型变量表

变量	经济含义	变量	经济含义	变量	经济含义
Y	经济规模	D	地理距离	PY	人均GDP
N	人口规模	CPI	价格指数	NT	非关税覆盖率指数
i	利率	r	汇率	WPI	批发价格指数
C	文化距离	L	语言距离	TCF	运输成本因素
WTO	世贸组织因素	S	制度因素	PX	一揽子商品比价变量
B	共同边界	T	科技水平		

第三节　中国与独联体国家贸易影响因素分析与实证

一、中国与独联体国家贸易影响因素分析

经济学家 Tinbergen 与 Poyhonen 将引力模型引入贸易流量研究的初期，使用到的变量仅限于经济规模和距离。在此后的研究中，经济学家对贸易引力模型不断进行扩展，引入人口规模、贸易壁垒及贸易优惠安排、文化因素、社会因素、制度因素等变量。由于一国产业结构直接决定一国的产品贸易结构，也是双方按照比较优势进行贸易的基础，因此，本章在借鉴前人研究成果的基础上，同时考虑到数据可收集性，在将产业结构这一变量引入的同时，将中国与独联体贸易影响因素归为以下六类进行分析。

（一）经济发展水平

经济发展水平，对双边贸易的影响有举足轻重的作用。首先，一国经济发展在一定程度上决定一国的产业结构，比如经济较为发达的经济体，一般高科技产业占比较大，那么该国的出口也就以技术密集型产品、高科技产品为主，在国际分工中就处于产业链的顶端位置；其次，经济发展水平会影响一国在国际贸易过程中的地位，如在国际贸易组织中的权利和义务，发展中国家和发达国家有差别，发展中国家有普惠制待遇，而发达国家却没有。若一国经济发达，那么可能在贸易过程中有更多的话语权；经济发展水平会在一定程度上说明一国货币的购买力、稳定性、公信力等，从而会影响国际贸易过程中的成交价格、贸易平衡、外汇收支等。此外，经济发展水平对贸易的积极作用会在很大程度上通过影响国内需求状况来实现。随着经济规模的不断扩大，日趋扩大的生产规模导致对能源和原材料的需求在逐渐加大，中国和独联体国家都是能源和资源大国，双方在能源和资源结构上都有相当的互补性，从而贸易规模

也在不断扩大。

中国比任何其他大国都更加轻易地度过了 2008—2009 年的经济危机，实施了庞大的刺激经济计划，带动了国内外经济的增长。2012 年中国经济首次出现 7.8%增速，告别了两位数的高增长率时代。内需、生产价格、投资信贷等许多指数都不同程度地下降，2013 年的国内生产总值的增幅为 7.7%。

东欧剧变后，东欧国家从计划经济转变为市场经济，经历了起初几年经济的严重下滑后，在 2000—2010 年的十年里，独联体 GDP 总量增长了 6 倍，而发达国家未能翻番。2011—2013 年，独联体国家也都保持了低速的增长。

在中国与独联体国家经济总量保持增长的背景下，双方贸易规模也呈现逐年增长的趋势，如图 9－1 所示。从图 9－1 中可以看到，中国与独联体国家 GDP 的增长与贸易总额的增长是有一定的趋同关系的。因此，本章选取 GDP 代表一国经济发展水平作为变量之一构建方程。

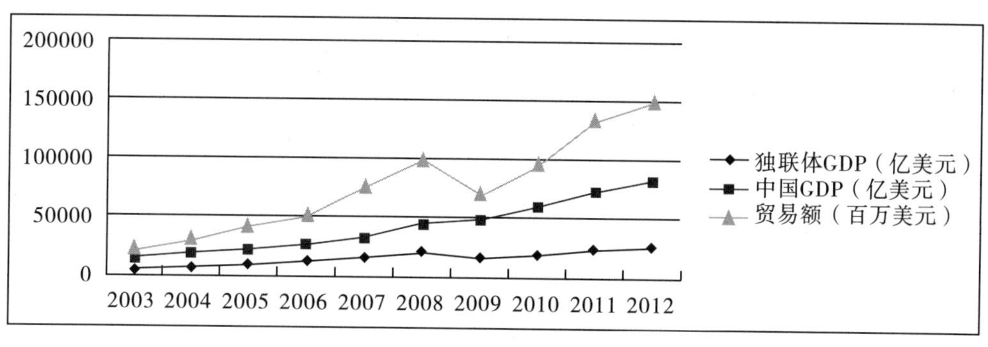

图 9－1　中国与独联体 GDP 与双边贸易走势图

（二）地理距离

地理距离反映了两国贸易的运输成本，在不考虑政治、贸易壁垒等其他因素下，距离越近的国家越容易展开贸易。随着现代运输业的发展，各种运输交易的成本不断变化，距离是贸易影响因素中不可忽略的因素。

中国与独联体国家的经贸联系呈现先近邻、后远邻的特点。独联体国家中与中国的双边贸易流量排名前五位的国家——俄罗斯、哈萨克斯坦、乌克兰、乌兹别克斯坦、吉尔吉斯斯坦相比较，后五位都是在地理位置上与中国比较接近的国家，因此本章选取地理距离和是否具有共同边界作为变量构建模型。

（三）人口规模

人口规模在一定程度上代表了一国潜在的供给能力和需求能力，从而对贸易产生影响。一直以来，人口对贸易的影响存在不同的意见。一些学者认为，人口的增加刺激了消费的总需求；另一种观点认为，人口的增加提高了分工化水平，进而减少了贸易量。因此本章选取涵盖人口规模因素的变量人均GDP来构建模型。

（四）需求水平

需求水平直接影响一国的进口贸易。中国和独联体大部分国家都处于经济发展阶段，对进口商品需求较大的主要是城镇居民。随着经济发展水平的不断提高，城镇居民可支配收入不断增加，对商品的数量和多样性需求越来越高，对进口商品的需求也就越来越高，从而对贸易发展有积极的影响。

（五）制度因素

制度因素，这里主要指贸易双边国家是否同属于一个贸易制度框架的约束。例如，加入世界贸易组织（WTO）对一国贸易有着积极的影响。2013年3月2日塔吉克斯坦正式加入世贸组织成为其第159个成员国。加入世界贸易组织是一国融入世界经济的重要过程。在世贸组织的制度框架下，成员国可取得稳定的多边的优惠待遇，为其外贸发展提供良好的机遇。

上海合作组织是中国与俄罗斯、哈萨克斯坦、吉尔吉斯斯坦、塔吉克斯坦以区域国家安全合作为基础建立起来的区域性合作组织。虽然没有制定明确的经济合作框架，也几乎没有签订专门的贸易合作协定。但以区域安全合作为基础，建立良好的多边伙伴关系，对于各国之间贸易发展的积极作用是不言而喻的。

（六）产业结构

李嘉图的比较优势贸易理论认为，两国贸易的产生是基于比较优势的存在。中国与独联体国家在产业结构上有很强的互补性。独联体国家继承前苏联的产业结构特点，矿产能源储量丰富、重工业发达，而对食品、轻纺、生活用品、机械电子等产品的进口需求量很大。而中国的产业优势在于资源密集型和劳动密集型产品，高新技术产业比重也逐年增加。这些产业结构上的互补性对贸易的影响不容忽视，决定着中国与独联体国家贸易存在巨大的潜力。

二、中国与独联体国家贸易影响因素实证

综上，在对中国与独联体国家贸易影响因素进行定性分析的基础上，将上述影响因素引入双边贸易引力模型进行拓展。同时，考虑到独联体国家与中国各地区的贸易水平发展参差不齐，尝试对以往的实证研究中用两国首都距离来表示贸易距离成本的方法进行改进，改用独联体各国与中国主要贸易省份省会城市的地理距离的加权平均数来替代，在此基础上进行实证，以观察各因素对中国与独联体国家贸易的影响。

（一）计量模型的建立

引力模型是研究贸易模式的重要计量工具，它起源于牛顿在物理学中提出的“万有引力定律”。著名的计量经济学家 Tin Bergen 和 Poyhonen 最早将引力模型应用在国际贸易领域。其基本思想为：双边的贸易流量规模与各自的经济发展水平成正比，与距离成反比，模型公式如下：

$$X_{ij} = A \frac{(Y_i Y_j)}{D_{ij}} \quad (9-1)$$

式中：X_{ij} 表示 i 国与 j 国的贸易总额；Y_i 和 Y_j 分别代表是 i 国和 j 国的国民经济发展水平；D_{ij} 表示贸易双方的距离成本；A 为常数项。通常在实际应用时将模型两边转化成自然对数形式，因为基本模型是非线性的，同时也为了消除多重共线性和异方差性，转化后的模型为：

$$\ln X_{ij} = \alpha + \beta \ln(Y_i Y_j) + \gamma D_{ij} + \mu \quad (9-2)$$

在原有的模型基础上，我们进行了修正，引入"产业结构"变量，得到中国与独联体国家贸易流量计量模型如下：

$$\ln X_{cj,t} = \alpha_0 + \alpha_1 \ln Y_{j,t} + \alpha_2 \ln Y_{c,t} + \alpha_3 \ln PGDP_{j,t} + \alpha_4 \ln PGDP_{c,t} + \alpha_5 \ln D_{cj} + \alpha_6 \ln S_{cj,t} + \alpha_7 WTO_{j,t} + \alpha_8 SCO_{cj} + \mu \quad (9-3)$$

式中：$X_{cj,t}$ 表示中国与独联体国家(j)在t时期的贸易总额；$Y_{j,t}$、$Y_{c,t}$ 分别表示j国与中国在t时期的国内生产总值；$PGDP_{j,t}$、$PGDP_{c,t}$ 分别表示j国与中国在t时期的人均国民生产总值；D_{cj} 表示中国与j国的距离；$S_{cj,t}$ 表示产业结构差异度系数；$\ln X_{cj,t}$、$\ln Y_{j,t}$、$\ln Y_{c,t}$、$\ln PGDP_{j,t}$、$\ln PGDP_{c,t}$、$\ln D_{cj}$、$\ln S_{cj,t}$ 分别表示上述变量取自然对数；虚拟变量 $WTO_{j,t}$ 表示j国在t时期是否是世界贸易组织组织(WTO)成员；B_{cj} 表示j国与中国是否有共同边界；$\alpha_0 \sim \alpha_7$ 为待估参数，μ 为随机扰动项。

(二) 变量的选择与数据处理

本次实证研究选取中国与独联体国家 2003—2012 年的面板数据。

$X_{cj,t}$：表示贸易总额，本次实证所用的模型是修正后的双边贸易流量面板数据模型，被解释变量为中国与独联体 10 国的贸易流量总额，数据来源于中国商务部网站，单位为亿美元。

$Y_{j,t}$、$Y_{c,t}$：分别为独联体国家j和中国在t时期的国内生产总值(GDP)，在估计方程中反应一国经济规模的自变量。以 2000 年为基期，采用 GDP 平减指数进行调整后获得各国实际 GDP。名义 GDP 数据来源于历年《国际统计年鉴》，单位为亿美元；2000—2012 年的 GDP 平减指数来源于国际货币基金组织(IMF) 的 WEO 数据库。预期符号为"+"

$PGDP_{j,t}$、$PGDP_{c,t}$：分别为独联体国家j和中国在t时期的人均国内生产总值(GDP)，在估计方程中反映一国人口规模和需求水平的自变量。数据来源于国际货币基金组织(*IMF*) 数据库。人均国内生产总值从侧面反映了一国居民的购买能力，从而反映了需求水平，对贸易流量有积极影响，预期符号为"+"。

D_{cj}：表示加权距离，反应两国贸易的距离成本。本章尝试对以往的实证研究中用两国首都距离来表示贸易距离成本的方法进行改进。考虑到独

联体国家与中国各地区的贸易水平发展参差不齐，经查阅统计中国各地统计年鉴，选取近年来中国与独联体国家贸易流量最大的5个省、直辖市（新疆维吾尔自治区、黑龙江省、广东省、上海市、北京市），以独联体各国首都到5地（其中到新疆维吾尔自治区、黑龙江省、广东省以省会城市作为代表）直线距离的加权平均数作为两国的贸易距离成本。数据汇总如表9－2所示。

表9－2　独联体各国与中国5地直线距离及加权值（单位：km）

	乌鲁木齐	哈尔滨	广州	上海	北京	加权值
莫斯科（俄）	3798	5968	7029	6853	5817	5893
阿斯塔纳（哈）	1503	4138	2926	4573	3650	3358
基辅（乌克兰）	4305	6716	7566	7451	6495	6506.6
比什凯克（吉）	1014	4066	4157	4279	3482	3399.6
塔什干（乌兹别克）	1485	4571	4568	4773	3970	3873.4
杜尚别（塔）	1611	4772	4478	4759	4018	3927.6
明斯克（白）	4433	6627	7735	7525	6504	6564.8
巴库（阿）	3092	6050	6140	6376	5584	5448.4
埃里温（亚）	3556	6440	6627	6825	5945	5878.6
基希讷乌（摩）	4554	6975	7785	7804	6796	6782.8

空间距离数据使用WinGlobe_2，1软件计算得出，距离成本变量模型中系数预期为“-”。因为在其他条件相同的情况下，两国距离越远意味贸易成本越高，从而双边贸易流量也会受其影响而降低。

$S_{cj,t}$：表示产业结构差异程度。在产业结构互补性的衡量方面，本章借鉴任希丽（2013）的研究方法，使用Krugman的绝对值指数构建产业结构差异指数，以间接衡量产业结构的互补性。计算方法如下：

$$S_{cj,t} = \sum_{k=1}^{n} \left| S_{ct}^{k} - S_{jt}^{k} \right| \quad (9-4)$$

其中，S_{ctk}、S_{jtk} 分别代表 t 时期 k 产业在中国和 j 国GDP中的比重。本章研究按照第一产业、第二产业、第三产业的产业结构分类方式(k 取 1 ~ 3)。数据来源于国家数据网站及联合国共同数据库。$S_{cj,t}$ 值越大,中国与 j 国产业结构差异越大,从而具有更强的互补性,因此预期符号为"+"。

$WTO_{j,t}$:表示 j 国是否为世界贸易组织(WTO)成员国,衡量加入 WTO 对双边贸易的影响。如果是 WTO 成员国,则赋值为 1,否则赋值为 0。中国 2001 年加入 WTO,所以独联体国家若同为 WTO 成员,在同一贸易协议框架下,理论上会对双边贸易流量有积极影响,因此,预期系数符号为"+"。俄罗斯 2012 年加入 WTO,乌克兰 2008 年成为 WTO 正式成员国,吉尔吉斯斯坦、摩尔多瓦、亚美尼亚在 2003 年之前加入 WTO,其他 5 国至今仍未加入 WTO。

B_{cj}:表示中国与独联体国家 j 是否具有共同边界。有共同边界赋值为"1",否则赋值为"0"。与中国有共同边界的独联体国家包括俄罗斯、哈萨克斯坦、吉尔吉斯斯坦和塔吉克斯坦,其余国家则没有边界接壤。

(三) 软件运行与结果

1. 实证分析过程

面板数据模型的计量分析过程主要包括面板数据的单位根检验、协整检验、回归模型的选择、回归结果的检验及调整。

检验序列平稳性的标准方法是单位根检验。如果存在单位根时间序列就是非平稳的,会使回归分析中存在伪回归的可能。面板数据在进行回归之前,为保证回归的有效性,避免伪回归的出现,需要进行平稳性检验,最常用的方法是单位根检验。

变量对均值的偏离有可能是暂时的,随时间推移会回到均衡状态;也有可能是持久的,就不能说明这些变量存在均衡关系。协整就是表示这种关系的统计量。协整检验的前提是变量的单位根检验同阶单整。

根据截距向量和系数向量中各分量的不同限制要求,可将面板模型分为三种类型:无个体影响的不变系数模型、变截距模型和含有个体影响的变系数模型。面板模型形式的选择上,一般有 Hausman 检验和协方差分析法。Hausman 检验(H 检验)用来确定是该建立个体固定随机效

应模型还是建立个体随机效应模型。协方差分析法，是利用 F 统计量检验来检验 H_1H_2 两个假设，用来确定是该建立混合回归模型还是建立个体固定效应回归模型。

2. 贸易影响因素面板单位根检验

首先，进行面板数据的单位根检验，来检验时间序列的平稳性，同时确定各变量是否同阶单整，从而进行下一步的协整检验。单位根检验所用工具是 Eviews _ 6.0，检验结果如表 9－3 所示。

表 9－3　单位根检验结果

变量	LLC 检验	IPS 检验	Fisher－ADF 检验	PP－Fisher 检验	结论
$\ln X_{cj,t}$	0.0000	0.1078	0.1121	0.0000	非平稳
$\ln Y_{j,t}$	0.0000	0.2533	0.3752	0.0000	非平稳
$\ln Y_{c,t}$	0.3763	0.8431	0.8835	0.8642	非平稳
$\ln PGDP_{j,t}$	0.0000	0.2344	0.3712	0.0000	非平稳
$\ln PGDP_{c,t}$	0.9288	0.9641	0.9880	0.7805	非平稳
$\ln S_{cj,t}$	0.0000	0.3510	0.1246	0.1430	非平稳
$\triangle\ln X_{cj,t}$	0.0000	0.0000	0.0000	0.0000	平稳
$\triangle\ln Y_{j,t}$	0.0000	0.0200	0.0174	0.0042	平稳
$\triangle\ln Y_{c,t}$	0.0020	0.0107	0.0593	0.0102	平稳
$\triangle\ln PGDP_{j,t}$	0.0000	0.0251	0.0222	0.0121	平稳
$\triangle\ln PGDP_{c,t}$	0.0001	0.0204	0.0141	0.0021	平稳
$\triangle\ln S_{cj,t}$	0.0000	0.0000	0.0000	0.0000	平稳

变量 D_{cj} 不随时间而变化，因此，无法进行单位根检验；虚拟变量 WTO 与 B 也没有进行单位根检验。通过面板数据的单位根检验，可知变量 $lnX_{cj,t}$、$ln_{Yj,t}$、$lnY_{c,t}$、$lnPGDP_{j,t}$、$lnPGDP_{c,t}$、$lnSc_{j,t}$ 均为一阶单整过程，可继续进行协整检验。

3. 贸易影响因素面板协整检验

变量的单位根检验结果为同阶单整，可继续进行协整检验。常用的协整检验方法有两大类：一类建立在 Engle and Granger 两步法检验基础上的 Pedrom 检验和 Kao 检验，另一类是 Johansen 检验，本章使用 Pedrom 和 Kao 方法进行协整检验。检验结果如表 9－4 所示。

表 9－4　面板变量协整检验

检验方法	检验假设	检验量	统计量值（P 值）
Pedroni 检验	H_0：$\rho=1$；H_1：$(\rho_i=\rho)<1$	Panel v－Statistic	－2.115（0.0426）**
		Panel rho－Statistic	3.251（0.0020）***
		Panel PP－Statistic	－4.548（0.0000）***
		Panel ADF－Statistic	－1.951（0.0495）**
	H_0：$\rho=1$；H_1：$(\rho_i=\rho)<1$	Group rho－Statistic	4.687（0.0000）***
		Group PP－Statistic	－8.173（0.0000）***
		Group ADF－Statistic	－0.818（0.0286）**
Kao 检验	H_0：$\rho=1$	ADF	－4.197（0.0000）***

注：*、**和***分别表示在 10%、5%和 1%显著水平上显著。

观察表 9－4 可看到，在 Pedrom 检验中，统计量 Panel v－Statistic、Panel ADF－Statistic 和 Group ADF－Statistic 在 5%的显著水平上通过显著检验，其他变量在 1%的显著水平上通过显著性检验。同时，Kao 检验也通过显著性检验，拒绝了原假设，变量之间存在协整关系，通过了协整性检验。

4. 贸易影响因素面板模型回归分析

首先，进行冗余的固定效应的 F 检验，即是应用 F 检验统计量来判别模型中是否存在个体固定效应。分别用变系数模型、变截距模型和混合模型对面板数据进行回归，经计算得到 $F_1=21.35$，$F_2=1.37$。查 F 分布表，在给定的 5%的显著性水平下，得到相应的临界值 $F_{2\alpha}=1.87$，$F_{1\alpha}=2.73$。由于 $F_2<1.87$，所以接受假设 H_2，即采用混合模型回归面

板数据。其次，建立随机效应的模型，对模型进行 Hausman 检验，检验结果 P 值为 0.9117，其拒绝个体影响与变量不相关的原假设，因此，确定面板模型为固定效应模型。

模型形式确定后，即运用 Eviews 软件对面板数据作最小二乘法回归，得到结果如表 9－5 所示。

表 9－5　输出结果

变量	系数	标准误差	T 统计量	显著性水平
$\ln Y_j$	1.233926	0.080416	15.34427	0.0000
$\ln Y_{c,t}$	1.130364	0.186734	6.053309	0.0000
$\ln PGDP_{j,t}$	3.193953	0.736840	4.334661	0.0000
$\ln PGDP_{c,t}$	1.863529	0.821943	2.267229	0.0257
$\ln S_{cj}$	−0.760693	0.283282	−2.685285	0.0086
$\ln D_{cj}$	−0.408203	0.197550	−2.066322	0.0416
B_{cj}	1.644189	0.163268	10.07045	0.0000
$WTO_{j,t}$	0.076581	0.174909	0.437832	0.6625
R^2	0.901644		调整后 R^2	0.894161
F 统计量	47.41805		显著性水平	0.0000

观察并分析输出结果表 9－5 可见，其中 R^2 为 0.902，调整后的 R^2 为 0.894，说明模型整体拟合性良好；F 统计量等于 47.418，结合 P 值可看出模型在 1%的显著水平上显著，样本不存在异方差；从模型系数的回归结果来看，两国 GDP、独联体国家人均 GDP、共同边界虚拟变量 B、产业结构差异度 S 都达到了 1%的显著水平，中国人均 GDP、距离成本 D 也达到了 5%的显著水平，而是否为 WTO 成员国的虚拟变量没有通过 10%显著水平的统计检验，因此，剔除变量 $WTO_{j,t}$，再次对模型进行回归分析，得到的输出结果如表 9－6 所示。

表 9-6　剔除变量 $WTO_{j,t}$ 后的输出结果

变量	系数	标准误差	T 统计量	显著性水平
$\ln Y_{j,t}$	1.220769	0.074265	16.437973	0.0000
$\ln Y_{c,t}$	1.115719	0.182914	6.099671	0.0000
$\ln PGDP_{j,t}$	3.148704	0.726379	4.334793	0.0000
$\ln PGDP_{c,t}$	1.815346	0.810993	2.238423	0.0203
$\ln S_{cj}$	−0.741831	0.278767	−2.661108	0.0042
$\ln D_{cj}$	−0.405951	0.196623	−2.064612	0.0389
B_{cj}	1.641186	0.162414	10.10494	0.0000
R^2	0.901439		调整后 R^2	0.895081
F 统计量	48.51684		显著性水平	0.0000

从表 9-6 的输出结果可见，剔除变量 $WTO_{j,t}$ 后，其余变量的显著性水平都有不同程度的提高，F 值也有一定程度的上升，只有 R^2 略有下降，总的来说模型的拟合性比之前更好。

（四）结果解释与说明

1. 经济规模

衡量独联体国家和中国经济发展水平的变量 $\ln Y_{j,t}$ 和 $\ln Y_{c,t}$ 的回归结果与预期符号相同，并且都在 1% 的水平上显著，同时两个变量的系数相近，与其他变量的系数比较来看，大小适中。这说明两国的经济发展对双边贸易流量确实有正向的促进作用，并且经济增长对贸易的拉动效果比较显著。

2. 需求水平

代表独联体国家和中国国民收入水平的变量 $\ln PGDP_{j,t}$ 和 $\ln PGDP_{c,t}$ 的回归结果符号为“+”，与预期结果相同，并且至少在 5% 的水平上显著，这说明两国人均收入的增长对中国与独联体双边贸易有正向拉动作用。再观察回归系数发现，独联体国家人均 GDP 增长对贸易的拉动效果明显大于中国人均 GDP。这说明，独联体国家需求水平的高低是决定两

国贸易总额的关键因素。分析其原因，随着独联体国家居民人均收入不断增加，生活水平不断提高，对商品的多样性需求也在不断提高；又由于独联体国家继承了前苏联的产业结构，轻工业发展水平较低，而作为制造业大国的中国，其商品在独联体国家市场上有很强的竞争力，从而带动双边贸易额大幅度增加。这从中国与独联体国家的贸易差额就能够看出端倪：独联体国家中有 8 个国家在与中国的贸易中产生逆差，而且其中 6 个国家对中国的进口额是出口额 3 倍以上（2012 年数据）。而作为世界第二大经济体的中国，虽然国民收入的增加也带来贸易的增加，但是由于独联体国家贸易商品结构比较单一，且主要为重工业产品，因此代表需求水平的中国人均 GDP 指标增长对双边贸易的拉动效果不如其明显。

3. 产业结构

衡量中国与独联体国家产业结构互补性的变量 $\ln S_{cj,t}$ 的回归结果显示，变量的系数符号为“-”，与预期的结果相反且在 5%的水平上显著。产生这样的结果可能有以下两方面原因：

（1）三次产业的分类方法选择不当。选择第一、第二、第三产业的分类方式来计算产业结构的互补性存在一定缺陷。再观察中国与独联体产业结构变迁发现，从 2003—2012 年，中国的产业结构呈现第一、第二产业比重逐年下降，第三产业比重逐年上升的稳定态势；而反观独联体国家，大部分国家第一产业比重与中国一样逐年下降，第二产业比重有所上升，而第三产业比重各国差异较大。从而只有第二产业的变化趋势与中国具有明显差异性，第一、第三产业在一定程度上与中国有趋同的态势。这样一来由三次产业比重计算得来的变量 $S_{cj,t}$ 就有可能与贸易额变化产生负相关关系。

（2）忽略了产业内贸易。$S_{cj,t}$ 的计算公式注定不能反映产业内的贸易往来，从而处于产业链不同阶段的比较优势就不能反应到模型中去。比如中国从独联体国家进口钢铁经加工后再将钢铁制品出口到独联体国家去。

4. 地理距离

距离变量 $\ln D_{cj}$ 回归结果比较理想，与预期相符，且通过了5%水平上的显著性检验。再观察其系数，在所有变量中是最小的一个，说明地理距离对中国与独联体贸易的影响程度不大。这说明，在交通运输方式、工具多样化的今天，运输成本对贸易的影响已经远不如其他因素了。

5. 共同边界

虚拟变量 B_{cj} 代表两国是否有共同边界。变量回归结果与预期相符，且在1%的水平上显著。回归所得系数较大，表明中国与独联体两国是否有共同边界是对贸易的关键影响因素，这说明边境贸易是中国与周边独联体国家贸易的重要形式。以哈萨克斯坦为例，2012年哈萨克斯坦与新疆维吾尔自治区的贸易额为111.67亿美元，占中哈贸易总额的43.5%。

6. 制度因素

制度因素即是否为世界贸易组织成员变量 $WTO_{j,t}$，其回归结果并不理想，因此被剔除。究其原因，在仅有的10个考察个体中，与中国贸易额排名前两位的俄罗斯和哈萨克斯坦在2003—2012年间却并不是WTO成员，而贸易额最小的两个国家摩尔多瓦和亚美尼亚却在2003年之间就加入了WTO。

第四节　中国与独联体国家经贸发展现状与促进对策

一、独联体国家经济发展概况

1. 独联体国家经济发展

联合国资料显示，独联体国家是世界上区域经济发展最快的地区。东欧剧变后，东欧国家从计划经济转变为市场经济，经历了起初几年经济的严重下滑后，在2000—2010年的十年里，独联体GDP总量增长了6倍，而发达国家未能翻番。2012年，独联体国家的经济发展水平有一定程度的提高。根据世界货币基金组织统计数据，俄罗斯2012年国内生产

总值同比增长 11.8%。哈萨克斯坦 2003—2007 年国民生产总值年均增长率在 9%左右，2012 年为 5%，低于 2011 年 7.5%的增幅。吉尔吉斯斯坦国内生产总值为 3043.5 亿索姆，增长 7.5%。塔吉克斯坦自 2010 年摆脱了金融危机影响所造成的低迷状态后也维持了稳定增长的势头，2012 年国内生产总值（GDP）为 75.93 亿美元，同比增长 7.5%。乌兹别克斯坦全年经济增长达到 8.0%，较 2011 年下降了 0.2%。有研究表明，由于投资需求减弱和出口领域生产降低，导致了独联体国家国内生产总值 2012 年实际增长仅有 3.4%，与 2011 年 4.7%增幅有较大降低。2011—2013 年独联体各国 GDP 如表 9－7 所示。

表 9－7　2011—2013 年独联体各国 GDP　（单位：亿美元）

国家	2011 年 GDP	2012 年 GDP	2013 年 GDP
俄罗斯	18496.16	20129.6	21180.06
哈萨克斯坦	1862.02	1964.19	2203.47
乌克兰	1648.73	1762.35	1778.34
阿塞拜疆	623.21	688.04	735.37
白俄罗斯	554.83	632.59	717.1
乌兹别克斯坦	453.18	511.68	564.76
亚美尼亚	101.06	100.66	105.47
摩尔多瓦	70.03	72.52	79.35
塔吉克斯坦	65.23	75.92	84.97
吉尔吉斯斯坦	59.20	64.73	72.25

数据来源：世界货币基金组织统计数据。

从表 9－7 中可以看出，独联体国家基本已经摆脱 2008—2009 年经济危机的影响，而且各国 GDP 都有小幅的增长。

2. 独联体国家产业结构及主要产业

独联体国家继承前苏联的经济结构特点，矿产能源储量丰富、重工业发达，农业为其传统产业，但近几年发展缓慢，多数独联体国家农业占 GDP 的比重在逐年减少。服务业方面主要以旅游、交通运输等产业为主，占独联体国家 GDP 的比重也正在逐年下降。工业仍为独联体国家的支柱产业。

在经济全球化高速发展的今天，俄罗斯领导层已经意识到产业结构现代化是俄罗斯发展的必经之路。俄罗斯为了加快改变经济增长模式，实现健康可持续发展，采取了以调整产业结构为主的经济政策。如普京的降低能源产业在 GDP 比重中的决心，虽然只是一口空谈，实际结果反而能源产业比重上升，但这也是短时间内的情况，长此以往，俄罗斯经济状况会越来越好。2012 年，能源开采在俄 GDP 中占比较 10 年前增长了 3.4%，加工业下降 2.2%，交通和通信下降 2.1%，农业下降 2.2%，机电产品在俄出口总额中占比较 10 年前减少一半。石油天然气工业产期以来在俄罗斯经济中发挥核心作用，乌拉尔牌石油价格是俄制定国家财政预算的重要依据。2012 年俄罗斯石油开采量（包括天然气冷凝液）为 5.18 亿吨，同比增长 1.3%，原油加工量为 2.66 亿吨，同比增长 3.5%。俄罗斯矿产资源丰富，铁、铝、铜、镍等金属矿产的储量和产量都居于世界前列，矿石开采和冶金行业在俄罗斯经济中发挥着重要作用，有色冶金行业是俄罗斯重要的工业部门之一，其产值约占俄罗斯国内生产总值的 2.8%，占工业生产的 10.2%。俄罗斯国防工业继承了前苏联庞大国防的大部分，从设计、研发、实验到生产体系较为完整，部门较为齐全。在俄罗斯国内装备更新速度有限的情况下，俄罗斯国防工业大力发展对外合作与出口，2012 年俄罗斯武器出口总额达 140 亿美元。俄罗斯森林覆盖面积 8.67 亿公顷，占国土面积 51%，居世界第一位。木材蓄积量 820 亿立方米，年可采伐木材蓄积量 6.67 亿立方米。中国为俄第一木材出口国。

乌克兰 2012 年第一、第二、第三产业分布比例为 10.4%、32.8%、56.8%。乌克兰耕地资源丰富，土质肥沃，黑土面积占世界总量 25%。全国农业用地占国土面积 70%。全国大部分地区为温带大陆性气候，水利资源充足，灌溉便利，适宜开展农业生产。乌克兰主要农作物包括谷类粮食、土豆、糖类作物和油料作物等。除自给自足外，

还向欧洲、北非地区出口。钢铁工业是乌克兰的特色产业，截至2012年年底，乌克兰钢铁产量3291万吨，是世界第十大产钢国，钢出口量占总产量的80%。

白俄罗斯工业基础较好。机械制造业、冶金加工业、机床、电子及激光技术比较先进；农业和畜牧业较发达，马铃薯、甜菜和亚麻等产量在独联体国家中居于前列。此外，根据Global derivatives排名，白俄罗斯IT外包和高新技术服务行业在全球领先的二十个国家中位列第十三位。2002年3月，卢卡申科总统提出“白俄罗斯发展模式”，奉行以扩大出口、增加住房建设和粮食生产、重视社会保障为重点的经济方针。在白俄罗斯2011年GDP构成中，农业占8.6%，工业占31.7%，建筑业占6.8%，交通和通讯占7.2%，贸易和公共食品占12.5%。

吉尔吉斯斯坦经济以农业和资源（有色金属）开发型工业为主，工业结构不完整，生产原料和产品市场均依赖前苏联其他国家。2012年，吉工业总产值为1338.23亿索姆（约合28.5亿美元），同比下降20.2%，下降原因主要是占吉GDP约10%的“库姆托尔”金矿大幅减产，严重制约了吉工业增长。农业是吉尔吉斯斯坦经济的主要支柱产业，其中种植业占比50.5%，畜牧业47.8%。矿山开采、加工业和电力能源为吉工业三大支柱产业。2012年，吉农业产值为1675.1亿索姆（约合35.6亿美元），同比增长1.2%，总体发展稳定。在2012年吉尔吉斯斯坦GDP中，农业占比17.5%，工业占比16.8%，建筑业占比5.7%，交通通讯业占比8.6%。

哈萨克斯坦2012年第一、第二、第三产业增加值占GDP的比重分别为6.4%、40.7%和52.9%。哈萨克斯坦服务业产值在GDP中占比高于商品生产。采矿业是哈萨克斯坦国民经济的支柱产业，2012年其在工业总产值中占比达61.6%。其中，石油天然气开采业是最主要的产业，其次是固体矿产资源开采。哈萨克斯坦加工工业主要包括石油加工和化石加工、轻纺工业、建材、家用电器和汽车制造、机械设备和黑色、有色金属材料生产，以及烟酒和食品及制药工业。2012年哈建筑业增加值在GDP中所占比重为7.5%。农业也是哈萨克斯坦的重要产业。哈萨克斯坦地广人稀，全国可耕地面积超过2000万公顷，粮食产量在1800万吨左右，主要农作物包括小麦（90%）、玉米、大麦、燕麦、黑麦。农业产值中，畜牧业占比52.4%，种植业占比47.3%。

据塔吉克斯坦共和国统计署统计资料，2012年，塔吉克斯坦国内生产总值中，工业占14.4%，农业占23.3%，服务业占41.7%。根据产业结构划分，第一产业占23.3%，第二产业占23.2%，第三产业占53.5%。铝业和棉花种植业是塔吉克斯坦的支柱产业，2005年以来，塔铝产量占全国工业总产值的比重达到40%以上。2012年塔铝生产铝锭27.25万吨，比2011年减少2%；出口铝锭26.65万吨，价值5.37亿美元，占出口总额的39.5%。棉花产量41.5万吨，同比增长3.3%，棉花种植面积20万公顷。煤炭工业为塔吉克斯坦的重要特色产业，焦炭质量及储量都属中亚之最，塔煤炭以露天开采为主，开采条件好。

在乌兹别克斯坦2012的GDP中，工业占52.5%，农业占25.2%。2012年工业产值增长7.7%，农业增长7%，建筑业增长11.5%。乌兹别克斯坦工业比重逐年增高，其中汽车工业是乌兹别克斯坦的特色产业，乌兹别克斯坦是中亚国家中最早生产汽车的国家。乌兹别克斯坦石油和天然气的储量和产量均居中亚第二位。乌兹别克斯坦是传统的农业国家，粮食可自给自足。乌兹别克斯坦是世界第五大产棉国，第二大棉花出口国。此外，乌兹别克斯坦还是中亚重要的水果和蔬菜产地。

2012年，阿塞拜疆农业、工业、服务业分别占GDP的比重为5.2%、50.0%和29.4%。阿塞拜疆是现代石油开采工业的发祥地，石油开采在阿塞拜疆有超过150年的历史，是阿塞拜疆最重要的产业。统计数据显示，2012年阿塞拜疆油气领域总产值占GDP总量的47.3%。其次，运输业是阿塞拜疆的重要产业。此外，阿塞拜疆地处欧亚交界处并拥有里海最大港口。2012年阿塞拜疆国内运输业新增值占GDP总量的5.4%。

据国家数据网站统计，摩尔多瓦2011年农业增加值占GDP的比重为14.8%，工业占13.9%，服务业占71.3%。摩尔多瓦农业基础较好，其中葡萄种植和葡萄酒酿造业为特色产业，现每年葡萄酒产量约50万吨

左右，其中95%用于出口。

据国家数据网站统计，亚美尼亚2011年GDP中，农业占20.7%，工业占37.1%，服务业占42.2%。亚美尼亚主要经济作物是葡萄和其他水果，也种植一些小麦和马铃薯。亚美尼亚工业中的特色产业有有色冶金、化学和机器制造等部门，食品工业也较发达。

综上可以看出，独联体国家继承了前苏联强大的工业生产能力，且主要为能源产业、矿产产业、军工产业等重工产业；轻工、食品产业占比很少。独联体国家已经意识到这种畸形的产业结构会阻碍经济的发展，也正在积极地采取措施进行调整，但是仍然任重道远。

3. 独联体国家贸易结构

俄罗斯对外贸易商品出口结构仍以能源矿产等资源性产品为主，2012年能源类商品出口占其出口贸易额的73.0%。进口结构以机电产品为主，占其进口贸易额的52.1%。普京提出将能源在经济中比重降至50%的目标不降反升，2012年能源产品占俄出口总额的69.8%，较2011年增长4.2个百分点。

乌克兰国内资源和产业结构决定了其进出口商品结构较为单一，出口商品主要以黑色金属、粮食作物和化工产品为主，进口商品以石油天然气等能源产品为主。

2012年哈萨克斯坦出口的主要商品有：能源和矿产（75%）；金属及其制品（13.1%）；化工产品、塑料和橡胶（4.2%）；动植物产品和食品（3.4%）及其他。进口商品主要有机械设备、运输工具（40.4%）；能源、矿产品（12.7%）；化工产品（12.9%）；金属及其制品（12.3%）；动植物产品及食品（9.5%）。

乌兹别克斯坦主要出口商品有：能源载体和石油（35.3%）、服务（16.2%）、棉纤维（8.8%）、黑色和有色金属（7.4%）。主要进口商品有：机械设备（45.5%）、化工产品及塑料（14.4%）、农产品（9.9%）。

吉尔吉斯斯坦目前以矿业为经济支柱，能源短缺、加工业落后的国民经济现状，导致吉尔吉斯斯坦以产业出口为主、以能源和工业制成品进口为主的外贸结构在中短期内难以发生改变。吉尔吉斯斯坦出口产品主要为贵金属、农产品等；主要进口产品包括机械设备、化工产品、石油天然气、纺织品等。

塔吉克斯坦出口产品单一。出口量占前三位的是金属及其制品(40.9%)，矿产品22.4%，水果3.7%。塔吉克斯坦从国外进口商品数量较大，种类也比较多，其中主要为石油产品、铝土、面粉、小麦等。

白俄罗斯贸易商品结构（2012年数据）为：出口商品主要有矿产品(36.2%)、化学产品（21.7)、机械（17.9%)、食品（10.6%)、黑色及有色金属（5.5%)。进口商品结构为：矿产品（39.4%)、化学产品(12.4%)、机械（22.9%)、食品（7.8%)、黑色及有色金属（10.1%)。

原油占阿塞拜疆出口总额的84.63%，其次是水果蔬菜、动植物油脂、化工产品和有色金属。从出口商品结构上看，阿塞拜疆出口以资源性产品为主的格局没有改变。从进口商品构成来看，机械及电子设备占27.24%，其次是交通工具及其配件（14.65%)、有色金属（13.58%)、粮食、木材、药品等。

亚美尼亚主要出口产品为宝石及其半加工制品、食品、非贵重金属及其制品、矿产品、纺织品、机械设备等，主要进口产品为矿产品、食品、化工产品等。

从出口角度来看，独联体国家商品结构虽然有所改善，但依然呈现出结构单一，倚重能源、矿产出口的特点。从进口角度来看，独联体国家主要进口商品以能源产品、机械设备、轻工产品为主。

二、中国与独联体国家双边贸易现状

1. 中国与独联体双边贸易发展历程

回顾中国与独联体双边贸易发展历程，可以将其分为四个阶段：双边贸易曲折发展阶段；双边贸易大发展阶段；经济危机阶段和双边贸易稳步发展阶段。

(1) 双边贸易曲折发展阶段。这一阶段为1992—1998年。前苏联解体后，中国为了继续发展与独联体的经贸关系，1991年12月26日至1992年1月7日，中国对外经济贸易部部长率领中国政府代表团访问了

乌克兰、白俄罗斯、俄罗斯、乌兹别克斯坦、哈萨克斯坦、塔吉克斯坦、吉尔吉斯斯坦和土库曼斯坦等独联体国家，同俄罗斯和白俄罗斯就两国政府经贸协定条文达成了一致意见，同乌克兰草签了协定文本，同乌兹别克斯坦、塔吉克斯坦、吉尔吉斯斯坦和土库曼斯坦签署了政府经济贸易协定。中国同独联体国家的经贸关系，从而翻开了新的一页。1990 年中苏贸易额为 42 亿美元，而 1992 年中国与独联体的贸易额达到 66.6 亿美元，超过中国和前苏联贸易的最高水平。1993 年达到 76.06 亿美元。这两年双方贸易快速发展，这是由于前苏联解体后，独联体国家经济处于调整重组阶段，国内商品十分短缺，同时我国对易货贸易实行的一系列优惠政策导致的。但是 1993 年后，独联体各国由于受到前苏联政局动荡的影响，导致经济滑坡、通货膨胀等严峻问题产生，对中国与独联体的经济贸易发展产生消极影响。1994 年双方贸易额大幅度下降，贸易总额为 50.77 亿美元，降幅达 33.8%；但是 1995 年和 1996 年两年贸易额连续回升，分别增长 7.5%和 25.3%；1997 年、1998 年贸易额又连续下降，且一直未能超过 1993 年的水平。总之，这一时期为中国与独联体国家贸易关系建立初期，由于各种各样的问题，双边贸易额高低起伏，未能稳定发展，仍处于曲折的探索时期。

（2）双边贸易大发展阶段。这一阶段为 1999—2008 年。这一阶段，中国与独联体贸易发展迅速，由 1999 年的 74.85 亿美元发展到 2008 年的 984.1 亿美元，短短 10 年上升了 13 倍多。这一时期，独联体各国出于政治、经济、语言、血缘及历史等多种原因对同中国建立起睦邻友好关系的态度十分积极，尤其是俄罗斯、哈萨克斯坦、吉尔吉斯斯坦、塔吉克斯坦等国家，它们与中国有近 8000 公里的共同边界，铁路、公路、河流、航线相连，交通便利。这一时期，为中国与独联体发展良好的经贸关系打下了良好的基础。

（3）经济危机阶段。2008 年爆发的全球性经济危机，对中国与独联体的经济也有一定的打击。2009 年中国与独联体、独双边贸易总额为 700.1 亿美元，出现了 10 年来首次下降。

（4）双边贸易稳步发展阶段。2009 年至今，中国比任何其他大国都更加轻易地度过了2008—2009年的经济危机，实施了庞大的刺激经济计划，带动了国内外经济的增长，这个计划阻止了全球经济进一步下滑。独联体国家经济在经历短暂的衰退后，也逐渐复苏，保持了低速的增长。中国与独联体双边贸易也在经历了2009年的下降后开始稳步上升，2010年就达到了接近于危机前的水平。随着中国与独联体国家经济发展速度的放缓，中国与独联体的双边贸易总额也呈现稳步增长的趋势。

目前，双方贸易正随着双方经济体制的转变、经济形势的变化所引发的贸易方式的变化，进出口商品结构的变化，处于一个调整时期。在调整时期将逐步改变依靠简单商品交换的低水平增长，重视技术、知识等无形商品的进出口，从而建立稳定的经贸和科技合作渠道，以及相互信任的伙伴关系。

2. 中国与独联体各国贸易发展现状

中国与独联体国家建交20年来，已经成为相互倚重的经贸合作伙伴。2008—2009年的经济危机之后，独联体各国家经济度过了短暂的困境，都保持了低速的增长。中国与独联体国家的贸易总额保持持续的增长，并且在独联体各国贸易中的地位也空前提高。下面，简要介绍中国与独联体各国的双边贸易发展历程。

近年来中俄双边贸易发展总体态势良好。1999—2008年，双边贸易额连续9年增长，2009年受金融危机影响，中俄双边贸易额大幅下滑。2010年，中俄贸易度过金融危机困难阶段，步入复苏轨道，双边贸易额接近危机前水平。2012年中俄贸易额达到881.6亿美元，同比增长11.2%。

中国与乌克兰从1991年乌克兰成为独立国家以后就开始了经贸合作。两国贸易额从1992年的2.3亿美元发展到2012年的97.8亿美元。乌克兰在我国对外贸易中排名第48，在独联体中排名第4。

中哈贸易主要以边境贸易为主，自1992年中哈建立经贸合作关系以来至今，哈一直都是新疆维吾尔自治区最大的贸易伙伴，并且与中国签署了一系列的投资保护协定、贸易合作协议、边境合作框架协议。2012年中哈贸易额为239.8亿美元，同比增长12.5%。

中国与乌兹别克斯坦自建交以来就开始了双边贸易合作，从1992年签订的《经济贸易协定》到2011年签订的《关于成立政府间合作委员会的协定》，都保证着中乌双边贸易的稳定发展。2000年以来，中国和乌兹别克斯坦贸易规模不断扩大，保持较快增长。2012年，中乌双边贸易额达到28.75亿美元，同比增长32.75%。

中国与吉尔吉斯斯坦两国自建交起，双边贸易基本保持稳定增长态势，特别是近几年增速明显。1992年两国双边贸易额仅为3549万美元，2003—2006年双边贸易额分别突破3亿、6亿、9亿、22亿美元，2007年达到37.7亿美元，2008年以93.3亿美元成为中国在独联体国家中第三大贸易伙伴。2009年受金融危机影响，2010年受吉动荡的局势影响，双边贸易持续下降。2011—2012年随着吉政局趋稳，双边贸易额有所恢复。

自1992年中国与塔吉克斯坦正式建交以来，两国在经贸领域的合作进展一直比较稳定，双边贸易额从最初的几百万美元发展到现在的每年20亿左右。此外两国还在建交后签署了一系列政府间的经贸合作协定，为中塔两国经贸合作关系的发展奠定了法律基础。2012年中塔贸易额为18.57亿美元，同比减少10.3%（出口减少12.5%，进口增加）。

中国、白俄罗斯两国1992年建交之初，双边贸易额只有3990万美元，此后10年内一直徘徊不前，2000年才达到1.1亿美元，但2001年又大幅下降61.9%。从2002年开始，双边贸易才稳步上升。

中国、阿塞拜疆两国开展经贸合作从无到有，合作的规模也在不断扩大，并且签署了一系列双边经贸合作协议和互助协定。2012年中阿双边贸易额为12.77亿美元，同比增长17.6%。

中国和摩尔多瓦于1992年签署了第一个政府间经贸协定。两国贸易从无到有，增速逐渐加快，形成了逐年扩大的发展趋势，发展潜力巨大，2012年，中摩贸易额达到11.03亿美元。

从表9-8中可以看出，除去2008—2009年经济危机影响因素，中国与独联体国家的贸易额在2003—2013年都保持了稳步的增长。

表 9-8 中国与独联体国家 2003—2013 年贸易额汇总（单位：亿美元）

	2013	2012	2011	2010	2009	2008	2007	2006	2005	2004	2003
独联体	1544.0	1483.8	1327.7	960.5	700.1	984.1	760.0	507.8	420.6	300.6	224.2
俄罗斯	892.1	881.5	792.4	554.4	387.9	568.3	481.6	333.8	291.0	212.3	157.6
哈萨克斯坦	285.9	256.7	249.5	204.0	140.0	175.5	138.7	83.5	68.1	44.9	32.8
乌克兰	111.1	103.5	104.1	77.3	57.7	86.6	65.2	41.5	32.7	24.8	21.7
吉尔吉斯斯坦	51.38	51.62	49.76	41.99	52.76	93.33	37.79	22.26	9.72	6.02	3.14
乌兹别克斯坦	45.51	28.75	21.66	24.82	19.10	16.07	11.29	9.72	6.81	5.76	3.47
塔吉克斯坦	19.58	18.57	20.69	14.33	14.03	14.99	5.24	3.24	1.58	0.69	0.39
白俄罗斯	14.51	15.83	13.04	12.72	8.10	8.59	8.39	6.44	5.71	2.19	1.29
阿塞拜疆	11.03	12.77	10.86	9.31	6.81	8.01	4.77	3.69	2.58	1.84	2.38
亚美尼亚	1.952	1.483	1.695	1.638	1.114	0.807	0.892	0.415	0.234	0.139	0.065
摩尔多瓦	1.312	1.426	1.103	0.872	0.758	0.738	0.514	0.322	0.516	0.241	0.015

数据来源：中国商务部网站。

3. 中国与独联体商品贸易结构

在中国与独联体的双边贸易结构中，主要以商品贸易为主，技术合作、第三产业贸易比重较低。而在商品贸易中，又多为处于产业链底端、技术含量不高、附加值较低的产品，如服装、食品、日化用品等。虽然近几年服务贸易发展水平有所提高，商品贸易中高新技术产品贸易也在不断增加，但是还没有从根本上改变中国与独联体单一的贸易结构。中国对独联体国家出口的商品中，食品、服装等轻工业产品占出口额的一半以上，而从独联体国家进口的产品中，绝大部分是矿产、能源、原材料、有色金属、化工产品、矿物燃料等。表 9-9 介绍了中国与独联体国家主要贸易商品类别。

表 9－9　中国与独联体国家主要贸易商品表

国家	从中国进口主要商品	向中国出口主要商品
俄罗斯	机械设备；服装及衣着附件；电器和电子产品；鞋类；纺织纱线、织物及制品农产品；钢材汽车；汽车零件；橡胶轮胎	原油；成品油；铁砂及其精矿；原木；煤；冻鱼；锯材；肥料；纸浆；合成橡胶
乌克兰	服装；鞋靴；塑料及其制品；车辆；钢铁制品；家具；化学产品	矿砂、矿渣及矿灰；矿物燃料、矿物油；钢铁；有机化学品等
乌兹别克斯坦	机械设备；电机、电气；钢铁及其制品	原料商品、棉花
吉尔吉斯斯坦	服装及衣着附件；其他纺织品；鞋靴；棉花；化学纤维长丝；锅炉、机械器具及零件；电机、电气、音像设备及零附件	铜及其制品；生皮及皮革；钢铁；矿砂、矿渣及矿灰；矿物燃料；动物毛；铝及其制品；铅及其制品；无机化学品
塔吉克斯坦	服装；鞋靴；电机、电气、音像设备及其零附件；锅炉、机械器具；钢铁制品；车辆及其零附件	铝及其制品；矿砂、矿渣及矿灰；铜及其制品；塑料及其制品；生皮及皮革；蚕丝；铅及其制品
白俄罗斯	传播及浮动结构体；皮革制品；机械器具及零件；钢铁制品；电机、电气、音像设备及其零附件；服装；鞋靴；无机化学品	有机化学品；机械器具及零件；塑料及其制品；家具；车辆及其零附件；矿物燃料；沥青
阿塞拜疆	机械器具；服装；机动车辆；电子产品	石油及其产品
摩尔多瓦	通讯设备；家具；汽车家电；建材；服装	以葡萄酒为主
亚美尼亚	食品；有机化合物；塑料及其制品；纺织品；电力机械设备；家具	化学品；有机化合物；纺织成品

三、中国与独联体国家经贸发展存在的问题

虽然中国与独联体自 1992 年起就建立起双边贸易合作伙伴关系，双方在产业结构和技术方面也有很强的互补性，但目前相互之间的贸易水平仍处于不理想的水平，经贸合作仍然没有找到有力的契合点，双边贸易规模并没有完全发挥出中国与独联体经济上的互补性。双边贸易中存在的突出问题，主要表现在以下几个方面：

1. 贸易额增长起伏不定

以 2012 年数据为例，乌克兰、塔吉克斯坦、亚美尼亚三国与中国的贸易总额分别下降了 0.5%、10.3%和 12.9%。其中塔吉克斯坦与中国的双边贸易额在 2003—2013 年之间更是经历了大起大落，既出现了 2008 年接近 200%的增长，也经历了 2012 年超过 10%的下降。这从侧面反映了中国与独联体国家贸易的不稳定性。

2. 贸易差额巨大

以 2012 年进出口贸易数据作为参考，中国与独联体国家整体贸易结果呈现小额顺差（29.12 亿美元）。但是仔细观察各国进出口数据发现，除俄罗斯和哈萨克斯坦两国在与中国的贸易中获得小额的顺差，其他独联体国家在与中国的贸易中都出现了不同程度的逆差。其中乌克兰、吉尔吉斯斯坦、塔吉克斯坦、摩尔多瓦、阿塞拜疆、亚美尼亚对中国的进口额超过其出口额的 3 倍以上，塔吉克斯坦甚至达到 17 倍。这在一定程度上反映了中国与独联体国家贸易结构的不合理性，更说明了中国与独联体国家贸易潜力并没有得到很好的开发。

3. 双方贸易结构低度化

中国与独联体国家双边贸易主要以商品贸易为主，技术贸易、服务贸易比重较低。而商品贸易中，又多为处于产业链底端、技术含量不高、附加值较低的产品，如服装、食品、日化用品等。虽然近几年服务贸易发展水平有所提高，商品贸易中高新技术产品贸易也在不断增加，但是还没有从根本上改变中、中国与独联体独单一的贸易结构。

4. 贸易合作形式缺乏多样性

双方主要的经贸合作仍以传统的工程承包和劳务合作项目为主，而且呈现出投资项目少、投资规模有限的特点。以中俄为例，2012 年，中国对俄罗斯非金融类直接投资达到 6.6 亿美元，而中国实际使用俄直接投资 2992 万美元，而中国仅上半年就吸收直接投资 591 亿美元。双方投资主要分布在能源、矿产资源开发、林业、建筑和建材生产、贸易、轻纺、家电、通信、服务等领域，并且项目少、规模小，无法实现对双边贸易的拉动作用。2012 中俄双方签署工程承包合同金额 22.4 亿美元，同比增长 62.3%，完成营业额 16.5 亿美元，同比增长 17.9%，期末在外人数 18822 人。我国对俄劳务合作集中在俄远东、西伯利亚地区，主要从事农业种植、建筑、森林采伐、木材加工、制衣、医疗及其他服务行业。而技术合作方面，2012 年，我国自俄引进民用技术 43 项，合同金额 1.4 亿美元，同比下降 92%。

5. 认识观念障碍

首先，独联体国家领导层对与中国进行全面政治经济合作的重要性认识不足，如连战访问乌克兰引起的中国和乌克兰之间的外交风波，严重影响双边贸易合作伙伴关系。其次，双方在对经济结构的互补性方面认识有差异，并没有就在哪些领域合作、如何合作等方面达成完全共识，合作错位的情况屡见不鲜。另外，中国人民与独联体人民之间缺少了解，独联体国家人民对中国的了解主要来源于西方媒体的报道，难免有不实之词，这导致在双方贸易往来、合作过程中，不便和误会时有发生。

6. 体制障碍

一方面，虽然中国与独联体所有国家都签署了《经贸合作协定》，但是仍存在贸易法律法规、信用保险机制、安全保障机制不完善的问题。另一方面，由于信息的不对称、贸易常识的缺乏、法律观念的淡薄，使得各类投机倒把行为不断威胁着中国与独联体双边贸易的健康发展。

四、促进中国与独联体国家贸易发展的对策建议

综上分析可知，影响中国与独联体的贸易发展因素主要是中国与独

联体国家的经济发展水平、人均国民收入和地理因素。同时综合考虑政治、经济、文化等各个方面的因素，接下来对中国与独联体贸易发展提出几点建议。

1. 坚持以经济建设为中心，坚持改革开放

保证我国经济稳定快速的发展，是发展中国对外贸易的先决条件，实证分析结果指出，中国 GDP 对于中国与独联体双边贸易有着积极影响。

2. 继续维持良好的合作伙伴关系

虽然独联体国家内部争端屡见不鲜，但是中国始终保持着与独联体国家友好的外交关系，这也是中国与独联体贸易持续发展的主要原因。中国在保持自己高速发展的同时，能够在各个领域与独联体国家保持合作和互助，实现与独联体国家共同发展，双方经济规模逐渐增大，双边贸易额也就逐步上升。因此，继续维持与独联体国家的良好合作伙伴关系，无疑对中国与独联体国家贸易发展有着决定性的意义。

3. 关注各国产业结构调整动态，找到产业结构互补的契合点

中国与独联体国家都处于产业结构转型的重要时期，从国家政府的角度来看，应持续关注独联体国家优势产业动态，寻找与我国产业结构的契合点，然后找到发展双边贸易的切入点和思路，制定相应的贸易发展政策。从个人和企业的角度来看，关注中国和独联体国家产业政策导向调整动态，有助于把握投资合作的机遇，降低投资合作的风险。

4. 加强中国与独联体各国人民之间的相互信任和了解

贸易的主题归根结底是人，贸易的发展势必以人与人的合作为基础。加强中国与独联体国家人民的交流，对中国与独联体国家贸易发展至关重要。如在独联体国家开设孔子学院，与独联体国家开展人才交流计划，加强文化的交流。

5. 进一步改善商品贸易的结构

加强对高新技术产业、服务业的支持，提高服务贸易在贸易总额中的比例，提高产业链顶端产品在商品贸易中的比例，使双方都从贸易中获得更多的附加价值。

6. 减少壁垒，完善体制，加强法律法规建设

推进中国与独联体国家之间贸易自由化，减少与独联体国家之间的贸易壁垒，完善双边贸易体制建设，建立双边互利的贸易法律法规体系。

7. 重视边境贸易

实证结果表明，是否具有共同边界对双边贸易额的影响巨大。在与中国具有共同边界的几个国家的贸易额中，边境贸易占相当大的一部分比例。因此，边境贸易应该得到足够重视。完善法律法规体系，保证边境贸易安全，建立完善的边境贸易体制，加强设施建设，为边境贸易发展提供良好的环境，是发展中国与独联体双边贸易的关键。

8. 改善投资环境

一些独联体国家法律、法规多变，法制不健全，治安环境差，官员腐败，中国企业及经贸人员的财产、人身安全和合法权益不能得到充分保障，对中国企业开拓独联体市场的信心和积极性产生了消极影响，只有根治这些问题，才能进一步促进双边经贸发展。独联体各国应当加大吸引外资力度，如制订新的投资法，组建吸引外资的专门机构，进一步开放市场，完善投资立法和税收政策，采用统一税率，建立起吸引长期投资的稳定性税收制度等。在消除贸易壁垒、扩大引资方面发挥群体优势，签署投资公约以改善各自国家的投资和实业环境。

9. 对上海合作组织发展模式的启示

上海合作组织建立的初衷是维护区域和平稳定，促进各国的安全合作。经过近 20 年的合作探索，上海合作组织已经发展成为欧亚地区重要的区域合作组织。然而上合组织在经济合作方面的实践还有所缺乏，缺少制度性的经济合作框架。以安全合作为基础，建立多边贸易合作机制，开展组织成员的经济贸易合作，再通过贸易合作的深化，巩固国与国之间的关系，为其他领域的合作奠定基础，这是对区域合作组织发展模式的一种全新探索。

10. 尝试建立包含“丝绸之路经济带”的中亚自由贸易区

古“丝绸之路”东起中国，途径中亚、西亚、北非，最终抵达非洲和欧洲。2013 年 9 月，中国国家主席习近平在哈萨克斯坦纳扎尔巴耶夫大学作重要演讲时提出共同建设“丝绸之路经济带”。以“丝绸之路经济带”为依托，建立中亚自由贸易区，对中国与独联体国家发展贸易合作伙伴关系是一个全新的探索。

第五节　研究结论与对策建议

一、研究结论

本章通过对2003—2012年面板数据的实证研究，对中国与独联体国家的贸易影响因素进行了研究。紧接着分析了中国与独联体国家贸易发展历程、独联体国家的经济发展水平、产业结构特点和中国与独联体贸易商品结构，并提出了中国与独联体贸易发展中存在的问题，本章研究主要得到以下结论：

（1）中国与独联体国家双边贸易具有雄厚的国内需求，具有高增长潜力。从中国与整个独联体的贸易总量来看，除了2008年受全球经济危机的影响略有下降外，在2003—2013年间都保持了持续稳定的增长，并且预计在相当长的时间内会保持如此增长势头。首先，中国与独联体国家自1992年建交以来，一直保持着良好的合作伙伴关系，各国的政治、经济、社会局势也相对比较稳定，随着双方交往的不断深入，信任与了解不断加深，这为双边贸易的良好发展奠定了坚实的基础。其次，从影响贸易的主要因素分析，由于中国与独联体国家经济发展势头良好，独联体国家更是世界上区域经济发展速度最快的地区，各国的人均收入水平也逐年增长，因此，中国与独联体国家的双边贸易就有了强劲的推动力。另外，中国与独联体国家贸易商品结构日趋改善，双方经济结构的互补性所决定的贸易潜力正逐步被发掘出来。因此可以预见，中国与独联体国家的贸易将会坚定地走在健康发展的道路上。

（2）从实证分析中可得以下结论：国家的经济发展水平、人均收入水平是促进双边贸易的重要因素；共同边界的回归结果表明，边境贸易是中国与独联体国家贸易中不可忽略的一个方面。

（3）定性分析中指出两国经济结构的互补性对双边贸易有正向的影响，但是在计量分析中由于使用的是三次产业来计算的产业结构差异度而没有得到理想的回归效果。之所以采用三次产业这较粗糙的产业划分指标量来描述国家之间的产业结构差异度，主要是数据可得性因素的制约所致。

（4）在回归分析过程中，代表世贸组织制度因素的变量 WTO 被剔除，但这并不意味着制度因素不重要。只是因为，在本章里由于考察个体的不多，在仅有的 10 个考察个体中，与中国贸易量最大的两个国家俄罗斯和哈萨克斯坦在 2012 年之前却不是 WTO 成员。这提请在以后的相关研究中在引入包括 WTO 在内的制度因素这类虚拟变量时需要注意。

二、对策建议

结合本章的现状与实证分析结论，对于促进中国与独联体贸易发展的对策建议可简要概括如下：加强与我国比邻国家的睦邻友好关系，尤其是维持与独联体国家良好的外交关系；进一步深入探寻中国与独联体国家在产业结构方面互补的契合点；改善商品贸易结构，增加服务贸易比重；加强中国与独联体各国人民之间的相互信任和了解；减少壁垒，完善体制，加强法律法规建设；改善投资环境；加强“上海合作组织”成员贸易合作；尝试建立中亚自由贸易区；等等。

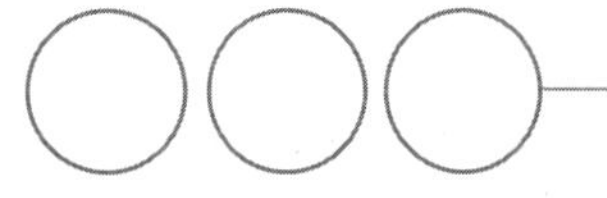

参考文献

［1］ Anderson J. E&Van Wincoop E. Trade costs ［R］. National Bureau of Economic Research，2004.

［2］ Novy D. Is the iceberg melting less quickly? International trade costs after World War II ［J］. Warwick Economic Research Paper，2006（764）.

［3］ Novy D. Gravity Redux：Measuring International Trade Costs with Panel Data ［EB/OL］. http：//www2. Warwick. ac. uk/fac/soc/economics/staff/faculty/fast. pdf，2008.

［4］ Novy D. Gravity Redux：Measuring International Trade Costs with Panel Data ［R］. Cesifo Working Paper，2011.

［5］ Nuno Limo Columbia，Anthony J. Venables，A. J. Venables，et al. Infrastructure，Geographical Disadvantage，Transport Costs，and Trade ［J］. World Bank Economic Review，2001，15（3）：451－480（30）.

［6］ McCallum J. National borders matter：Canada－US regional trade patterns ［J］. The American Economic Review，1995：615－623.

［7］ Rose A. K. One Money，One Market：Estimating the Effect of Common Currencies on Trade ［J］. Nber Working Papers，1999，15（30）：7－46.

［8］ Anderson J. E，Van Wincoop E. Gravity with gravitas：a solution to the border puzzle ［R］. National bureau of economic research，2001.

［9］ Jacks D，Meissner C，Novy D. Trade Costs，1870—2000. The American Economic Review ［J］. Papers & Proceedings，2008，98（2）：529－534.

［10］ 黄肖琦，柴敏. 新经济地理学视角下的 FDI 区位选择——基于中国省际面板数据的实证分析 ［J］. 管理世界，2006（10）：7－13.

［11］ 梁琦. 跨国公司海外投资与产业集聚 ［J］. 世界经济，2003，26（9）：29－37.

［12］ Grossman G. Comment on Deardorff A. Determinants of bilateral trade：does

gravity work in a neoclassical world? The regionalization of the world economy [M]. Chicago: University of Chicago Press, 1998: 7-32.

[13] 许德友，梁琦. 中国对外双边贸易成本的测度与分析：1981—2007年 [J]. 数量经济技术经济研究，2010 (1)：119-128.

[14] 方虹，彭博，冯哲，等. 国际贸易中双边贸易成本的测度研究——基于改进的引力模型 [J]. 财贸经济，2010 (5)：71-76.

[15] 许统生，涂远芬. 中国贸易成本的数量、效应及其决定因素 [J]. 当代财经，2010 (3)：95-101.

[16] 贾伟，屈四喜. 中国各省份—东盟农产品贸易增长的实证分析 [J]. 中国农村经济，2012，3：4.

[17] 许统生，陈瑾，薛智韵. 中国制造业贸易成本的测度 [J]. 中国工业经济，2011 (7)：15-25.

[18] 赵素萍，葛明. 中国对美国的贸易成本变动及影响因素研究 [J]. 审计与经济研究，2014 (3)：30-38.

[19] 叶兴文. 丝绸之路经济带的范围有多大？[R/OL]. [2014-01-06]. http://yexingpingblog.blog.sohu.com/300250019.html.

[20] 高新才，朱泽钢. 丝绸之路经济带建设与中国贸易之应对——基于引力模型的研究 [J]. 兰州大学学报（社会科学版），2014，42 (6)：1-8.

[21] 龚新蜀，马骏. "丝绸之路"经济带交通基础设施建设对区域贸易的影响 [J]. 企业经济，2014 (3).

[22] 曹守峰，马惠兰. 中国与中亚国家农产品贸易互补性的实证分析 [J]. 技术经济，2011，30 (8)：94-99.

[23] Hummels D, Ishii J, Yi K M. The nature and growth of vertical specialization in world trade [J]. Journal of international Economics, 2001, 54 (1): 75-96.

[24] Wei S. J. Intra-national versus international trade: how stubborn are nations in global integration? [R]. National Bureau of Economic Research, 1996.

[25] Anderson J. E. A theoretical foundation for the gravity equation [J]. The American Economic Review, 1979: 106-116.

[26] Evenett S J, Keller W, El-Gamal M, et al. On Theories Explaining the Success of the Gravity Equation [J]. Social Science Electronic Publishing,

2001, 110 (2): 281 - 316.

[27] 朱显平，邹向阳. 中国—中亚新丝绸之路经济发展带构想 [J]. 东北亚论坛，2006 (5): 3 - 6.

[28] Koopman. R, Z Wang, and S. J Wei. Tracing Value — added and Double Counting in Gross Exports [J]. American Economic Review, 2014, 104 (2).

[29] 王岚，盛斌. 全球价值链分工背景下的中美增加值贸易与双边贸易利益 [J]. 财经研究，2014 (9): 97 - 108.

[30] 何树全，高旻. 基于增值贸易的中国国际贸易竞争力分析 [J]. 世界经济研究，2014 (8): 60 - 66, 89.

[31] 张咏华. 中国制造业增加值出口与中美贸易失衡 [J]. 财经研究，2013 (2): 15 - 25.

[32] 王习，农陈涛. "丝绸之路经济带" 内涵拓展与共建 [J]. 国际商务 (对外经济贸易大学学报)，2014 (5): 23 - 30.

[33] 胡鞍钢，马伟，鄢一龙. "丝绸之路经济带": 战略内涵、定位和实现路径 [J]. 新疆师范大学学报 (哲学社会科学版)，2014 (2): 1 - 11.

[34] 王志远. 丝绸之路经济带的国际战略内涵解析 [J]. 新疆财经，2014 (3): 5 - 11.

[35] 程贵，丁志杰. "丝绸之路经济带" 背景下中国与中亚国家的经贸互利合作 [J]. 苏州大学学报 (哲学社会科学版)，2015 (1): 119 - 125.

[36] 刘作奎. 中东欧在丝绸之路经济带建设中的作用 [J]. 国际问题研究，2014 (4): 72 - 82.

[37] 程中海，罗超. 丝绸之路经济带贸易便利化: 理论、实践与推进 [J]. 石河子大学学报 (哲学社会科学版)，2015 (2):

[38] 刘迪，舒林，范阅. "丝绸之路经济带": 概念界定与经济社会综述 [J]. 西部金融，2014 (9): 62 - 70.

[39] Arvis J, Mustra M. A, Ojala L, et al. Connecting to Compete 2012: Trade Logistics in the Global Economy [R]. Access & Download Statistics, 2012.

[40] Hausman W. H, Lee H. L, Subramanian U. Global Logistics Indicators, Supply Chain Metrics, and Bilateral Trade Patterns [R]. Washington, DC. The World Bank, World Bank Policy Research Working Paper, 2005.

[41] Wilsnn J. S, Mann C. L, Otsuki T. Assessing the Benefits of Trade Facili-

tation: A Global Perspective [J]. General Information, 2005, 28 (6): 841 - 871.

[42] Soloaga, I., Wilson, J. S. and Mejia, A. Trade facilitation reform and Mexican competitiveness [R]. Washington, DC. The World Bank, World Bank Policy Research Working Paper, 2006.

[43] Iwanow T, Kirkpatrick C. Trade facilitation and manufactured exports: Is Africa different? [J]. World Development, 2009, 37 (6): 1039 - 1050.

[44] Korinek J, Sourdin P. To what extent are high - quality logistics services trade facilitating? [R]. OECD Publishing, Paris. OECD Trade Policy Working Papers, 2011.

[45] Marti L, Puertas R, Garcia L. Relevance of trade facilitation in emerging countries' exports [J]. The Journal of International Trade & Economic Development, 2014, 23 (2): 202 - 222.

[46] Marti L, Puertas R, Garcia L, et al. The importance of the Logistics Performance Index in international trade [J]. Applied Economics, 2014, 46 (24): 2982 - 2992.

[47] Felipe, Jesus and Kumar, Utsav, The Role of Trade Facilitation in Central Asia: A Gravity Model [R]. Levy Economics Institute of Bard College Working Paper, 2010.

[48] Hertel T. W, Mirza T. The role of trade facilitation in South Asian economic integration [R]. ADB, Mandaluyong City. Study on Intraregional Trade and Investment in South Asi, 2009: 2.

[49] Puertas R, Marti L, Garcia L. Logistics performance and export competitiveness: European experience [J]. Empirica, 2014, 41 (3): 467 - 480.

[50] 张宝友. 现代物流业对进出口贸易的影响——基于我国 1995—2004 年数据的实证研究 [J]. 国际贸易问题, 2009 (1): 39 - 46.

[51] 杨长春. 论国际贸易与国际物流的关系 [J]. 国际贸易, 2007 (10): 28 - 31.

[52] 侯方淼. 现代物流: 国际贸易的加速器 [J]. 财经科学, 2008 (4): 108 - 114.

[53] 艾赛提江, 郭羽诞. 中亚五国贸易便利化程度分析 [J]. 新疆社会科学, 2012 (4): 75 - 80.

[54] 黄伟新, 龚新蜀. 丝绸之路经济带国际物流绩效对中国机电产品出口影响的实

证分析［J］. 国际贸易问题，2014（10）：56－66.
［55］陈万灵，何传添. 海上丝绸之路的各方博弈及其经贸定位［J］. 改革，2014（3）：74－83.
［56］谭秀杰，周茂荣. 21世纪“海上丝绸之路”贸易潜力及其影响因素——基于随机前沿引力模型的实证研究［J］. 国际贸易问题，2015（2）：3－12.
［57］MC Callu. National Borders Matter：Canada－U. S. Regional Trade Patterns［J］. American Economic Review，1995，85（3）：615－23.
［58］吴爱东. 中外物流绩效指数差距与制约因素分析［J］. 对外经贸实务，2009（5）：82－84.
［59］陈万灵，何传添. 海上丝绸之路的各方博弈及其经贸定位［J］. 改革，2014（3）.
［60］段景辉，黄丙志. 贸易便利化水平指标体系研究［J］. 科学发展，2011（7）：46－52.
［61］吕余生. 深化中国—东盟合作，共同建设21世纪海上丝绸之路［J］. 学术论坛，2013（12）.
［62］刘赐贵. 发展海洋合作伙伴关系推进21世纪海上丝绸之路建设的若干思考［J］. 国际问题研究，2014（4）.
［63］金毅，汪洁，刘婷婷. 21世纪海上丝绸之路的战略构想与建设方略［J］. 国际贸易，2014.
［64］匡增杰. 基于发达国家海关实践经验视角下的促进我国海关贸易便利化水平研究［J］. 世界贸易组织动态与研究，2013（1）：20－25.
［65］孙林，倪卡卡. 东盟贸易便利化对中国农产品出口影响及国际比较——基于面板数据模型的实证分析［J］. 国际贸易问题，2013（4）：139－147.
［66］沈铭辉. 金砖国家合作机制探索—基于贸易便利化的合作前景［J］. 太平洋学报，2011（10）.
［67］王玉婧，张宏武. 贸易便利化的正面效应及对环境的双重影响［J］. 现代财经，2007（3）：72－76.
［68］王丹丹，陆克斌. 贸易便利化中的透明度研究［J］. 贸易经济，2012（12）：121－123.
［69］谢娟娟，岳静. 贸易便利化对中国——东盟贸易影响的实证分析［J］. 世界经济研究，2011.

[70] 徐旭霏. 东盟贸易便利化对中国制造业产品出口影响的实证分析 [J]. 国际商务研究，2012.

[71] 赵世路. 欧盟海关促进贸易便利化的经验及其对中国的启示 [J]. 上海海关学院学报，2010.

[72] 周练. 21 世纪“海上丝绸之路”与中泰经贸拓展 [J]. 中国商贸，2014.

[73] Fink，Neagu. Intertemporal Output and Employment Effects of Public Infrastructure Capital：Envidence from 12 OECD Economics [J]. The Economics Journal，2007 (110)：687 - 712.

[74] Hummels. Trade Facilitation and Country Size [J]. World Bank Working Paper Series，2010 (5)：1 - 25.

[75] John Raven. Trade Policy versus Trade Facilitation：An Application Using “Good Old” OLS [J]. Economics，The Open - Access，Open - Assessment E - journal，2011 (38)：33 - 54.

[76] Kinoshita，Campos. From Trade Preferences to Trade Facilitation：Taking Stock of the Issues [J]. Economics，The Open - Access，Open - Assessment，2011 (23)：18 - 23.

[77] Esus Felipe，Utsavkumar. On the Theories Explaining the success of the gravity equation [J]. Political Economy，2003 (10)，281 - 316.

[78] Maria Persson. Trade Facilitation in ASEAN Member Countries：Measuring Progress and Assessing Priorities [J]. Journal of Asian Economics，2009 (4)：367 - 383.

[79] Otsuk，Wilson，Man. Trade Facilitation and Economic Development：A New Approach to Quantifying The Impact [J]. The World Bank Economic Review，2001 (3)，367 - 389.

[80] Peter Walkenhorst. Domestic And International Environmental Impacts Of Agricultural Trade Liberalisation [J]. International Trade，2009 (4)，367 - 383.

[81] J. Kraft ，A. Kraft. On the Relationship between Energy and GNP [J] . Journal of Energy and Development ，1978 (3)：36 - 58..

[82] STERN，D. I. Energy Use and Economic Growth in The USA：a Multivariate Aproach [J]. Energy Economics，1993，15：137 - 150.

［83］R. Masih，A. M. M. Masih . Macroeconomic A ctivity Dynamics and Granger Causality：New Evidence from a Small Developing Economy Based on a Vector Error - correction Modeling Analysis［J］. Economic Modeling，1996（13）：128 - 149 .

［84］I Ozturk，A . A slan，H . Kalyoncu . Energy Consumption and Economic Growth Relationship：Evidence from Panel Data for Low and Middle Income Countries［J］. Energy Policy，2010，（38）：133 - 154.

［85］何伦志，安尼瓦尔·阿木提，张新花. 中国的中亚能源发展策略［J］. 上海经济研究，2008（01）：37 - 46.

［86］李琪. 中国与中亚创新合作模式、共建“丝绸之路经济带”的地缘战略意涵和实践［J］. 陕西师范大学学报，2014（04）：5 - 15.

［87］白永秀，王颂吉 . 丝绸之路经济带的纵深背景与地缘战略［J］. 改革，2014（3）：64 - 73.

［88］樊秀峰，余姗.“海上丝绸之路”物流绩效及对中国进出口贸易影响实证［J］. 西安交通大学学报（社科版），2015（3）：13 - 20.

［89］汪应洛，王树斌，郭菊娥. 丝绸之路经济带能源通道建设的战略思考［J］. 西安交通大学学报（社科版），2015（3）：1 - 5.

［90］尹勇晚，龚驰，李天国. 中韩新能源产业合作的经济效应实证研究［J］. 经济理论与经济管理，2011（04）：85 - 94.

［91］王玉. 中日新能源合作发展与效应分析［D］. 沈阳：辽宁大学，2013.

［92］刘文革，庞盟，王磊. 中俄能源产业合作的经济效应实证研究［J］. 区域国别市场，2012（12）：38 - 50.

［93］刘明辉.“丝绸之路经济带”背景下中哈能源合作效应实证研究［J］. 新疆农垦经济，2015：23 - 29.

［94］陈武. 全力与东盟共建 21 世纪海上丝绸之路［J］. 第八届泛北部湾经济合作论坛，2011，（8）：05 - 11.

［95］李红，方东莉. 2009—2010 年中国—东盟货物贸易数量分析与预测［J］. 东南亚纵横，2010（3）：39 - 44.

［96］马勇. 东南亚与海上丝绸之路［J］. 云南社会科学，2001（6）：77 - 81.

［97］方东莉，程超颖，李红. 2012—2013 年中国—东盟货物贸易数量分析与预测［J］. 东南亚纵横，2013（2）：3 - 8.

[98] 郭丽娟. 中国—东盟自由贸易区框架下我国货物贸易发展问题 [D]. 大连：东北财经大学，2005.

[99] 苏阳. 中国与东盟货物贸易边境效应分析 [D]. 上海：复旦大学，2012.

[100] 薛芳. 中国与东盟国家的贸易互补性研究 [J]. 国际经济，2007 (3)：28 - 30.

[101] 庞卫东. 中国与东盟贸易互补性与竞争性分析 [J]. 东南亚纵横，2011，(5)：30 - 35.

[102] 康蕾. 中国—东盟自由贸易区经贸合作进程的阶段性研究 [J]. 经济与社会发展，2011 (10)：17 - 20.

[103] 郭柳，张应武. 中国—东盟自由贸易区背景下中国与东盟货物贸易竞争力的研究 [J]. 东南亚纵横，2015 (1)：49 - 54.

[104] 查志强，李卉. 基于"单国模式"引力模型的区域贸易协定效应分析 [J]. 企业经济，2012 (5)：114 - 117.

[105] 程伟晶，冯帆. 中国—东盟自由贸易区的贸易效应 [J]. 国际经贸探索，2014 (2)：4 - 16.

[106] 郭洪川，肖丁山. 基于引力模型对中国与东盟贸易的实证分析 [J]. 南通大学学报，2014 (2)：118 - 123.

[107] 蒋冠，霍强. 中国—东盟自由贸易区贸易创造效应及贸易潜力 [J]. 当代经济管理，2015 (2)：60 - 67.

[108] 蒋菡芙. 基于货物贸易的中国—东盟自由贸易区经济效应研究 [D]. 长沙：中南大学，2007.

[109] 方东莉，聂艳明，李红. 2012—2013 年中国—东盟货物贸易数量分析与预测 [J]. 东南亚纵横，2014 (2)：6 - 10.

[110] Derosa D. A. Regional Trading Amendments Among Developing Countries: The ASEAN Example [R]. International Food Policy Research Institute Research Report, Washington D. C. , 1995.

[111] Lewis J. D. and S Robinson. The Impact of Regional Trade Liberalization on Indonesia [Z] . World Bank Policy Research Working Paper, 1996.

[112] Leu Gwo - Jiun Mike. Changing Comparative Advantage in East Asia Economics [Z]. Nanyang Technological University Working Paper, 1998.

[113] Bebder Suegfrued and Kui - Wai Li. Trade and Comparative Advantage of A-

sia and Latin America Manufactured Exports [Z]. Yale University Working Paper, 2001.

[114] Yue Changjun. Comparative Advantage, Exchange Rate and Exports in China [Z]. Auvergne UniverdityWorking Paper, 2001.

[115] Voon, Jan; Yue, Ren. China-ASEAN Export Rivalry In The US Market [J]. Journal of the Asia Pacific Economy,, 2003 (8): 112-115.

[116] Holst, David Roland and Weiss, John. Asean and China: Export Rivals or Partners in Regional Growth? [J]. World Economy, 2004, 16 (27): 20-23.

[117] Tongzon, Jose L. ASEAN-China Free Trade Area: A Banė or Boon for ASEAN opportunities? [J]. World Economy, 2005, 42 (15): 91-93.

[118] Chia Siow Yue. ASEAN-China Economic Competition and Free Trade Area [J]. Asian Economic Papers, 2005, 10 (4): 59-60.

[119] Roberts, Benjamin A. A Gravity Study of the Proposed China-ASEAN Free Trade Area [J]. International Trade Journal, 2004, 45 (18): 78-79.

[120] 许心鹏，宋立刚，吴桂英. 出口相似性与东亚发展模式 [J]. 世界经济文汇，2002 (5)：3-15.

[121] 张银银，金莉芝. 中国与东盟中间产品贸易发展及影响因素分析 [J]. 东南亚纵横，2010 (4)：73-77.

[122] 贾伟，屈四喜. 中国各省份—东盟农产品贸易增长的实证分析 [J]. 中国农村经济，2012 (3)：25-34.

[123] 应美群. CAFTA 背景下中国与东盟贸易关系动态分析 [D]. 杭州：浙江工业大学，2013.

[124] 韦倩青. 中国与东盟国家工业制成品的贸易条件影响因素研究 [J]. 广西社会科学，2014 (1)：32-37.

[125] 史智宇. 中国东盟自由贸易区贸易效应的实证研究 [D]. 上海：复旦大学，2004.

[126] 谭晓丽. 中国与东盟双边贸易的互补性分析 [D]. 武汉：华中科技大学，2009.

[127] 施美芳. 中国—东盟自由贸易区启动对中国经济的影响 [D]. 北京：对外经济贸易大学，2004.

[128] 顾婧. 中国东盟总有贸易区的贸易效应及其影响分因素分析 [D]. 武汉：华中科技大学，2007.

[129] 丁琳. 中国—东盟自由贸易区的贸易效应——基于贸易引力模型的分析 [D]. 成都：西南财经大学，2011.

[130] 李建伟，吕玲玲，黄悦琛，甘慧露. 中国—东盟自由贸易区升级版背景下中国—东盟货物贸易发展路径 [J]. 东南亚纵横，2015 (3)：34 - 38.

[131] 杨春雨. 中国—东盟自由贸易区建设的现状、效应和趋势研究 [D]. 合肥：安徽大学，2014.

[132] 张群. 中国货物贸易结构演进研究 [D]. 长春：东北师范大学，2015.

[133] 宋志勇，袁波. 打造自贸区“升级版”扩大中国对东盟直接投资 [J]. 国际经济合作，2013 (9)：7 - 10.

[134] 楼春豪. 21 世纪海上丝绸之路的风险与挑战 [J]. 印度洋经济体研究，2014 (5)：4 - 15.

[135] 刘宗义. 21 世纪海上丝绸之路建设与我国沿海城市和港口的发展 [J]. 城市观察，2014 (6)：5 - 12.

[136] DunningJ H. The determinants of international production [J]. Oxford Economic Papers，1973.

[137] DunningJ. International production and multinational enterprises [M]. London：Allen and Unwin，1981.

[138] BuckleyP J，CassonM，. The future of the multinational enterprise [M]. London：Macmillan，1976.

[139] 梁婷. 中国对东盟国家直接投资的产业选择研究 [M]. 南宁：广西大学出版社，2006.

[140] 张丽丽. 基于 ISM 和 AHP 的建设海上丝绸之路影响因素分析 [J]. 工业技术济，2014 (11)：38 - 43

[141] 鲁晓东，赵奇伟. 中国的出口潜力及其影响因素——基于随机前沿引力模型的估计 [J]. 数量经济技术经济研究，2010 (10)：21 - 35.

[142] 鲁明泓. 国际直接投资区位决定因素 [M]. 南京：南京大学出版社，2000.

[143] Alan Benvan. Saul Estrin. Klaus Meyer. Foreign investment location and institutional development in transition economics [J]. International Business Review，2004 (1)：43 - 64.

[144] Louis T. Well. Third world multinationals: the rise off foreign investment from developing countries [M]. Cambridge: The MIT Press, 1983.

[145] SanjayaLall. The new multinationals: the spread of third world enterprises [M]. New York: John Wiley &Sons Press, 1983.

[146] 江心英. 国际直接投资区位选择综合动因假说 [J]. 国际贸易问题, 2004 (6): 66－69.

[147] 宋维佳. 区位选择视角的我国企业对外直接投资研究 [J]. 东北财经大学学报, 2008 (2): 58－62.

[148] 杨大楷, 应溶. 我国企业 FDI 的区位选择分析 [J]. 世界经济研究, 2003 (1): 25－28.

[149] 程惠芳, 阮翔. 用引力模型分析中国对外直接投资的区位选择 [J]. 世界经济, 2004 (11): 14－18.

[150] 常宏. 中国对东盟直接投资的影响因素研究 [M]. 南京: 南京理工大学出版社, 2014.

[151] 刘晓洁. CAFTA 对中国对东盟直接投资的影响及对策研究 [M]. 长春: 东北师范大学出版社, 2013.

[152] 刘潇. 中国对东盟新成员国直接投资研究 [M]. 南宁: 广西大学出版社, 2013.

[153] 陈婉. 基于技术距离对中国向东盟对外直接投资流量的实证分析 [J]. 商贸纵横, 2013 (22): 112－113.

[154] 王婷婷. 中国对东盟直接投资的影响因素研究 [M]. 长沙: 湖南大学出版社, 2012.

[155] 陈岩, 翟瑞瑞, 郭牛森. 基于多元距离视角的中国对外直接投资决定因素研究 [J]. 系统工程理论与实践, 2014 (11): 2765－2771.

[156] 吕余生. 深化中国—东盟合作共同建设 21 世纪海上丝绸之路 [J]. 学术论坛, 2013 (12): 29－35.

[157] 吴磊. 构建"新丝绸之路": 中国与中东关系发展的新内涵 [J]. 西亚非洲, 2014 (3): 23－27.

[158] 李金早. 深化经贸合作 把"一带一路"建实建好——深化学习贯彻习近平同志关于"一带一路"的重要论述 [J]. 国际商务财会, 2014 (8): 56－62.

[159] 周练. 21 世纪"海上丝绸之路"与中泰经贸拓展 [J]. 中国商贸, 2014

(2)：4－8.

[160] 李向阳. 论海上丝绸之路的多元化合作机制［J］. 国际政治经济学，2014（11）：4－17.

[161] 全毅，汪洁，刘婉婷. 21世纪海上丝绸之路的战略构想与建设方略［J］. 国际贸易，2014（8）：4－15.

[162] 李建伟. 中国对东盟直接投资的策略选择［J］，东南亚纵横，2008（10）：52－56.

[163] 乔慧超，沙文兵. 中国对东盟直接投资决定因素的实证研究——基于东盟十国的Panel data检验［M］. 蚌埠：安徽财经大学出版社，2012.

[164] 柳巍. 中国对东盟地区直接投资对策研究［J］. 合作经济与科技，2015（2）：61－62.

[165] 刘新生. 携手打造新“海上丝绸之路”［J］. 东南亚纵横，2014（2）：3－5.

[166] Alan Benvan. Saul Estrin. Klaus Meyer. Foreign investment location and institutional development intransition economics［J］. International Business Review，2004（1）：43－64.

[167] 谭秀杰，周茂荣. 21世纪“海上丝绸之路”贸易潜力及其影响因素［J］. 经贸论坛，2015.

[168] 刘赐贵. 发展海洋合作伙伴关系　推进21世纪海上丝绸之路建设的若干思考［J］. 国际问题研究，2014.

[169] Papworth A，Fox P，Zeng GT，et al. Ability of aluminum alloy to wet alumina fibres by addition of bismuth［J］. Mater Science& Technology，1999，15（4）：419－428.

[170] 周鑫. 繁荣海上丝绸之路文化推进21世纪海上丝绸之路建设［J］. 新经济，2014（31）：65－68.

[171] 陈婉. 基于技术距离对中国向东盟对外直接投资流量的实证分析［J］. 商贸纵横，2012.

[172] Scitor C. Project scheduler［CP/DK］. Sunnyvale，Calif.：Scitor Corp，1983.

[173] 徐雪，谢玉鹏. 我国对外直接投资区位选择影响因素的实证分析［J］. 管理世界，2008（4）：167－168

[174] Pradhan，J. P. Emerging multinationals：a comparison of Chinese and Indian outward foreign direct investment［J］. International Journal of Institu-

tions and Economies, 2011 (3): 113 - 148.

[175] 闻开琳. 中国对外直接投资决定因素实证研究——基于东道国国家特征 [J]. 世界经济情况, 2008 (10): 18 - 23.

[176] Kolstad, I. and Wiig, A. What determines Chinese outward FDI? [J]. Journal of World Business, 2010 (10): 16 - 19.

[177] 项本武. 东道国特征与中国对外直接投资的实证研究 [J]. 数量经济技术经济研究, 2009 (7): 33 - 46.

[178] 赵春明, 吕洋. 中国对东盟直接投资影响因素的实证分析 [J]. 亚太经济, 2011 (1): 111 - 116.

[179] 李继宏. CAFTA 背景下中国企业对东盟直接投资的条件与策略 [J]. 对外经贸实务, 2011 (4): 80 - 82.

[180] 张燕南. 中国企业对东盟直接投资问题分析 [J]. 东南亚纵横, 2007 (1): 39 - 42.

[181] 董洪清. 我国企业对东盟直接投资策略探析 [J]. 经济纵横, 2010 (9): 119 - 122.

[182] 贺书锋, 平瑛, 张伟华. 北极航道对中国贸易潜力的影响——基于随机前沿引力模型的实证研究 [J]. 国际贸易问题, 2013 (8): 58 - 64.

[183] 盛斌, 廖明中. 中国的贸易流量与出口潜力——引力模型的研究 [J]. 世界经济, 2004.

[184] Armstrong, S. Measuring Trade and Trade Potential: A Survey [J]. Asia Pacific Economic Paper, 2007: 368.

[185] Ravishankar, G. andStack, M. The Gravity Model and Trade Efficiency: A Stochastic Frontier Analysis of Eastern European Countries' Potential Trade [J]. World Economy, 2014, 37 (5): 690 - 704.

[186] 张新乐, 王文明, 王聪. 我国对外直接投资决定因素的实证研究 [J]. 国际贸易问题, 2007 (10): 55 - 60.

[187] 邱立成, 王凤丽. 我国对外直接投资主要宏观影响因素实证研究 [J]. 国际贸易问题, 2008 (5): 62 - 64.

[188] 宋丽丽, 刘慧芳. 中国企业对欧盟直接投资的分布、特点与未来趋势 [J]. 2012 (12): 52 - 60.

[189] 崔新建. 外商对华直接投资的决定因素 [M]. 北京: 中国发展出版

社，2001.

［190］徐力. 关于中国与独联体各成员国发展经贸关系的思考［J］. 计划经济研究，1992（4）：35－37.

［191］郑羽. 独联体与中国：寻求睦邻关系与经贸合作［J］. 东欧中亚研究，2008（6）：15－18.

［192］王建国. 关于与独联体各国开展经贸合作的建议［J］. 国际经济合作，2008（12）：23－24.

［193］欧汉. 中国与独联体双边经贸现状、问题与发展［D］. 北京：对外经贸大学，2007：16－18.

［194］程晓丽，龚新蜀. 中国新疆与哈萨克斯坦的经济互补性实证分析［J］. 区域经济，2010（70）：14－16.

［195］Tinbergen，J. Shaping the World Economy，Appendix VI，An Analysis of World Trade Flows.［R］. New York：Twentieth Century Fund，1962.

［196］Poyhonen，P. A Tentative Model of the Volume of Trade between Countries［J］. Welt wirtschaft liches Archiv，Band90. Heft（1963）.

［197］Linnemann，Hans：A n Econometric Study of International Trade Flows［J］. Amsterdam：North－Holland Publishing Company，1966.

［198］Frankel，Jeffre and David Romer：Does Trade Cause Growth［J］. The American Economic Review，2009.

［199］Senhadji，Abdelhaketal. Times Series Analysis of Expo rt Demand Equations：A Cross Country Analysis［R］. IMF Working Paper，2011.

［200］Goodman，l. A. Statistical Methods fo r the P relim2inary Analysis of Transaction Flows［J］. Econometrica，2006（31）：197－208.

［201］Anderson，J. E. The Theoretical Foundation for the Gravity Equation［J］. American Economic Review，1979（1）.

［202］Leamer，E. E. International Trade Theory：the Evi2dence［R］. NBER Working Paper，2011.

［203］Brada，J. C. And Mendez，J. A. Economic Integra2tion among Developed，Developing and Centrally Planned Economies：A Comparative Analysis［J］. The Review of Economics and Statistics，2009：549－556.

［204］Bergstrand，Jeffery. H. The Generalized Gravity Equation，Monopolistic

Competition, and the Factor Proportions Theory in International Trade [J]. The Review of Economics and Statistics, 2009: 143-153.

[205] 姜书竹，张旭昆. 东盟贸易效应的引力模型 [J]. 数量经济技术经济研究，2003 (10): 53.

[206] 曾奕，李军. 生产者服务贸易的贸易模式研究：基于面板数据的分析 [J]. 统计研究，2006 (12): 48.

[207] 黄建锋. 陈宪. 信息通讯技术对服务贸易发展的促进作用——基于贸易引力模型的经验研究 [J]. 世界经济研究，2005 (11): 58.

[208] 丁辉侠，冯宗宪. 制度作为区位优势对中国吸引外商直接投资的影响——以引力模型为基础的研究 [J]. 经济经纬，2007 (2): 64-67.

[209] 谷克鉴. 国际经济学对引力模型的开发与应用 [J]. 世界经济，2001 (2): 45-48.

[210] 田东文，王方明. 基于引力模型的双边贸易流量计量研究——对包含中国数据样本的适用性检验 [J]. 国际贸易问题，2005 (12): 33-36.

[211] 苏剑，葛加国. 基于引力模型的语言距离对贸易流量影响的实证分析——来自中美两国的数据 [J]. 经济管理研究，2013 (4): 57-59.

[212] 金晓蕊，张正河. 基于引力模型的中国-独联体的农产品进口研究 [J]. 安徽农业科学，2013, 41 (7): 3158-3159, 3162.

[213] 龚江洪，陈旭华. 基于引力模型的中国-中东欧贸易实证研究 [J]. 价格月刊，2012 (11): 34-35.

[214] 谢孟军. 基于制度质量视角的我国出口贸易区位选择影响因素研究——扩展引力模型的面板数据实证检验 [J]. 国际贸易问题，2013 (6): 33-36.

[215] 潘向东，廖进中，赖明勇. 进口国制度安排与高技术产品出口：基于引力模型的研究 [J]. 世界经济，2005 (9): 48-54.

[216] 陈启斐，范超. 全球化、经济波动与双边服务贸易——基于扩展的引力模型分析 [J]. 当代经济科学，2013 (11): 35-36.

[217] 肖永明，杨定华. 人民币汇率变化与外商直接投资之间的关系——基于引力模型的面板数据 (2005—2009) 分析 [J]. 上海金融，2013 (4): 22-24.

[218] 朱孟楠，叶芳. 人民币区域化的影响因素研究——基于引力模型的实证分析 [J]. 厦门大学学报，2012 (6): 31-36.

[219] 何维达，潘峥嵘. 人民币升值对外商在华直接投资的"三维效应"分析——

基于引力模型的实证研究［J］．兰州学刊，2014（2）：12－13.

［220］焦艳，石奇，王之军．我国对 OECD 国家服务贸易出口总量及结构潜力测算——基于变截距面板数据的引力模型［J］．理论探讨，2013（7）：33－34.

［221］饶华，朱延福．效率寻求视角下中国对东盟国家直接投资研究——基于引力模型的实证分析［J］．亚太经济，2013（6）：38－44.

［222］顾新宇．引力模型在中国的贸易伙伴分析中的应用［J］．经济学研究，2013：9.

［223］潘安，魏龙．制度距离对中国稀土出口贸易的影响——基于 18 个国家和地区贸易数据的引力模型分析［J］．国际贸易问题，2013（4）：22－26.

［224］程伟晶，冯帆．中国—东盟自由贸易区的贸易效应——基于三阶段引力模型的实证分析［J］．国际经济探索，2014（2）：24－26.

［225］韩冬雪．中俄贸易影响因素的实证分析［D］．沈阳：辽宁大学，2012.

［226］吴彬，黄韬．二阶段理论：外商直接投资新的分析模型［J］．经济研究，1997（7）：25－31.

［227］冼国明，杨锐．技术累积、竞争策略与发展中国家对外直接投资［J］．经济研究，1998（11）：57－64.

［228］钟懿辉．在华跨国公司技术和人才投资分析［J］．中国外资，2004（10）：59－61.

［229］薛求知，朱吉庆．中国对外直接投资的理论研究与实证检验［J］．江苏社会科学，2007（4）：65－70.

［230］张宗斌，于洪波．中日两国对外直接投资比较研究［J］．世界经济与政治，2006（3）：65－70.

［231］陈德铭，鲁明泓．国际直接投资区位理论的发展及其启示［J］．世界经济与政治论坛，2000（2）：27－30.

［232］赵春明，何艳．从国际经验看中国对外直接投资的产业和区位选择［J］．世界经济，2002（5）：38－41.

［233］Blonigen B. A. A Review of the Empirical Literature on FDI Determinants［J］．Atlantic Economic Journal，2005，33（4）：383－403.

［234］韦军亮，陈漓高．政治风险对中国对外直接投资的影响——基于动态面板模型的实证研究［J］．经济评论，2009（4）：106－113.

［235］Buckley P. J L. The determinants of Chinese outward foreign direct investment [J]. Journal of International Business Studies，2007，38 (4)：499 - 518.

[236] 张新乐，王文明，王聪. 我国对外直接投资决定因素的实证研究 [J]. 国际贸易问题，2007 (05)：91 - 95.

[237] 程惠芳，阮翔. 用引力模型分析中国对外直接投资的区位选择 [J]. 世界经济，2004 (11)：23 - 30.

[238] 胡博，李凌. 我国对外直接投资的区位选择——基于投资动机的视角 [J]. 财贸经济，2009 (2)：34 - 39.

[239] 邱立成，王凤丽. 我国对外直接投资主要宏观影响因素的实证研究 [J]. 国际贸易问题，2008 (6)：78 - 82.

[240] 官建成，王晓静. 中国对外直接投资决定因素研究 [J]. 中国软科学，2007 (59)：65.

[241] 胡博，李凌. 我国对外直接投资的区位选择——基于投资动机的视角 [J]. 国家贸易问题，2008 (12)：96 - 102.

[242] 张如庆. 中国对外直接投资与对外贸易的关系分析 [J]. 世界经济研究，2005 (3)：23 - 27.

[243] 魏刚，谢臻. 我国对外直接投资与对外贸易间的动态关系：基于 VAR 模型的实证分析 [J]. 财经论丛，2009 (4)：8 - 14.

[244] 崔莹，李长胜. 中国企业对欧盟直接投资现状和趋势分析 [J]. 学术交流，2008 (8)：70 - 73.

[245] 牟岚. 中国企业对欧盟逆向投资的动因、问题及对策 [J]. 特区经济，2014 (4)：133 - 135.

[246] 孙静. 中国对欧盟直接投资的区位选择研究 [D]. 北京：对外经济贸易大学，2009.

[247] 刘再起，王阳. 中国对欧盟直接投资的区位选择动因 [J]. 学习与实践，2014 (8)：28 - 34.

[248] 黄志鹏. 中国企业对欧盟直接投资研究 [D]. 福州：福州大学，2005.

[249] 姚铃. 关于中国对欧盟投资制约因素的研究 [J]. 国际贸易，2013 (2)：42 - 46.

[250] 冯亮. 中国企业对欧洲海外直接投资动机与行为的实证分析 [D]. 上海：复旦大学，2008.

[251] Zhang H, Yang Z, Bulcke D. Geographical Agglomeration of Indian and Chinese Multinationals in Europe: A Comparative Analysis (Preliminary version) [J]. Working Papers, 2011.

[252] 刘再起，王阳. 中国对欧盟直接投资的区位选择动因 [J]. 学习与实践，2014 (8).

[253] 王晓华. 中国海外投资论 [M]. 北京：中国财政经济出版社，2008.

[254] Dunning J. H. Location and the multinational enterprise: a neglected factor? [J]. Journal of International Business Studies, 1998, 29 (1): 45-66.

[255] 徐康宁，陈健. 跨国公司价值链的区位选择及其决定因素 [J]. 经济研究，2008 (3): 138-149.

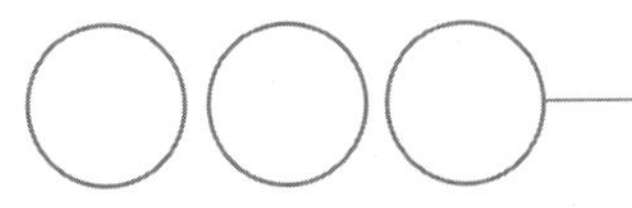

后　记

自习近平主席提出共建"丝绸之路经济带"和21世纪"海上丝绸之路"倡议伊始，我们即成立了有关中国与"一带一路"沿线国家经贸合作研究的课题小组，至今已有两年多时间。这本《中国与"一带一路"国家贸易投资研究》，即是我们科研团队集体合作的初步成果，从数据收集到文稿形成的每一个环节，都凝聚了我们科研团队成员的集体智慧与心血。

具体来说，这本著作是西安交通大学经济与金融学院樊秀峰教授、王增涛教授与闫奕荣副教授分别带领他们的硕士生与博士生团队合作研究的成果。按照文稿内容的排序先后，分别参与研究工作的硕士生及博士生有王一粟、王景茹、余珊、程文先、魏昀妍、祁聪利、杜亚芬、史慧和钮斐，他们分别参与了本著作中相应部分文稿的数据收集及撰写工作，这里特向他们表示感谢，感谢他们为本书所作的贡献与努力。同时，在我们的研究工作及文稿撰写中，也参考了国内外众多的相关文献，在此，也向这些文献的原作者表示真诚的谢意。

当然，这本书的最终出版，还得力于西安交通大学出版社的大力支持，对本书的立项起了决定性作用，王建洪、李逢国、柳晨编辑对书稿的文字、图表甚至数据都进行了细致缜密的修改与校对，在此对他们表示感谢。应该说，没有西安交通大学出版社编辑老师付出的辛勤劳动与汗水，此书的出版问世可能还会再晚一些。

著者

2017.1.27